本书受中南财经政法大学出版基金资助

中南财经政法大学
青年学术文库

我国文化产权交易的定价机制研究

熊广勤　著

長江出版傳媒｜湖北人民出版社

图书在版编目(CIP)数据

我国文化产权交易的定价机制研究/熊广勤著.
武汉:湖北人民出版社,2019.12
ISBN 978-7-216-09894-6
Ⅰ.我… Ⅱ.熊… Ⅲ.文化产业—产权转让—定价—研究—中国 Ⅳ.G124
中国版本图书馆 CIP 数据核字(2019)第 280549 号

责任编辑:陈 兰
余 莎
封面设计:刘舒扬
责任校对:范承勇
责任印制:王铁兵

出版发行: 湖北人民出版社	**地址**:武汉市雄楚大道 268 号
印刷:武汉市籍缘印刷厂	**邮编**:430070
开本:710 毫米×1010 毫米 1/16	**印张**:14.5
字数:248 千字	**插页**:3
版次:2019 年 12 月第 1 版	**印次**:2019 年 12 月第 1 次印刷
书号:ISBN 978-7-216-09894-6	**定价**:56.00 元

本社网址:http://www.hbpp.com.cn
本社旗舰店:http://hbrmcbs.tmall.com
读者服务部电话:027-87679656
投诉举报电话:027-87679757

前　言

改革开放以来，文化产品与要素市场的交易引起了越来越多的关注，如何更加有效地满足人们对文化产品与要素的需求，实现文化产业与资本市场的有效对接，成为我国经济发展必须面对的问题。事实上，党的十七届六中全会会议提出要健全现代文化市场体系，促进文化产品和要素合理流动。党的十八届三中全会进一步提出要紧紧围绕使市场在资源配置中起决定性作用，形成要素自由流动、平等交换的现代市场体系；健全归属清晰、权责明确、保护严格、流转顺畅的现代产权制度。党的十九大提出要健全现代文化产业体系和市场体系，创新生产经营机制，完善文化经济政策；经济体制改革必须以完善产权制度和要素市场化配置为重点，实现产权有效激励、要素自由流动、价格反应灵活、竞争公平有序。这些无不表明我国政府建立现代文化市场体系的决心。然而，相对于文化产品流动市场，我国文化产权要素流动市场更为薄弱，尤其是缺乏一个促进文化产权合理流动的定价机制。

为了寻找文化产权正确的交易价格，在理论上人们对资产评估方法进行了较多研究，希望在科学评估的基础上确定正确的交易价格；实践上我国建立了众多文化产权交易所（中心），希望通过这一平台实现文化产权的定价与交易。但近年来我国文化产权交易市场出现的种种问题（如价格剧烈波动、投机与价格操纵盛行）和积累的风险及随后《国务院关于清理整顿各类交易场所切实防范金融风险的决定》（国发〔2011〕38号）、《国务院关于清理整顿各类交易场所的实施意见》（国发〔2012〕37号）、《关于开展各类交易场所现场检查的通知》（清整联办国发〔2014〕38号）和《国务院关于清理整顿各类交易场所部际联席会议第三次会议纪要》（清整联办〔2017〕30号）等文件的陆续颁布表明，文化产权交易的定价问题还远未解决。文化产权交易的核心问题是价格生成问题，如果交易的价格生成机制缺乏或存在问题，不是互利的交易无法发生，就是造成交易的无效。从这点来看，我国文化产权交易的定价机制研究具有重要的现实紧迫性。

对于特定的文化产权交易，交易涉及的各方掌握的信息是不对称的。信息经济学的研究表明，信息不对称的一个直接后果是阻碍交易发生，在很多领域，市场机制本身具有克服这种信息不对称的能力，但在有些领域，市场机制会因为信息不对称而失灵，这时必须设计一些机制对信息不对称加以克服，进而使交易发生。本书研究的目的就是要为我国文化产权交易设计一种双向的定价机制：一方面，要让潜在受让人通过激烈竞争表达出对文化产权的真实评价，进而使文化产权获得一个合理的高价，保护产权权益主体（卖方）的合法权益；另一方面，还要通过合约与制度安排避免交易过度资本化带来的价格激烈波动、投机与价格操纵等行为，保护投资主体（买方）的合法权益，使各方都满意，进而使产权交易得以顺利进行。因此，从理论上来讲，本书的研究是对现有价格理论的一个丰富和完善。

本书在对文化产权交易的关键概念进行界定以及相关研究文献进行梳理的基础上，首先从交易机制与效率角度论证了一个科学合理的定价机制对于文化产权交易的重要性，分析了产权交易定价效率的影响因素以及现有的几种定价机制运行的优缺点和适应条件，确立了文化产权交易定价机制设计与选择的关键要素，以此作为定价机制设计的理论基础；其次，从文化产权交易市场的不完全性及交易实践出现的种种问题透析交易定价的难点与原因，把握文化产权交易各环节运作的实际情况，以此作为定价机制设计的现实基础；再次，使用规范的分析方法对交易定价出现的问题做定性分析，探讨如何从交易所平台建设、组织制度建设及中介机构服务建设等方面进行规范；最后，基于文化产权交易定价机制设计的理论基础和现实基础，在进场转让其他环节规范运作的情况下，提出了我国文化产权交易定价机制设计的具体方案及其在版权转让交易定价中的应用，证实了该定价机制的有效性。为此，我们做了如下五个方面的研究：

（1）产权交易机制与效率研究：在不同交易机制下，产权交易的效率是不一样的。当市场参与者数量众多或交易对象价值较小时，通常的交易就可以解决问题。但当市场参与者少或交易对象价值巨大时，就需要较为特殊的交易方式（如拍卖、招标等），才能提高交易的效率。已有的交易方式对文化产权交易具有启发作用，但不能从根本上解决文化产权交易问题。

因此，从国内外已有的交易实践中探索适当的交易方式，寻找正确的交易价格，非常必要。

研究认为：①产权界定理论的核心是研究如何通过产权界定、变更和安排，来最大可能地降低或消除产权交易市场运行的交易费用，力图有效的交易能够发生。因此，清晰的产权界定是文化产权交易有效进行的前提。②产权交易作为交易主体的理性经济行为，背后有着多重的内在动机，这种动机的多重性源于交易标的物内、外部条件组合的多样性。因此，正确理解和把握产权交易的背后动机，是产权交易有效进行的关键。③相比于一般商品和要素市场，文化产权交易定价效率的实现具有特殊性，市场供求竞争结构、交易费用、市场流动性、市场化服务功能与组织形式、价格发现与资源配置能力、信息披露以及监管情况等对文化产权交易机制的定价效率具有重要影响，机制设计需要综合考虑这些因素。④就一般产权交易而言，现有的主要转让方式包括协议转让、招投标、拍卖以及竞价等，它们各有优缺点及适用范围。由于文化产权的特殊性，仅依靠产权交易一般的定价方式是难以达到有效交易的。文化产权交易的特殊性、市场的内外部环境使得影响交易的因素是复杂多样的，而这种复杂性又决定了产权交易的类型、过程与交易方式等交易机制设计的不确定性，而交易机制设计决定了交易效率的高低。因此，研究文化产权交易的定价机制，必须关注交易背后交易主体面临的交易环境、交易诉求与交易行为，详细考察交易市场的内外部环境、现实约束等背景条件，以及这种背景条件对产权交易定价的影响，进而确定交易定价机制的设计以及相应的交易效率的衡量标准，构建它们之间的一种相互作用、相互影响的机制，从而构建适合我国文化产权交易实际情况的定价机制，最终提升文化产权交易的效率。

（2）文化产权交易市场及其在多层次资本市场的定位研究：目前，作为文化产权交易的平台，交易市场对交易效率的影响是巨大的。在文化产权进场交易的前提下，一方面，产权出让方固然希望能获得一个较高的交易价格，但另一方面，考虑到文化产权的特殊性，特别是对于文化类企业国有产权，文化产权交易市场又是非上市国有产权退出的唯一通道，高的交易价格可能打击受让方的参与，造成互利的交易无法发生。因此我们应该避免文化产权交易市场成为“集裁判员、教练员、运动员于一身”的一个无所不能的超级机构。在这一背景下，本书构建了我国多层次资本市场体系的蓝图，并论证了文化产权交易市场在这一多层次资本市场的功能和定位。

研究认为：①我国多层次资本市场建设的思路是根据需求的差异化进行细分，以满足多样化的市场主体投融资需求。具体而言，应该构建包括主板市场（蓝筹板）、二板市场（中小企业板与创业板）、三板市场（新三板）、四板市场（产权交易市场）四层次的资本市场体系，形成一个多层次无缝隙的资本市场体系，且各层次间存在升降互动机制。②在这个多层次无缝隙、升降互动的资本市场体系里，文化产权交易市场属于“非标准化、非公众”的非证券资本市场，构成了多层次资本市场体系的基础性市场平台之一。③在这一平台下，文化产权交易市场具有多重功能，但从本质上来看，文化产权交易市场最基本的功能在于其资本市场的投融资功能，产权交易市场应该定位于多层次资本市场的基础性市场平台。④相较于其他产权市场的特殊性和制度所造成的利益关系的复杂性，文化产权市场多层次市场体系构建思路与政策的制定过程更为艰巨，甚至充满曲折。建设的重点和难点在于，如何创新交易机制，寻找到一条有效的产权市场创新路径，尤其是寻找到产权交易定价的创新模式与机制设计，以适应现代市场经济体系下文化资源要素合理有序流动，进而使产权市场能尽快真正地容纳到多层次资本市场体系中去，真正实现文化产业与资本市场的对接，是中国文化产权交易市场未来的根本出路。

（3）文化产权交易市场的不完全性研究：我国文化产权交易的特殊性体现在，一是卖者独一无二，每个交易对象都是一个独特的标的，但可能面临少数或多个潜在买者；二是交易者可能串谋，尤其是卖者、经营管理者和买者可能相互串谋，这与一般串谋不同；三是信息不完全且不对称。这些特殊性会对文化产权交易结果产生重要影响。

对于文化产权交易而言，交易市场的不完全具体表现为交易信息的不完全、交易信息的不对称、交易中的非价格因素以及交易主体的不完全性四个方面，这些特征会对文化产权交易市场的运行过程和交易结果带来重要影响。首先，交易市场不完全性的一个直接后果是市场定价机制的失灵以及交易过程中的投机与价格操纵行为；其次，信息不对称的后果是造成逆向选择与交易的非均衡价格，互惠的交易难以达成；再次，交易主体的不完全会滋生交易主体的串谋合谋行为，从而带来交易效率的不足与交易定价的扭曲，降低了产权转让的效率；此外，文化产权交易市场的不完全性还可能造成市场垄断以及产权买卖纠纷。

（4）文化产权交易的投机与价格操纵行为研究：对文化产权交易各环节进行广泛调研，把握交易出现的种种问题，揭示其深层次原因，是文化产权交易定价机制研究的现实基础。另外，对于国发〔2011〕38号文提到的由于部分交易场所管理不规范，存在严重投机和价格操纵行为，以及个别交易场所股东直接参与买卖，甚至发生管理人员侵吞客户资金、经营者卷款逃跑等问题，本书详细探讨了如何从文化产权交易所平台建设、交易组织制度建设及中介机构服务建设等方面进行规范。

研究发现，我国文化产权交易市场的运行与发展极其不平稳，突出表现为交易环节存在的价格操纵与投机现象。无论是早期艺术品份额化交易的狂热，还是近年来邮币卡等业务的疯狂炒作，都给市场带来了巨大冲击，极大地加剧了市场的波动，投资者遭受了重大损失。因此，透析文化产权交易市场投机与价格操纵行为的深层次原因非常必要，只有深刻系统地把握文化产权交易投机与价格操纵的本质原因及行为机理，才能找到其治理的出路。此外，我们还认为，对文化产权交易进行规范是必要的，但仅仅强调规范，以及依靠行政手段来制止文化产权交易过程中投机与价格操纵行为还不够，还必须设计科学合理的定价机制。

（5）文化产权交易的定价机制设计：科学的定价机制既可以用较低的成本向利益主体提供选择权和决策权，又可以得到正确的价格，促成有效率的交易。针对交易众多的利益主体，运用信息经济学有关原理，结合中国的实践，在文化产权进场转让其他环节规范运作的情况下，引入市场竞争机制，通过交易合约的创新安排和交易方式的改进，让各个利益主体都具有选择权，揭示他们对交易对象的真实评价，在此基础上生成一个让各方都能接受的价格，是我们研究的核心目标。

为此，本书在充分理解和把握文化产权交易的特征、市场不完全性的具体表现形式，以及交易市场中出现的投机与价格操纵行为选择基础上，运用合约选择理论，按照各交易主体相互合作逻辑展开机制设计，提出了一种“四位一体化”的交易定价机制，该机制涵盖资产评估、进场交易（即文化产权交易所或中心）、运行环境和定价模式创新组合四个部分内容，其基本框架可概括为“一个起点，一个平台，一个组织保障，三个阶段”，具体来说：

首先，资质评估是文化产权交易定价机制的起点，对文化产权交易的定价具有重要的参考价值。特别地，我们构建了基于熵权系数的未确知测度模型作为文化产权价值评估的数学模型，结合文化产权价格的特点，推导出了文化产权价值评估的公式，并以山东文化产权交易所的书画类文化产权为例，对该类样本文化产权交易价值进行合理评估，通过与文化产权交易所实际成交价格对比，证实了该模型具有较好的评估效果，是对文化产权交易价值评估的一个尝试，构成了文化产权交易定价机制设计的重要内容。

其次，一个健全的文化产权交易市场，以及一个严密的交易制度、信息披露与监管法规，它们共同构成了文化产权交易定价机制有效运行的平台环境需求和组织保障。一方面，建立健全文化产权交易市场是消除交易市场中的不完全性、建立公平合理的定价机制、推动文化产业发展不可或缺的平台保障。另一方面，只有具备一个严密的交易制度和法律法规，文化产权交易的定价机制才能达到高效运行。因此，文化产权交易的定价机制既要充分发挥市场竞争机制的基础性作用，同时还要借助“看得见的手”规范市场，治理市场失灵问题。

再次，在文化产权交易定价方式选择与创新组合方面，通过对我国文化产权交易实践中采用的协议转让、招投标、拍卖和竞价四种主流定价方式进行比较分析发现，它们各有优缺点及适用条件，我们不能简单地回答哪种定价方式更适合。协议转让或招投标定价方式可以满足文化产权交易过程中的非价格因素索求，但由于交易的非公开、不透明性，交易过程很容易产生暗箱操作，滋生交易的投机与价格操纵；而选择拍卖或竞价方式虽然可以吸引更多的投资者参与交易，从而产生一个交易高价，但却又无法满足交易中的非价格因素（如转让期限、买方的实力以及买方对产权交易标的未来的规划等）诉求，或可能由于未征集到足够的投资者，导致交易市场缺乏竞争，由此难以保障非价格因素利益主体的合法权益。因此，“四选一”定价机制（或四者必选其一的定价机制）显然无法同时满足文化产权交易的多元化需求。符合国情的创造在于，将这四种交易定价方式结合成一种“四位一体化”的交易定价机制。在该机制下，协议转让、招投标、拍卖和竞价这四种主流定价方式不是独立的、相互排斥的，而是具有前后的继起性，是一个交易系列在三个阶段分别采用的交易方式，这个交易系列具体推进到哪个阶段（选择相应的定价方式），取决于交易的竞争程度，竞争程度越激烈，推进的阶段越多，而且这种竞争既包括价格竞争，也包括非价格竞争，它是一个相对有效的模式。

显然，该机制不同于一般交易市场上的定价方式，它是现有几种定价方式与我国文化产权交易的实践相结合而形成的创新组合模式，根据交易对象的特征以及交易市场的竞争程度，充分利用协议转让、招投标、拍卖以及竞价四种方式各自的优点，进行创新组合而成，满足了文化产权出让主体客观存在的价格和非价格因素，追求非价格约束条件下的目标最大化；此外，从该定价机制的实施流程来看，该机制的执行过程逻辑严密、环环相扣，既实现文化产权正确定价，合理交易的目的，也尽可能实现文化产权交易的各类交易主体的合法诉求，达到各交易主体尊重市场资源配置的主体性选择作用。因此，“四位一体化”定价机制成为文化产权交易的必然选择。

此外，本书最后特别地分析了作为文化知识产权最重要的部分——版权的定价机制，以进一步阐明本书提出的“四位一体化”定价机制内涵、思想及其有效性。研究表明，文化版权交易的机制设计不能只简单地关注成交价格，还需要关注转让期限这样的非价格因素对交易定价的影响。进一步，文章运用拍卖理论的最新成果，将转让期限这一非价格属性考虑进来，放弃以往对竞标投资者风险中性的假设，引入版权转让的现时收益和到期回收可能产生的未来收益等双重目标，分析了一种附加合同期限标准的拍卖机制，该机制充分融合了“四位一体化”定价机制的内涵与思想，是“四位一体化”定价机制在版权转让中的一种具体实现形式，案例分析证实了该机制的有效性。因此，在版权转让的过程中，相关部门或交易主体必须加强监管，加大对交易标的宣传的力度，排除那些人为设定的不合理限制，充分利用交易所平台公开征集尽可能多的潜在受让方，尤其是吸引对版权感兴趣的有实力的战略投资者参与版权拍卖。只有吸引到足够多的投资者参与交易，才能让交易机制推进的阶段更多，在保障非价格因素目标基础上实现一个高的交易价格，充分发挥“四位一体化”定价机制的优势。

目　录

第1章　导论

1.1　研究背景与选题的意义

自20世纪90年代以来，文化产业逐渐成为服务业不可或缺的一部分，越来越多国家把它提升为支撑经济发展的战略性产业加以重点扶持和发展。对处于转型发展时期的中国而言，要实现文化产业的快速发展，离不开文化体制改革的进一步推进。纵观中国各时期经济体制改革的路径，其核心思路是围绕产权来推进的，正所谓“改到深处是产权”（张晓明等，2011）①。产权是所有制的核心，也是金融交易产生的原因，就文化体制改革来说，其重中之重便是文化产权。然而，我国的文化产权交易市场目前缺乏全国性的场外交易市场这一支撑，这会导致交易标的竞争不充分、转让不畅通，特别是还缺少客观、权威的定价模式与机制，相关的研究也鲜有提及。如果交易的定价机制不正确，缺乏合理的定价模式，交易价格过高或过低，不是互利的交易无法发生，就是带来交易市场风险的过快累积，甚至造成系统性金融风险。因此，建立和完善多层次资本市场体系的文化产权市场是当前我国发展市场经济面临的紧迫任务，而其中文化产权市场的交易定价问题变得尤为重要。

党的十七届六中全会会议提出要健全现代文化市场体系，促进文化产品和要素合理流动。党的十八届三中全会提出紧紧围绕使市场在资源配置中起决定性作用，形成要素自由流动、平等交换的现代市场体系；健全归属清晰、权责明确、保护严格、流转顺畅的现代产权制度。党的十九大提

---

① 张晓明，胡惠林，章建刚. 2011年中国文化产业发展报告［M］. 社会科学文献出版社，2011：9.

出要健全现代文化产业体系和市场体系，创新生产经营机制，完善文化经济政策；经济体制改革必须以完善产权制度和要素市场化配置为重点，实现产权有效激励、要素自由流动、价格反应灵活、竞争公平有序。这些无不表明我国政府建立现代文化市场体系的决心。然而，相对于文化产品流动市场，我国文化产权要素流动市场更为薄弱，尤其是缺乏一个促进文化产权合理流动的定价机制。想要做到这一点就必须要增强文化产权交易市场的活力和要素的可流动性，继续坚持市场化、社会化改革方向，为产权交易市场的发展拓展新的空间。据中国产权协会统计，来自于69家会员单位报送的2016年12类业务数据显示，中国产权交易行业在该年度总共完成的交易额达7.92万亿元，顺利完成的产权成交宗数达132.95万宗，成交总数和完成的产权交易宗数相比于上一年，增幅分别达110%和58.27%，其中文化产权交易的成交额达到4508亿元，相较2015年度（1523亿元）上涨了2985亿元，文化产权交易额年增幅达196%，超过其他多数类型产权交易额的增加速度。此外，文化产权交易品种不断增加，涵盖了以版权、知识产权、文化企业股权交易（非上市公司）等为表现形式的权利归属，以及文化艺术品组合产权、文化资源项目等文化物权，还包含近年来各大交易所（中心）异常火爆的邮币卡交易。由此可见，各类文化产权转让还将更为活跃，值得重点关注。

由于缺乏促进文化产权合理流动的定价机制，我国文化产权要素流动市场更为薄弱。人们为了寻找正确的交易价格，较多研究了资产评估方法，期望运用科学评估来确定合理的交易价格；同时建立众多文化产权交易所，以完成文化产权的定价与交易。但我国文化产权交易市场暴露的种种问题，如近年来源自文化产权交易市场火爆的“邮币卡”交易出现的价格激烈波动、风险快速累积及随后的《清理整顿各类交易场所部际联席会议第三次会议纪要》（清整联办〔2017〕30号）和关于印发《邮币卡类交易场所清理整顿工作专题会议纪要》的通知（清整联办〔2017〕49号）等文件的颁布，不到十年间，从国务院到各级政府职能监管部门，对这一市场进行了两次系统全面的清理整顿，说明文化产权交易的价格形成问题并未得到妥善解决。文化产权交易的核心问题是价格生成问题，如果交易的价格生成机制缺乏或不够完善，则即使是互利的交易也无法完成，从而产权的交易结果必然无效。从这一角度来看，文化产权交易的定价机制研究具有重要的现实紧迫性。

从艺术品份额化投机到邮币卡业务爆炒，文化产权交易过程中投机与价格操纵现象屡见不鲜，在社会上造成极大的负面影响，抑制了社会资本进入文化产权交易市场的积极性，导致文化产权交易所违背了衔接文化与资本要素市场、支持文化产业发展的本质与初衷。为此，对文化产权市场进行整顿和规范是非常必要的，但仅仅强调整顿和规范还不够，还需要机制保障。也就是说，需要系统地研究我国文化产权交易的实际情况，构建适合特定文化产权交易的定价机制。本书研究的目的就是要为我国文化产权交易设计一种双向的交易定价机制：一方面，通过潜在受让人竞争来真实评价文化产权，从而合理提高文化产权价格，保护产权权益主体（卖方）的合法权益；另一方面，还要通过合约与制度安排避免交易过度资本化带来的价格激烈波动、投机和价格操纵等行为，保护产权受让主体（买方）的合法权益。如此一来，该双向定价机制使得产权权益的出让主体（卖方）和受让主体（买方）皆满意，互惠的产权交易才能得以顺利进行。因此，从理论上来讲，本书的研究是对现有价格理论的一个丰富和完善。

1.2 研究对象及有关概念的界定

1.2.1 产权与文化产权

在定义文化产权前，我们需要先对产权做必要的诠释，这有助于我们理解文化产权。事实上，西方学者早已从不同视角对产权进行了解释，构成了产权经济学的重要内容。作为现代产权理论的创始者，Coase（1960）尝试从权利行使的角度来解释产权：我们总是说某人拥有土地，但实际上他拥有的是行使一定行为的权利。科斯试图从权利行使的角度来论述产权，人们通常认为，商人得到和利用的是实物（一亩土地或一吨化肥），而不是行使一定行为的权利。但这是一个错误的概念。我们会说某人拥有土地，但土地所有者实际上拥有的是实施一定行为的权利。科斯通过几个案例（如放牧人与农夫、牙医与糖果制造商等）来分析产权界定。通过案例的分析我们可以看出，科斯所指的产权是一种个人行为权利，即不同条件下“可以做什么”的权利，而这种权利虽建立在所有权之上却与所有权没有必然的联系。科斯虽然没有明确定义产权，但他区分了产权与所有权的不同，认为所有权是指财产所有者支配自己财产的权利，而产权论中所讲的产权则是指人们是否有权利用自己的财产去损害他人的权益。

此后，产权经济学的重要代表人阿尔钦、德姆塞茨、巴泽尔等分别对产权理论的发展作出了重要贡献。阿尔钦（1994）对产权的界定给出较为明确的回答，他认为产权是社会强制实施的选择一种经济品的使用权利，私有产权是对必然发生的不相容的使用权进行选择的权利的分配。可以看出，阿尔钦强调了产权的分配属性、对经济品的分配作用以及对使用权的分配效应。因此，产权必须清晰界定，否则会有租值消散。德姆塞茨（1999）给产权的界定内容更为丰富，他指出，产权的实质内容包括对某个人或他人收益或损失的权利，它是厘清个人如何收益及如何受损，从而需要规定给予补偿的行为。① 从他的定义可以发现，产权不单是人对物的占有和使用，还是一种社会成员之间进行交易的工具，通过不断地交易，有助于对标的物形成合理的预期。巴泽尔（1997）则认为，个人对资产的产权由消费这些资产、从这些资产中取得收入和让渡这些资产的权利或权力构成。E. Furubotn 和 S. Pejorich（1994）在其《产权与经济理论：近期文献的一个概览》一文中，通过总结已有研究成果，把产权定义界定为产权不纯粹是简单的人与物的关系，它代表的是由于物的存在和有关物的使用，从而产生社会个体间相互承认的行为性关系。② 这种关于产权的定义具有两方面的特征：一是把人与人的关系视为产权的本质所在；二是把产权视为一种经济性质的权利，或者人们在使用资产过程中发生的经济、社会性质的关系。可以说，这种关于产权内涵的理解，已经是一个比较科学的定义，它既概括了现代产权经济学家从不同角度对产权概念的解释，也与罗马法、习惯法以及现代法律基本一致。③

从上述产权的定义可以看出，国外学者从外部性角度、稀缺资源使用的经济与社会关系、社会强制实施的使用权角度进行了界定。国内学者对产权的定义也大多基于这一思路，但更多地强调对财产权利的占有、处置、支配、使用和收益的排他性，提出产权实际上是人们在经济活动中的一定利益关系（刘诗白，1993；于光远、韩志国，2004；王彪、任凤珍，2004）。刘诗白（1993）认为，产权是主体拥有的对物和对象的最高级的、排他的占有权。他从物的使用具有排他性来定义产权，产权是所有权与占有权的衍生。于光远（1994）从产权交易与所有制结构变化的关系入手，

---

① 哈罗德·德姆塞茨．所有权、控制与企业［M］．经济科学出版社，1999.

② E. Furubotn ，S. Pejorich. 产权与经济理论：近期文献的一个概览［M］. 上海三联书店，1994：204.

③ 曹玉贵．企业产权交易定价研究［D］．天津大学，2006：25-26.

指出当产权交易发展到大规模以及“大量买卖”时，不同社会性质的企业之间产权的相互转移，所有制结构变化等问题就凸显了。国内学者关于产权的定义通过对经济主体的权、责、利内容的界定，实际表达了个体之间的权、责、利的关系。例如，刘茂松（2005）认为产权是财产权，更是行为权。还有的学者从所有权角度定义产权，认为所有权是财产所有者支配自己财产的权利，而两种平等的所有权之间的权、责、利关系则称为产权（段毅才，2009）。概括而言，国内学者对产权的定义主要包括以下五种（熊广勤，2010）：

第一类定义认为，产权是一种所有权，它包括对财产的终极所有权、经营权、直接使用权和使用财产的收益权，以及收益的转让权。这种观点在国内占多数。事实上，产权与所有权是既有联系又有区别的。从二者所反映的客观经济关系上看，既有相联系和重合的诸多方面，也存在着发展上和具体运用上的差别，主要表现有：①产权强调在归属意义上产生的多方面的权利，而所有权则强调更多的是对客体的归属关系。②产权强调变化的、动态的或有时效的主客观关系，而所有权强调的则是稳定的、本质的主观与客观的辩证关系。③以现代市场经济为界，产权反映了开放性的财产权利的分解和组合，反映了已发展了的财产关系，而所有权则带有封闭的、凝固化的特点。产权理论研究的是各个具体的产权主体、产权关系、产权边界及其相应的权利和责任，而所有制理论所要揭示的则是生产关系的本质，从而揭示社会发展的根本规律，阐明生产关系变革更替的革命意义。因此产权和所有制二者虽然都涉及所有权概念，都是以财产关系为对象，而且有着密切联系，但却存在着很大的差别。

第二类定义认为，产权的实质是人们在经济活动中的一定利益关系（许一鸣，1994）。这决定了产权关系的主题是多元化的，但同时又是相互独立又相互依赖的。从经济学上看，产权的重要意义不仅在于财产在法律上的归属和占有，更重要的是对财产收益的占有。市场经济条件下，产权表现为以市场为媒介占有财产的收益。但是，倘若产权不进入市场，则无法获得财产收益，所以产权的实现主要表现为以市场为媒介的获取财产增值收益的经济活动过程。从历史实践来看，经济活动的产权关系必须具备以下特点：①多元性。产权主体是多元的。一是在同一的市场上存在多个主体；二是在同一产权系列中，从所有者到经营者存在不同层次的主题。这一特点决定了产权界定的复杂性。②独立性。即各产权主体在运用自己的权利时不受任何外在干扰，完全按照市场规律独立自主地开展生产经营活动。独立性要求产权有明晰的界定，并且权、责、利分明。③依赖性。

即不同系列产权主题和同一系列不同层次的产权主题在经济活动中具有相互依存的一面。经济愈发达，分工愈细，这种联系也就愈紧密。依赖性决定了产权界定必须从长远、宏观、稳定的角度，争取互惠互利，以实现社会福利最大化。

第三类定义认为，产权即是财产所有权（韩志国，2004）。首先，基于产权的表现形态，从法律的意义来看，财产所有权包括物权、债权和股权。物权是一种所有权，即对物直接、排他性的支配权；债权是一种请求权，即要求债务还本付息的权利；股权是随着实物形态与价值形态的分离而出现的一种新的财产权，即直接地、排他性地支配价值形态的财产而间接地、有条件地支配实物形态财产的权利。其次，基于财产归属和占有主体不同，财产所有权可以分为原始产权、最终所有权和法人财产权。具体表现为两方面的含义：一是表现为资产归属与营运的两重性。资产归投资人所有，投资人享有原始所有权与收益权，而资产营运归企业法人，享有占有、使用、支配和处置等权利；二是表现为资产归属上不仅具有投资人所有权，而且具有法人所有权。

第四类定义认为，产权是一个复数概念，是以财产为客体的各种权利的总和。其中，所有权体现的是主体对客体的最高的、排他的占有关系，这种占有关系是通过主体对客体拥有的任意的支配处置关系来体现的，而这种任意的支配处置关系又表现为主体对客体拥有的一系列的权利，包括占有权、使用权、收益权、处置权、支配权等。而反映所有权关系的主体对客体拥有的一系列权利便是财产权利，简称产权。因此，产权是与所有权既有区别，又有联系的概念，所有权体现的是客体对主体的归属关系，产权则是所有权的具体内容。

第五类根据现代产权经济学的定义，产权是对个人财产行为权利的法律界定，它说明了产权和所有权的区别与联系（王彪、任凤珍，2004）①。产权是指人们对自己所拥有的财务的使用而引起的相互认可的行为规范，它偏重于说明人与人的行为关系，而所有权偏重于人与物的关系，意指某人对某物拥有所有权，某物归属于某人。所有权与产权都是考察热门社会财产关系，但它们偏重的方面不同。个人拥有某物，这是所有权；在法律上或规则上对财务所有者支配自己所特有的权利作出界定和限制，是产权。

当然，对产权的定义远远不止以上罗列的五种，但这足以表明我国理论界对产权概念理解的差异性。尽管如此，在他们的定义中，无论产权概

---

① 王彪，任凤珍．产权交易［M］．中国财政经济出版社，2004：10.

念的具体内容怎样丰富，无论随历史的演变，产权制度本身将发生怎样的变化，也无论研究者出自各不相同的研究目的，赋予产权范畴怎样的内涵，关于产权概念的理解，至少在以下方面是明确的：

第一，产权是一种行为权利，是规定人们相互行为关系的一种规则。尽管人们对产权作为规则是否有效，对产权经济社会作用的主要表现方面划分也不尽相同，人们提出的条件和给出的衡量标准也有所不同，但各种关于产权的定义均承认它是规定人们什么可以做、什么不允许做、做了不允许的事情，就必须承担相应的责任等行为准则。因此，产权不单纯是人与物之间的关系，更是由于物的存在及关于它们的使用所引起的人与人之间相互认可的行为关系。

第二，产权是与财产有关的，具有排他性特征。尽管在解释这种权利发生的方式上存在差异，在概述这种权利的具体内容上存在差别，但总的来说，人们不否认它是一种与财产有关的，具有排他性的权利。产权的排他性意味着特定的权利只能有一个主体。

第三，产权是可以分解的。首先，财产所有权可以横向分解为使用权、收益权和让渡权等，也可纵向分解为出资权、经营权和管理权；其次，无论人们是怎样以所有权的各种权能结构来等同产权构造，但在认为产权不能简单地等同于狭义所有权上是共同的。承认产权可以分解，并随着社会经济生活演变而不断扩张，是当代西方学者和我国理论工作者关于产权定义及其变化的重要倾向。

上述分析表明，国内外学者对产权的认识并非完全一致，国内外学者根据各自研究的对象和目的，结合各自所处的研究背景和环境，赋予了产权各色各样的含义，这有助于我们对产权内涵的界定。本书将产权界定为由特定财产（包括有形和无形）所有权和由财产所有权产生的与之相关的各种权利构成的一组权利束，它是一定经济主体（产权所有人）依法对某一特定经济客体（产权标的）的所有、使用、支配和处分，从而获得相应收益的权利集，其表面上表现为人对物的关系，实质上是权利主体之间相关行为人之间的关系。分类对象和标准不同，分类的结果也不同。如根据产权价值的实现形式来区分，可以分为所有权、使用权、支配权和处置权；根据产权历史发展形态来区分，可以分为物权、债券和股权。事实上，由于分类标准会交叉，因此特定产权可分类为几种形态。

文化产权作为一种产权，必然具备一般产权具有的含义，是和文化财产有关的行为权利，权利拥有者作为确定的经济主体，可自行处置安排。除此之外，文化产权作为一种特殊的产权，具有自身的特性。黄少安

(2004）认为以前的产权一般都依托在某种实物资产上，但是随着越来越多的文化要素被商业化并且用于文化产品的生产和交易中，现在的文化产品所能创造的经济效益已经越来越大，甚至可以拥有巨大的经济价值。文化产权这一专业名词最早被提出是在2000年加拿大温哥华的“保护传统文化”会议上，紧接着又在《联合国可持续发展21世纪议程》中被提及。① 近年来，随着越来越多的国有文化企业进行改革，“文化产权”这一名词已经逐渐被国内大众所熟知，然而学者们对于文化产权的定义仍然是各执一词。胡慧林（2014）认为文化资源是文化交易市场发展的基础条件，包括物质文化资源、精神文化资源以及文化人才资源三类。其中，物质文化资源就是我们通常所看到的，能感知到的有形物质，精神文化资源则表现为无形的科学技术、民俗等，而文化人才资源则是从事相关创造的人。② 文化逐渐以资源的形式进入我们日常生活当中，不可避免地会涉及资源在市场中的配置问题，同时，文化资源在消费领域以及生产领域的流通也会涉及产权的问题。此外，也有学者认为文化产权是对文化资源的所有权，包含文化资源占有和使用相关的受益权，是与财产权相对应具有排他性的权利（周茂清，2004；赵书波，2010）。文化产权同样具有产权的相关属性，即文化产权的排他性、可让渡性以及可计量属性，进而决定了文化产权的可分割和可交易的特征。进一步，文化产权的交易也就可以表述为以文化产权交易市场为媒介，交易的主体和客体从中获得财产增加收益的经济活动过程（熊广勤，2012）。Sebastian Lechner（2008）、Michael A. Bengwayan（2003）等研究认为，文化产权就是一个地区的原有居民群体拥有的以传统知识或以民俗形式存在的文化资产。张天（2014）认为文化产权的定义主要取决于文化产业和文化产业所涵盖范围的定义，而陈彦均（2009）则认为文化产权的基础是知识产权，且二者既相互独立又联系紧密。高宏存（2010）、张炳辉和田艳芬（2013）进一步对文化产权的定义进行了扩充，他们将其定义为对某种文化资源的所有权，所有者可以通过对该资源进行转让、经营等来获得经济利益。王顺育、韩冰、王旭超（2012）认为文化产权涵盖的范围要更广，应该包括文化资源、产品、服务及有关的所有产权。③ 余丽（2015）则从法律的角度对文化产权进行了定义，认为文化产权

---

① 潘成龙，孙国峰．福建省文化产权交易发展情况分析［J］．福建农林大学学报（哲学社会科学版），2016，19（2）：55-59.

② 胡慧林，李康化．文化经济学［M］．书海出版社，山西人民出版社，2014：125.

③ 王顺育，韩冰，王旭超．文化产权市场发展问题研究［J］．产权导刊，2012，(11)：30-33.

是某种文化产品以及与该种文化产品有关联范围的产权持有人通过对这种产权进行交易处分从而获得相应收益的所有社会关系的总和。

由此看来，文化产权作为一种特殊产权，毫无疑问拥有产权的属性特征并且一定会被其属性特征所约束。首先，文化产权的一般性体现在由文化资源转变为具有经济利益关系的权益性文化资产；其次，不同于一般的产权，文化产权的特殊性体现在产权对应的客体，即文化类资产，它还具有多重属性。文化类资产的多重属性表现为文化资产类型的多样化、权利束复杂、价值评估难和交易流动性差等特征。我们借鉴廖继胜（2015）[①] 的定义来界定文化产权：文化产权是指文化资源和文化内容通过某种形式由创作者生产出来的文化产品，在其产权归属被界定后形成的文化财产所具有的一系列权利，它是以特定的有形或无形文化财产为载体的一组权利的集合，从产权交易的权属来看，包括文化物权、股权、知识产权等。特别地，本书重点围绕作为文化物权代表性的艺术品文化产权、作为文化企业股权代表性的文化企业国有产权，以及知识产权中最有代表性的文化版权等在转让过程中的定价问题展开研究，而对于其他文化产权诸如“邮币卡”文化产权也给了一定关注。

1.2.2 产权交易

交易或转让，是人们的一种经济行为。在我国，“产权交易”是20世纪80年代中后期才逐渐被人接受的一个新概念。关于产权交易的内涵，目前存在多种不同的解释。例如，有的观点认为产权交易是指资产产权的转移和过渡的经济活动。产权交易包括企业所有权转让，也包括单项和部分资产的转让，或者整个企业全部资产的买卖或划转。产权交易的形式一般包括兼并、拍卖、合并等方式。[②] 有的认为产权转让主要针对企业财产所有权的转移而言，是指产权归属由原来的一种所有制范畴转让到另一种所有制的范畴中去。所以，就这一特定的概念而言，全民所有制企业实行产权转让的基本特征是：企业改变原来的全民所有制性质，企业生产资料原属国有产权通过转让不再归国家所有。[③]

从广义上的产权定义而言，以市场经济为基础的一切交易都可以称为

---

① 廖继胜．文化产权交易市场发展研究［D］．江西财经大学，2015：40.

② 潘岳主编．国有资产管理教程［M］．经济科学出版社，1997：524.

③ 潘岳主编．国有资产管理教程［M］．经济科学出版社，1997：524.

产权交易。它应包括三方面的内容[①]：①产权交易是一种遵循等价交换原则的商品经营活动；②产权交易在内容上可以分为两个不同层次：第一个层次是财产所有权的转让，第二个层次是在保持财产所有权不变的前提下，实现财产经营权的转让；③产权交易属于产权经营活动，其经营主体是财产所有者或所有者的代理者。我们重点研究的是企业产权交易，因此有必要将企业产权交易独立出来加以界定：企业产权交易是指企业的所有者（资产所有者）将其资产所有权和经营权有偿转让的一种经济活动。换言之，就是把企业作为一种实物商品进入市场，按照价值规律和竞争机制进行自由交换、买卖，使优势企业得以壮大，劣势企业消亡，使经济发展的“细胞”更具活力。从广泛意义上讲，企业产权交易涉及企业的所有经营活动，狭义上具体包括企业收购、兼并、重组、破产等多项内容。其主要方法有：一是用现金或证券购买其他企业的资产；二是购买其他企业的股份或股票；三是对其他企业股东发行新股票以换取其所持的股权，从而取得企业的资产和负债。由于市场经济还不完善，产权交易的机制、中介机构和相应的法律法规还不完善，我国的产权交易带有浓厚的计划经济色彩和政府主导性。特别地，我国产权交易的实际运作主要有两种方式：一是通过直接的有形产权交易市场进行的企业兼并等；二是通过证券市场的股票买卖进行的企业控股、并购。[②]

不少学者将产权交易看成是企业所有者以产权为交易客体而进行的一种市场经营活动（孙加秀，2003；蒲国蓉、李轩，2005）。从狭义上来讲，产权指企业所有者的出资权。目前通常是从广义的角度来理解，即除了企业出资权以外，还包括一定数额的企业法人财产权，包括财产所有权和与财产所有权有关的财产权。其中，财产所有权是所有权人依法对自己的财产享有占有、使用、收益和处分的权利；与财产所有权有关的财产权是指在所有权部分权能与所有人发生分离的基础上产生的，非所有人在所有人财产上享有的占有、使用以及在一定程度上依法享有收益或处分的权利。

特别地，国有产权交易是一种须经一定审批（或者授权）并须经一定的法定程序由法定中介机构或政府委托机构才能进行的以国有企业产权为交易对象的买卖活动（朱志刚，1994）。从内涵上来看，国有企业产权交易包括出资者所有权交易（所有权让渡）和法人财产权交易（经营权让渡）；

---

① 熊广勤．多目标条件下企业产（股）权转让的定价机制研究［M］．湖北科学技术出版社，2010：43.

② 郭敏．国企改革与产权交易研究［D］．湖南大学，2004：10.

从外延上来看，包括上市公司的国有股权交易（证券交易）和非上市公司的国有产权交易。由于上市公司的国有股权交易（证券交易）和非上市公司的国有产权交易在现行体制上被纳入两类不同渠道分别进行管理和运作，并且对于前者，国家具有较为详细的法律规定，而对于后者的企业产权非股票交易，虽然国家也有规定，但总体上仍处于探索阶段。因此，本书重点研究的国企产权交易主要限定在非上市公司的国有产权交易，即非股票形式的国有产权交易，或者说以实物形态为基本特征的国有产权交易。这里的国有产权是指《企业国有产权转让管理暂行办法》所称企业国有产权，指国家对企业以各种形式投入形成的权益、国有及国有控股企业各种投资所形成的应享有的权益，以及依法认定为国家所有的其他权益。

产权交易是产权重组的重要组成部分，是产权流动与重组的途径和手段，产权交易方式的抉择是交易能否进行以及交易效率的一个重要因素。文献中对产权交易方式的分类方法很多：①从产权交易的程度划分，可分为一次性全部转让与分期、分批转让；②从产权交易的内容划分，可分为有形资产转让与无形资产转让；③从产权交易范围划分，可以分为产权整体性交易与产权部分性交易；④从产权交易支付方式可划分为出资购买式、股份交易式和承担债务式；⑤从产权交易双方所属的行业或产业划分，可分为横向、纵向与混合型交易，与我们平常所说的并购、重组等相近；⑥从产权交易价格的形成机制上划分，主流的产权转让方式有协议转让、投标转让与拍卖转让。此外，还可以从其他角度划分。从现有文献来看，除了为数不多的学者从产权交易价格的形成机制上入手分析，大多数学者还是偏向于从前五种或其他角度划分方法来研究产权交易方式及其效果。①

1.2.3 文化产权交易

交易本质上是在一定条件下实现所有权的让渡。康芒斯（1962）提出交易是所有权的转移是个人与个人之间对物质的东西的未来所有权的让与和取得。威廉姆森（2002）提出交易之发生，来自于某种产品或服务从一种技术边界向另一种技术边界的转移，以此来宣告一个行为阶段结束，另一个行为阶段开始。因此，只要发生资源转移，即可认定交易。

从交易过程看，文化产权交易为文化资源和产品的所有者、文化创意者、文化版权创作者以及其他类型文化服务提供者以协商转让、投标或拍

---

① 常修泽．产权交易理论与运作［M］．经济日报出版社，1998：123-131.

卖等定价方式，将特定文化资产和各种权益，通过设定的市场交易平台进行重新分配，一次性整体或部分转让给受让人的产权交易行为。

市场交易才能实现文化产权的经济价值。赵书波（2010）、岳世忠等（2016）指出文化产权交易就是对文化资源的所有权即文化资产的财产权，通过交易平台进行资源的重新分配。从交易的过程来看，熊广勤（2012）指明，文化产权交易就是以文化产权交易市场为媒介，交易的主体和客体从中获得财产增加收益的经济活动过程。侯宇峰（2016）在研究文化产权交易所资源配置效率的问题中，认为文化产权交易是基于文化产权交易所综合性服务平台的基础上，对文化资源的资产财产权进行部分或全部的交易。本书根据有关产权和文化产权的定义，将文化产权交易定义为各种文化产权的购买、转让和出售的一个过程，核心是文化资产财产权的交易行为。交易主体与交易客体通过交易市场对文化产权进行交易，具体包括交易前的交易标的信息收集与发布、交易过程中的产权转让流程、定价方式选择，以及交易后的交易标的交接服务等后续保证。

1.3 国内外研究现状综述①

1.3.1 国外研究现状

国外针对产权交易定价早期的研究集中在企业产权并购对象的价值评估方面，得到了不少有创新与实践应用价值的评估方法。此后，研究重点转为围观个体与产权定价的关系。此外，产权交易过程中的规范性、相关知识产权保护及其对交易定价的影响也成为不少学者关注的焦点。

1.3.1.1 企业价值评估研究

国外关于产权交易过程中价值评估的文献主要是关注当企业发生产权并购时所选择的价值评估方法方面，以及可能的实践创新，先后提出了现金流量法、贴现未来现金流原理和期权定价模型（Emil Fischer，1930；Miller 和 Modigliani，1958；Black Scholes，1973；Rappaport，1986）。早在20

① 熊广勤，罗方珍．我国文化产权交易的定价研究现状、问题及出路［J］．武汉冶金管理干部学院学报，2016，26（1）：3-6.

世纪初，Emil Fischer（1906）完整地阐述了收入与资本的关系，认为资本的价值实质上就是未来收入的折现值。随后，Modigliani 和 Miller（1958）研究发现，企业的价值主要取决于投资决策方式和内容，当存在与竞争均衡时，企业的市值可以通过由当时风险程度决定的贴现率对预期的收益折现得到。他们还特别强调企业的未来收益还应包括企业相关的税收，认为折现率的选择应该使用加权平均成本的概念。①

根据古典分析法，市场竞争可以有效配置企业产权交易，因而“价高者得”成为转让的通则。国外学者利用实物期权研究企业的并购，成果丰硕。S. Rossetto（2002）尝试了利用实物期权的理论与方法研究企业并购机制，研究的对象集中在并购策略实物期权的一种股权切离（equity carve-outs），他将股权切离作为一种复合期权，当认为在下属企业同母公司之间形成的协同效应是随机波动时，显著表明股权切离、购回和出售会受将来协同效应的不稳定性影响，在此基础上，研究还算出了最优的股权切离、购回和出售的门槛值。

从实践来看，期权定价模型已经被广泛应用于企业资源分配和投资决策，并带来了一定程度的决策方法方面的革命。事实上，收益现值法和实物期权法目前在国外得到了广泛的应用。实践中，当期权定价法被用于对企业价值进行评估时，一般选取的是期权定价法中最为广泛采用的二叉树模型，然而，Schwart，Moon（2000）的案例研究证实，相对二叉树模型定价法，选择采用实物期权法对可能进行并购的标的企业进行价值评估时，评估的结果更为合理。确实，Nir Kossovsky（2004）通过将实物期权法的应用范围扩充，他将实物期权应用于企业的无形资产评估中，例如他的研究将高新技术资产作为无形资产来评估，评估结果表明，实物期权法确实比其他方法的评估结果更可靠。

1.3.1.2 知识产权价值评估研究

西方学者对于知识产权的研究大多集中在版权、专利权和商标权，由于不同知识产权的价值影响因素与其对应的权利有关，因此学者们对不同的产权建立起了不同的价值评估体系。Sapsalis E，Ran Navon（2006）根据市场实际发展需要，主要研究构建了专利权的价值评估指标体系，这些指标体系主要包括科学背景、保护范围等多种指标。Chiu 和 Chen（2007）在此研究基础上，根据实际使用情况而利用层次分析法对每个指标进行了权

---

① Modigliani，F. and Miller，M. H. The cost of capital，corporation finance and the theory of investment［J］. The American Economic Review，1958，(48)：261-297.

重分配，这样该指标体系的实用性就得到了很大提高。在完善指标体系的同时，许多学者还建立了评估模型，如 Dietmar Harhoff，Frederic M. Scherer，Katrin Vopel（2003）对市场实际情况进行调研，从而基于对部分专利持有人的调查结果提出了专利权价值评估模型，该模型的评估结果表明专利权的价值与被使用人数和其所引用的专利数有关；Hsieh C-H（2013）首次创立了专利价值评估和策略确定的混合模型，他通过使用因子分析法将专利分为四类并且研究了其价值评估影响因素。①

国外还有的研究保护文化产权、产权交易效率及影响因素来寻找最优定价方式。如 Dakshina 等（2012）认为艺术品的价值受到两种因素影响，一是市场对文化艺术品的未来预期，二是买方对艺术品产生的情感上的共鸣，即买方主观情绪，他强调艺术品中包含的私人情感的重要性，并通过研究表明买方的情绪高低会影响艺术品价格的升降。Yair Tauman（2013）追踪了多起拍卖成交价格相同的艺术品交易，研究了转让方的保留价格与收益和效率的关系，提出转让方以较高的保留价格拍卖，不仅获得更高的经济效益，还能提高资源配置效率。Crawford Spence，Chris Carter，Javier Husillos（2017）从知识产权保护角度论证了产权保护对版权流通交易的影响，强调知识产权的定价方法具有专一性，不同类型的知识产权定价方式不可混用。显然，国外学者在无形资产价值评估方法基础上建立的各种类型的知识产权价值评估模型，评估结果相对其他方法更有优势。对于文化产权而言，其价值的核心来源在于无形资产，因此国外的无形资产价值评估模型对我国的文化产权交易价值评估当然具有重要的参考价值。

1.3.1.3 产权交易行为与定价研究

对产权交易的行为及定价研究主要侧重于三个方面：一是微观个体的合谋行为与交易定价。如 Ishiguro（2001）从显性歧视不对称角度分析了产权交易合谋行为导致的风险及定价偏差；Faure-Grimaud，Laffont，Matimort（2003）研究了信息不对称下产权出让人和评估人的合谋行为及对定价的扭曲。John Wyburn，Paul Alun Roach（2012）认为交易个体的合谋行为是文化产权交易中产生的风险和导致定价偏差的主要原因，并从显性歧视不对称角度出发证明了该观点。因此，交易的机制设计需要充分估计个体合谋行为可能对交易结果的影响。二是微观个体的竞价行为、策略与定价行为。如 S. Rossetto（2002）研究了基于实物期权定价法的竞价行为；Goldman

① Hsieh C-H. Patent value assessment and commercialization strategy [J]. Technological Forecasting and Social Change, 2013, 80 (2): 307-319.

(2005) 从受让方角度研究了初始持股策略对定价的影响。此外，K. S. Anand (2007) 强调规范监督行为对产权交易机制设计的影响。Andrew Pratt，Paul Jeffcutt (2009) 对艺术作品的销售率和拍卖成交价格的关系进行了研究分析，他们认为销售率越高，艺术作品在拍卖机制下成交记录的概率越高。Chih-Hung Hsieh (2013) 将传统的资产评估方法和确定策略法结合起来，通过因子分析方法找出影响知识产权价格的因素，设计了一个模糊测量模型的机制计算出知识产权的精确价值。三是产权交易行为的动机以及产权交易行为产生的影响。如 Yair Tauma，Ming-Hung Weng (2012) 研究了专利权交易和创新激励之间的关系发现，专利权的所有者可以在市场上出让其占有的专利权从而获得相应的补偿，如果这个补偿足够大，会继续进行下一步的创新，因为专利权交易可以为拥有者提供新的现金流，同时专利权获得方在拥有专利权后也会使用专利权进行生产经营。当专利权的所有者通过交易、过度所有权并获得相应的收益，如此专利权具有可转让性，市场转让专利权获得收益后，会有更大的动力去继续创新。特别地，针对文化艺术品的交易行为及定价问题。艺术品的价值一方面受到其未来的转售价值的影响，另一方面，受到因拥有对象而派生的情感效用的影响，如 Dakshina 等 (2012) 研究同样证实了这一观点，阐明了情绪在拍卖价格的形成中起着重要作用。

定价是一回事而出价又是另一回事，尤其是当交易活动中有多个出价者时。在竞争性并购模型中，一般以目标股东有一个保留价格为前提假设，当有出价高于保留价格时，股东总是会选择接受最高的一个出价。但在不同的模型中，多个收购者轮流出价的过程可有不同的假设。Baron (1983) 假设一个收购者只有在被拒绝的情况下，另一个收购者才可以再次出价，而且要求收购者只有均等的一次出价机会。① 而 Khanna (1987) 则以连续竞价为假设条件，即收购者可以依次报价，其中报价最高者得到目标公司。Audrey Hu，Liang Zou (2009) 比较分析了第一价格密封拍卖和第二价格密封拍卖双方在交易风险规避方面是否存在显著差异以及对交易结果的影响。在这一过程中，拍卖的事前效率被拍卖者的风险规避程度降低，相比于第二价格密封拍卖这种影响在第一价格拍卖中表现得更为明显。

1.3.1.4 产权交易的规范性研究

国外有关产权交易的规范性研究主要围绕产权的清晰界定、产权的保

---

① Baron, D. P. Tender Offers and Management Resistance [J]. Journal of Finance, 1983, 38 (2): 331-343.

护以及交易过程的规范监督等方面。相比于一般产权交易标的，文化产权交易对象具有更为一般的隐性价值与较高的附加值。Sapsalis（2006）建立了专利权价值指标体系，指标体系涵盖科学背景、技术、保护范围、合作倾向性，研究表明，整个价值指标体系中对是否具备专利保护整个因素，显著地影响了专利的价值。Ark and Lippoddt（2008）从知识产权保护角度论证了产权保护对版权流转的影响，突出了定价方式选择的针对性。同样，K. S. Anand（2007）也强调规范监督行为对交易定价的影响，认为交易中的各方应该遵守既定的交易规则及相关法律。

国外近期的研究集中在文化产权保护和产权交易的效应及影响因素上，以寻求合理定价方式。如 Park and Lippoddt（2008）和 Taylor（2010）从知识产权保护角度论证了产权保护对文化版权流转的影响，突出定价方式选择的针对性。Reiko Aoki，Aaron Schiff（2010）构建了一个知识产权许可模型来分析知识产权许可制度能否带来产权交易成本的降低，研究发现知识产权通过交易平台进行产权转让，一方面降低其搜寻成本，另一方面能更好地提供交易支持，起到了协调作用，更好地促使有效交易的发生。① 交易定价与配置效率方面，Porley C. Ashenfelter and Kathryn Graddy（2011）分析了绘画作品的销售率与拍卖定价的关系，认为销售率与预料之外的价格变化具有正相关性。

1.3.2 国内研究现状

国内学者对产权交易定价的早期研究是伴随着我国国有企业改制，于 20 世纪 90 年代开始出现的。学者们的研究首先从横向角度，研究主要集中在对产权交易的不同交易方式、定价行为下产权出让人与受让人行为选择进行比较，从分析交易可能的最优定价方式（常修泽，1995；杨刚等，2002；刘小玄，2001；郭建新、邓志雄，2005），并将交易中的规范问题与交易定价的方式、交易的动机相互关联，从而探究产权交易的可能发展模式（林凌、刘世庆，2001；王广亮、张屹山，2005；金碚、蓝定香，2004），提出了“效率增进论”（刘小玄，2005；宋立刚、姚洋，2006）以及“财政收入最大化论”（王红领等，2001；汪伟等，2006）等不同论点。此外，在交易的定价决定方面，于光远（1994）和杨丹（1999）基于产权

---

① Reiko Aoki, Aaron Schiff. Intellectualproperty clearinghouses: The effects of reduced transaction costs in licensing［J］. Information Economics and Policy, 2010,（22）: 218-227.

出让方和受让方的行为和博弈视角，分析了国有产权交易中的价格生成问题，得到了很有启发价值的结论。邓学衷、范小勇（2004）则运用谈判与拍卖模型对国有股转让中的定价问题进行了较为详细的比较分析，获得了细致的研究结论。曹玉贵（2011）的研究集中在企业产权交易定价过程中可能存在的逆向选择问题，最后提出了防范逆向选择的具体政策建议。李强（2012）认为将竞价机制引入拍卖机制中，整合现有的定价机制与销售模式的优点，有利于产权交易效率的提高。田银华、陈建伟（2012）分析认为协议转让能够解决国有资本退出引致的遗留问题，但其竞争强度小于拍卖转让机制，容易产生“争价努力不足”等道德风险问题，制约了该机制的市场效率。王先甲、肖露（2013）基于“囚徒博弈”，认为只要在招投标价值中设定适当的奖励与惩罚机制，就能有效解决招投标过程中寻租和合谋的现象。针对缪因知（2015）以国有产权交易的实践诉讼案为例，分析了协议转让交易机制下的效力判定与履约所带来的不确定性，强调法制化在国有股权协议转让机制设计中的重要影响。柯梦倩（2017）指出协议转让与竞价和做市转让相比，其具有的优势表现在限制较少，交易双方拥有更多的自主决定权。张璇、刘凤芹（2018）指出协议转让机制是公司股权控制权转移的重要方式，在控股权较为集中，且存在控股股东的情况下，协议转让有利于收购方与控股股东时间成本的减少。伴随着文化体制改革的深入，学者们对文化产权交易问题的研究主要围绕以下四个方面。

1.3.2.1 文化产权交易市场的功能与定位

文化产权交易市场功能与定位决定着文化产权交易市场的长远发展。何琦和高长春（2011）认为文化产权交易市场存在的主要原因在于解决文化产权的融资约束，提高文化资源配置效率。王顺育、韩冰、王旭超（2012）进一步指出，文化产权交易市场的本质功能在于提供一个交易平台来促进文化产权的流通转让。李彬和潘爱玲（2015）则结合中国的制度环境分析了转型时期文化产权交易平台的功能与定位，认为制度偏好与企业需求的错配是制约文化产权交易平台发展的重要原因。

随着实践中文化产权交易市场交易纠纷的频发，学者们开始逐步将研究重点集中于文化产权交易市场现存的问题上。如周正兵（2011）认为尚处在初创阶段的文化产权市场，其最明显的问题在于中介服务体系不健全、市场运行机制不规范以及由此引发的“柠檬效应”①。与之相类似，王顺育

① “柠檬效应”指一般企业客户与IT企业之间存在严重的信息不对称问题。IT企业与企业客户之间的博弈，最后的结果往往会是次优选择，即所谓的“柠檬效应”。

(2011)认为市场的主要问题在于法律制度不健全、监管部门不到位、人才不足、文化企业规模小等，并为此提出要加强人才队伍的培育，加强市场监管等措施。江哲丰（2014）通过对文化产权交易市场进行分析发现文化产权交易市场存在中介服务功能和制度规范建设严重滞后缺失、人才稀缺等问题，他认为文化产权交易体系建设应以大文化产权交易为发展路径，政府部门发挥宏观协调职能，加强监管体系和行业标准体系建设，发展专业人才培育体系，建立和完善文化产权交易市场。廖继胜（2016）与赵蓉等（2016）则认为当前文化产权交易市场的主要问题是相关交易制度的不完善甚至缺失，但赵蓉等认为交易市场还存在着主体权责不明确，文化产权保护意识薄弱等问题。熊广勤、闫永亮（2018）从文化产权交易信息的不完全、不对称、交易主体的不完全等方面分析了该市场不完全性的具体表现，探讨了不完全性对文化产权转让定价的影响，强调一个合理交易机制的重要性，对文化产权交易机制的设计具有重要的启发价值。

1.3.2.2 文化产权交易模式与机制设计

根据不同交易标的特性，我国现有的文化产权交易模式发展多样。周正兵（2011）总结我国现有的三种交易模式：一是北交所模式，依托现有的文化产业融资服务平台，强调政府主导下的投融资服务，充分的资源整合；二是雍和园模式，依靠政府投资主导，开发文化资源中的版权交易，以版权交易平台搭建金融服务体系；三是上交所模式，由市场主导，以市场化方式构建综合性文化产权交易与服务平台，其运行模式市场化，资源配置更高效。这些文化产权交易模式，对于完善我国文化产权交易体系、发挥文化资源融资有重要的实践意义。与此不同的是，张炳辉、田艳芬(2013)则根据交易模式设计的服务是否全面将文化产权交易模式分为综合性交易模式和专业性交易模式。

此外，对于在我国文化产权交易市场成立之初便存在争论的份额化交易模式，国内学者也进行了大量的研究。如魏鹏举和曹翼飞（2012）通过对份额化交易机制进行系统分析后认为，份额化交易一方面是我国文化产权交易模式的一种创新之举，肯定了它在我国文化产权交易市场发展早期阶段所扮演的重要角色，但由于制度设计、交易监管的缺失，导致交易实践中出现诸如投机和价格操纵问题，必须要从制度层面上对其进行规范。同样，高波（2012）在分析泰山文化艺术品交易所中“份额化”交易时，指出其缺乏退出机制、严重的过度投机以及政策风险的问题为市场和投资者带来了巨大的风险，提出要注重运营模式中“防火墙”与风险隔离机制的建立。黎友焕等（2016）对南方文化产权交易所钱币邮票交易中心的发展模式进行研究，从不同市场参与主体的角度分析了该模式相对现货交易模式的优势，肯定了其在促进邮币经济与文化产业发展方面的作用，同时也指出了其存在的不足并提出相应的建议。周正兵（2017）对文化产权交易所发展状况以及深圳文交所业务模式创新进行了研究，他认为近年来的邮币卡的炒作与我国文交所自身的定位不足存在密切的联系，并以深圳文交所的业务模式的创新为例探讨了文交所新的发展趋势。总的来说，文化产权交易模式的设计对于交易市场健康发展具有重要作用，文化产权交易模式的发展要综合考虑监管、效率、退出机制等问题，以求优化现有的产权交易模式。

1.3.2.3 文化企业股权价值评估模型

自从20世纪90年代初我国引入价值评估的思想后，国内学者便开始研究和借鉴西方的价值评估模型以用来对国内企业，尤其是国有企业进行价值评估。王建中（2004）通过双程回归技术和灰色关联度分析方法成功验证了现金流量法可以运用于企业价值的评估。贾纬璇（2009）基于前一理论，推导出了现金流量法的公式和算法。张晓红、马广奇（2013）以康佳集团为例，利用现金流量模型估算了其不同阶段的价值，然而评估结果和公司的股票市价产生了严重的偏离，这也表明现金流量模型评估结果的准确性值得商榷。学者们将几种不同的估值模型进行对比研究从而得出不同情况下不同模型的适用性以及精确性。如张景奇（2006）分别用现金流量模型（简称DCFM）、剩余收益模型（简称RIM）和其对应的股价和企业价值进行回归，最终得出RIM能更好地解释股价。然而，王少豪和王磊钦（2010）则指出两种估值模型的精确度是相同的，只是RIM的数据更易获得。刘任重（2013）利用实证的方法也得出了相似结论，即两种模型的估值和企业的市价都表现出了正相关，只不过RIM的偏差更小。不仅如此，经济增加模型也渐渐开始用于企业价值评估，张春明（2007）就曾经表明经济增加模型可以反映估值期间企业价值的变化从而更加便于管理层作出相应的决定调整，但是杨林（2013）认为经济增加值只和制造业有关，因此并不像现金流量模型和剩余收益模型那样普适。

由于我国文化产业起步较晚，因此还并未有学者对文化产权的价值评估进行专题研究，研究成果主要集中在文化产权中的某一类也就是文化企业股权上，且专门针对文化企业股权价值评估方法的研究也并不是很多，大部分都是评估特点相关的定性分析，尚未进行深度探索。刘伍堂（2014）认为文化企业的核心资源为版权、著作权等无形资产，而这部分资产的价值往往波动性很强，因此会导致文化企业未来的潜在收益具有很大的不确定性，文化企业股权的价值评估要根据其所拥有资产的特点来选择适用性最强的评估方法。姜惠宸（2015）在详细分析了文化企业资产构成和企业股权价值构成的特点后认为传统评估方法在评估文化企业股权价值时存在不足之处，因此，他利用蒙特卡洛模拟技术（MCS）和层次分析法（AHP）对传统方法进行了改进，有利于文化企业股权价值评估方法体系的完善。国内学者对实物期权理论应用的研究本身起步就较晚，对其在文化企业股权价值评估中应用的研究更是寥寥无几，王克强和吕琳等（2013）根据旅游企业的特点，将实物期权理论引入旅游企业股权价值评估中，并表示评估潜在收益高、不确定性强的企业股权价值时可以选择引入实物期权理论来评估可能的机会价值。宋旭（2015）基于对文化企业股权价值组成的分析，运用实物期权评估模型来评估文化企业的股权价值，为文化企业的股权价值评估提供了一个比较合理、有新意的思路。周安安（2016）则主要研究了实物期权法在文化创意企业股权价值评估领域的应用，认为该方法的评估结果包含了企业未来投资机会的价值，是更为合理的估价结果。李文研（2018）以宋城演艺公司为例，在分析得出其运营模式具有实物期权特点后，用实物期权法对其股权价值进行了评估，发现评估结果的误差较小，因此认为此方法能够更加合理地对企业的潜在价值以及发展趋势进行预估。

1.3.2.4 文化产权交易的定价方式、交易效率与定价难点

从交易机制演变发展过程来看，我国文化资源转让过程中定价是不可避免的环节，但是文化产品的特殊属性决定了其定价交易的非一般性，为此就需要针对文化产权的这些独特属性来制定科学合理的定价交易机制（熊广勤，2012）。进一步，张炳辉与田艳芬（2013）分析了交易机制设计过程中的定价因素与风险监管因素，有效的交易机制能够改善资源配置，对于挖掘文化产权价值至关重要。为此，熊澄宇（2009）和范周（2010）在研究文化产业政策体系时，系统全面地分析了并购重组对发展文化产业的重要性，强调文化产业应该走集群规模的模式，提出了有创新性的结论。皇甫晓涛和赖章德（2011）认为产权交易是实现文化与资本双赢的创新模式。在交易平台建设方面，陈嘉羽（2013）深入分析扩展文化产权交易平台、创新交易模式、完善产权交易规则和制度体系，认为交易机制的形成与创新要稳扎稳打，不可一味追求创新而忽略了基本因素。同样，曾志兰与卢庆垣（2017）通过总结上海自贸区文化交易成功经验，指出综合利用多项政策叠加优势，强化自贸区文化改革与上海市、国家部委改革的互联互动、积极打造并完善功能平台。

点明文化产权交易定价中的难点问题，为我们客观把握交易实践非常有益。为此，魏鹏举（2010）从客观实际出发认真分析了文化创意产品的特征属性，并在此基础上深入研究了其中的定价难点，其中强调文化产业与资本市场的对接及金融化风险对文化产权交易定价具有重要的参考价值。与之不同的是，白洁（2011）对艺术品份额化交易发展现状，分析其存在的问题，并提出从评估方法、交易制度、平台组织制度以及监管等方面来完善文化产权交易市场。廖继胜（2015）对文化产权交易的市场效率进行了重点研究，他从内部效率与外部效率两个方面对文化产权交易的市场效率及效率的影响因素进行了详细的分析，通过定性定量的分析结果说明，文化产权的市场供给能力是影响产权交易效率的核心因素。王俊（2016）发现我国文化产权交易市场监管主体不明确，相应的法律法规不健全以致有价格操纵与投机等违法违规现象的发生。陈广和水心勇（2016）则分析了文化艺术品金融化存在风险，并认为文化与金融融合发展时，必须完善相应的市场交易机制，尤其是要防范艺术品过度金融化发展所带来的泡沫问题。

1.3.3 简要述评

从以上关于国内外产权交易及其定价研究现状可以发现，现有研究大多是基于价值评估方法、知识产权价值的影响因素和社会效应、微观个体竞价交易行为与策略探究产权交易的定价，或是基于国企产权交易定价所得到的结论。对于文化产权交易的定价研究并没有得到足够重视，较少涉及交易定价的具体过程，主要问题是：第一，没有分析导致市场失灵对文化产权市场影响的深层次原因及对交易定价的影响；第二，尽管国企产权交易定价与一般企业并购定价的研究对文化产权有着借鉴意义，但其价格生成在机制上可能存在着很大差异；第三，文化产权的合理流动受制于市场的不完全性，缺乏定价机制，实践中文化产权交易价格波动激烈，投机与价格操纵行为时有发生，目前仍缺乏有效解释和解决这一问题的研究。

因此，一方面，系统地研究和探讨文化产权交易的定价问题既能补充深化现有理论研究，也有利于规范文化产权交易行为。另一方面，文化产权交易具有特殊性，它不同于一般产权交易，更不同于一般商品交易，相关研究必须考虑交易中涉及的不完全性、无形资产、非价格因素及其对交易定价模式的影响，而这方面并没有引起学者们的足够关注。上述国内外关于产权交易定价机制与模式研究的不足，事实上也构成了本书研究的出发点，奠定了本书尝试进行理论研究的勇气。

1.4 本书研究的主要内容与基本思路

1.4.1 研究的主要内容

本书研究的主要内容：①产权交易机制与效率研究：一般而言，交易效率会受交易机制的影响。当市场参与者数量众多或交易对象价值较小时，市场在一般的交易机制下就可高效运行。但当市场交易者数量较少或交易标的价值较大时，一般的交易机制将无法满足市场发展需要。为此，市场组织者就需要结合实际交易情况研究设计特殊的交易方式（如拍卖、招标等），才能有效地提高市场运行的效率。已有的交易方式对文化产权交易具有启发作用，但不能从根本上解决文化产权交易问题。因此，从国内外已有的交易实践中探索适当的交易方式，寻找正确的交易价格，非常必要。②文化产权交易市场及其在多层次资本市场的定位研究：目前，交易市场对交易效率的影响是巨大的。在文化产权进场交易的前提下，一方面，产权出让方固然希望能获得一个较高的交易价格，另一方面，考虑到文化产权的特殊性，特别是对于文化类企业国有产权，文化产权交易市场又是非上市国有产权退出的唯一通道，高的交易价格可能打击受让方的参与，造成互利的交易无法发生。因此我们应该避免文化产权交易市场成为"集裁判员、教练员、运动员于一身"的一个无所不能的超级机构。在这一背景下，我国多层次资本市场体系的构建蓝图是什么样，文化产权交易市场如何定位，它在整个资本市场中扮演着什么角色？这些问题都值得研究。③文化产权交易市场的不完全性研究：我国文化产权交易的特殊性主要表现在三个方面，一是由于资源分配的不公及文化产权的唯一性而造成的卖者独一无二；二是交易者的委托代理关系可能使得交易者之间发生串谋；三是由于交易者的逐利性及其他原因而引发的信息不完全及信息不对称。④文化产权交易的投机与价格操纵行为研究：根据当前文化产权交易市场的实际发展情况，对各个地区的文化产权交易所进行调研，深入分析交易中所存在的各类问题及引发的矛盾，并在此基础上揭示其内在的原因及解决方案。此外，针对《国务院关于清理整顿各类交易场所切实防范金融风险的决定》（国发〔2011〕38号）中提到由于部分交易场所管理不规范，存在严重投机和价格操纵行为，个别交易场所股东直接参与买卖，甚至发生管理人员侵吞客户资金、经营者卷款逃跑等问题，本研究将探讨如何从文化产权交易所平台建设、交易组织制度建设以及中介机构服务建设等方面进行严格规范。⑤资产评估的内容与作用研究：针对文化产权交易，资产评估的内容包括哪些？用什么方法最为合理？无形资产如何纳入评估的范围？评估价格应该起什么作用？这些问题都值得重新探讨。另外，如何对现有评估机构进行整合与规范并建立权威的评估机构，也需要作进一步研究。⑥文化产权交易的定价机制设计：通过设计科学的定价机制，即可以降低决策成本，又可以得到正确的价格，从而使交易充满效率。根据中国文化产权交易国情，考虑不同种类的市场交易主体，将竞争机制引入文化产权的交易当中来，进行交易合约的创新，使参与交易各方都拥有交易选择权，同时反映产权交易各方的真实评价，以此形成一个合理的交易价格，是本书的中心任务。本书涉及的文化产权交易及其定价主要围绕艺术品文化产权、文化企业国有产权、版权文化产权等交易对象展开研究。⑦“四位一体化”定价机制在文化版权转让定价中的应用：本书最后特别地分析了作为文化知识产权最重要的部分——版权的定价机制，以进一步阐明本书提出的“四位一体化”定价机制的内涵、思想及其有效性。研究表明，文化版权交易的机制设计不能只简单地关注成交价格，还需要关注转让期限这样的非价格因素对交易定价的影响。进一步，文章运用拍卖理论最新成果，将转让期限这一非价格属性考虑进来，放弃以往对竞标投资者风险中性的假设，引入版权转让的现时收益和到期回收可能产生的未来收益等双重目标，提出了一种附加合同期限的拍卖机制，该机制充分融合了“四位一体化”定价机制的内涵与思想，是“四位一体化”定价机制在版权转让中的一种具体实现形式，案例分析证实了该机制的有效性。

1.4.2 研究的基本思路

研究的基本思路：首先，从交易机制与效率角度论证一个科学合理的定价机制对于文化产权交易的重要性，结合文化产权交易的特点，选择合适的交易机制与定价方式，提高文化产权资源的配置效率，为创新文化产权交易机制提供理论支持，以此作为定价机制设计的理论基础；其次，从文化产权交易市场的不完全性及交易实践出现的种种问题透析交易定价的难点与原因，把握交易各环节运作的实际情况，以此作为定价机制设计的现实基础；再次，使用规范的分析方法对交易定价出现的问题作定性分析，探讨如何从交易所平台建设、组织制度建设及中介机构服务建设等方面进行规范；最后，基于文化产权交易定价机制设计的理论基础和现实基础，在进场转让其他环节规范运作的情况下，提出文化产权交易定价机制设计的具体方案及其在版权转让交易定价中的应用，并通过案例研究论证这一模式与机制的有效性，指出需要进一步完善的环节。

1.5 本书研究方法与创新之处

本书的研究方法如下：

①通过文献收集充分运用归纳和演绎的研究方法，总结和提炼文化产权交易及定价机制设计的基本理论和部分观点作为本研究的理论依据和逻辑起点。②采用实地调查法在全国几个重点文化产权交易所进行调查，客观全面地把握文化产权交易各环节（尤其是定价）的实际情况。③案例分析法，本书收集了一些典型的文化产权交易案例，进行案例分析，从而验证规范研究的结论。④基于信息经济学的最新成果，运用合约选择理论，设计出一种价格发现机制，这一机制不但可以使评估价格更为合理，而且使文化产权的权益主体和投资主体在不同的合约选择中自动地显示其愿意的成交价格，然后再根据自己的极大化原则决定是否参与交易，因而这一机制充分彰显了利益主体对自己的权利进行决策，并承担自己决策的一切后果的市场原理。

如何为我国文化产权交易设计合理的定价机制，既能形成正确的交易价格，促进文化产权的合理交易，同时又要能避免产权交易过程可能存在的投机和价格操纵行为，要让产权交易的各方主体都尊重市场选择，接受交易结果？这影响到文化产权转让过程的公允及产权交易的顺利进行。与现有研究范式不同的是，本书从典型案例的分析入手，在深入透视文化产权交易的特征、面临的现实约束以及相应的行为选择的基础上，对交易的定价机制设计进行探讨。为此，本书研究的创新性主要体现在以下三点：

①立意上的创新。本书认为，应该从文化产权交易的不完全性及交易各环节运作的实际情况出发，探究文化产权交易的定价机制。如文献述评部分所述，此前国内外的研究极少涉及文化产权交易的不完全性及交易各环节运作的实际情况，更没有将定价机制设计建立在对它们的充分把握基

础上。②研究路径上的创新。本书选择与同类研究不同的路径，先从交易机制与交易效率角度确立文化产权交易定价机制设计的理论基础，再从交易市场的不完全性及交易实践出现的种种问题把握定价机制设计的现实基础，最后提出文化产权交易定价机制设计的具体方案。这种研究路径上的创新是得出科学结论的基本前提。③借鉴以往克服信息不对称的机制设计思想，探索我国文化产权交易双向的定价机制，这是一个新的尝试。

第2章　产权交易机制与效率的理论分析

产权交易是资源重新配置的经济活动，但在不同的交易机制下，产权交易的效率是不一样的。如何选择有效的交易方式，通过机制设计科学地解决产权交易的定价问题，从而有效配置文化资源，是经济学要研究的重要课题。清晰的产权界定是产权交易有效进行的前提，对交易效率具有重要影响。此外，为了寻找正确的交易价格，提高文化产权的交易效率，要求我们从理论上阐明产权交易的动机、效率的内涵与影响因素，以及可能的定价机制选择，从交易机制与效率角度论证一个科学合理的定价机制对于文化产权交易的重要性，以此作为定价机制设计的理论基础。

2.1　产权交易研究概述

在西方资本主义国家，产权交易有着悠久的历史，在社会经济生活中占据着重要的地位。因此，西方学者对产权交易这一现象进行了深入的研究。总体来看，西方学术界鲜见专门论及产权交易的论著，他们主要是从产权界定和企业并购等方面进行研究，而且这方面的理论已相当成熟，形成了适宜西方国家的产权交易及其定价的理论基础。

2.1.1　产权界定理论

产权界定理论的核心，是研究如何通过产权界定、变更和安排，来最大可能地降低或消除市场运行的交易费用，改善资源配置。在这方面，新制度经济学派（尤其是产权经济学派）作出了突出的贡献。

以科斯为代表的产权学派指出，在市场运行中，产权的界定和合理配置占据极其重要的地位。合法权利的初始界定会对经济制度的运行效率产生影响，当交易费用不为零时，财产权的初始分配将影响资源配置（R. H. Coase，1960）。德姆塞茨（1994）从外部性角度论证了产权界定的重要性，通过明确界定产权，并在其基础上进行制度的规定和权利的分配，建立排他性的占有和使用，这样，外部性问题就会趋于内部化。这里的外部性是指在相互作用的经济当事人中，一个当事人的行为对其他当事人产生影响，而该当事人没有根据这种后果给予其他当事人相应的赔偿。外部性产生的原因正是由于经济主体的“活动空间”不明确（没有界定清晰），于是使得侵犯他人不用赔偿而给自身带来收益成为可能。

要将外部成本内部化，一是要界定清晰，二是要允许协商和谈判，允许权利或产权的转让与流动。德姆塞茨（1994）在“关于产权的理论”一文中就权利的调整和外部性的关系作了这样的阐述：在进行皮革贸易前，狩猎的主要目的是为了食物消费和衣着消费而需要有限的肉类和皮毛。由于自身的消费是有限的，所以即便在一起狩猎的过程中发生外部性行为，也不明显，因此不必支付赔偿。随着皮革贸易的发展，对皮毛乃至动物的需求逐步扩大，从而使得狩猎造成的外部性变得明显了。这就是说，在一个共同享有的土地权利或狩猎权利下，一个人之所以总是最大限度追求自身权利的行使，在于自身效益带来的社会成本并不是由其本人完全承担，而是由外部效应连带的其他当事人共同承担。此时如果产权仍然处于模糊状态，使得狩猎行为缺少制度性的有效约束，那么就会发生对动物的掠夺式捕杀，并把社会成本加于其他狩猎者或后继者身上，而不会有人对增加或维持动物数量的投资发生兴趣。反之，如果明确界定产权，并在其基础上进行制度的规定和权利的分配，建立排他性的占有和使用，这样，在没有界定产权条件下所发生的外部性问题就趋于内部化。这一内部化过程实际上就是对权利者或产权者进行约束，使得每一狩猎人都能凭借其自身能力对狩猎的成本和收益进行核算，进而增加对土地的投入，加强对动物的驯化管理。但这也仅仅是一个局部的内部化过程，还有一个更大范围的外部性问题。为此，人们并不简单地用法律的方式设置这样或那样的禁令，而是必须对生产资源拥有可靠的、可以让渡的私有产权，并在可以信赖的契约交易的谈判中进行产品交换，这一体制协调和发散信息的能力使得更有价值的物品的可得性增加，并使生产它们的成本变得越来越低（阿尔钦，1994）。这就是说，产权界定清晰虽然是外部成本内部化的必要条件，但还不是充分条件。确实，初始产权的界定有可能效率较低，如果通过转让和交易，产权的使用效率就可能提高。另外，为了使外部成本内部化，也不仅要使初始产权界定清晰，还要允许产权者之间进行协商和谈判，进行自由的产权交易活动，这是更好地协调不同产权之间权利、实现不同产权者最大利益的需要，也是社会资源最优配置的需要。当内在化收益大于内在化成本时，新的产权关系就会产生，相反，产权交易引起的过高的交易成本可能使外部效应不能内在化，交易就不会发生。

张五常和巴泽尔分别指出，当资源对特定个人（即潜在寻租者）的价值大于获取资源所需的成本（即寻租成本）时，产权的界定就成为必要，新的产权也就产生了。在一个已经运转的社会中，权利的产生是一个不断发展的过程，产权是不断产生并不断放弃的，因此对产权的分析也需要一种适于不断变化情形的分析（Y. 巴泽尔，1997），巴泽尔清晰地指出了产权界定的渐进性，强调了从起点到终点的过程。巴泽尔通过排队配给汽油的案例，说明了交易过程是进一步界定产权的方式，产权界定常常是在交易过程之中而不是在此之前完成的。目前对科斯定理的解释，都假定产权要么存在并得到明确界定，要么就不存在，忽略了产权经常处于部分界定的中间状态，并在产权交易中不断演进，逐渐明晰。产权的初始分配常常是不清晰不完善的，初始界定的产权仅仅是为产权交易、产权制度的运作提供了一个起点，而产权的进一步界定必须通过产权体系的运作过程自身，即交易过程来实现。当内在收益大于内在花费时，产权交易就会发生。相反，产权交易引起的过高的交易成本可能使外部效应不能内在化，交易不能进行。影响交易成本的因素有两个：一是自由谈判是否被禁止；二是允许自由谈判的当事者数目。

在不同的政治经济体制背景下，选择不同的交易模式，都可能产生不同的交易成本，影响到交易能否发生，产权交易模式的选择必将影响交易效率及资源最终的配置效率。因此，产权交易模式的选择和设计是产权制度的重要组成部分之一，什么样的交易模式能更加符合现实，并以最小的成本达到最好的交易效果呢？文献并没给出一般性的结论。

2.1.2 企业并购理论

企业并购是产权交易的一部分，其实质是产权大规模的整体的转移。因此，企业并购理论构成了产权交易理论最为重要的部分。在西方，企业并购（merger & acquisition，M&A）是兼并与收购的合称。“兼并”（merger）在《新大不列颠百科全书》（*The New Encyclopedia Britannica*）中定义为两家或更多的独立企业或公司合并成一家企业，通常由一家占优势的公司吸收一家或更多的公司。一项兼并行为可以通过以下方式完成：用现金或证券购买其他公司的股东发行的新股票，以换取所持有的股权，从而取得其他公司的资产和负债。“收购”（acquisition）是指一个企业以某种条件取得另一个企业的大部分产权，从而居于控制地位的交易行为。如果说“兼并”概念强调了企业一体化的状态特征，那么“收购”一词则描述了在现代公司制度和完善的资本市场的条件下实现产权交易的手段。文献中关于企业并购理论可以从并购的决定因素、并购合同的设计以及并购的效应三大块的研究来概括。

2.1.2.1 并购的决定因素

现实中的并购是一个实证问题，它背后有着非常复杂的动机，这种动机的复杂性源于并购的属性与企业内、外部条件组合的多样性。由于实践中存在着过高的并购失败率，使得西方学者把注意力大量集中在并购动因的研究上，提出了多种并购动机理论，以便解释促成企业并购发生的影响因素。动机往往决定着并购能否发生，所以有关驱使企业作出并购决定的研究文献不在少数，成为并购理论研究的重点之一。

（1）效率假说

效率理论认为，公司兼并和资产再配置的其他形式，对整个社会来说是有潜在收益的，这主要体现在大公司管理层改进效率或形成协同效应上。所谓协同效应，指的是两个企业组成一个企业之后，其产出比原先两个企业产出之和还要大的情形，即俗称的“2+2=5”。这种协同效应可来自管理、经营和财务等方面。

Berle，Means（1932）以及 Schipper，Thompson（1983）将并购的驱动力源于为增加销售份额或资产规模。通过并购，可以获得潜在的市场利润，突破技术方面的障碍和边界，或在现有企业实力基础上展现产品的多样性。管理层也可能是出于追求效率，认为并购可以获得某种形式的规模经济或协同效应。具体形式有以下五种：①企业并购可以将企业外部融资转化为内部融资，从而增加了财务协同，降低了融资风险。②由于并购双方经济上的互补性、规模经济或范围经济，合并成一家公司后，造成收益增大或成本减少。③企业并购可以通过实现业务多角化，降低经营风险。④企业并购可以提高被市场低估的企业的市值。⑤由于并购双方管理能力有差异，兼并就能提高管理效率。效率理论在解释企业并购的动机方面是强有力的，但是，并购到底起因于何种意义、何种程度上的协同效应和效率改进，则是尚需深入考虑和分析的。然而，最近的一些研究（Berger，Ofek，1995；Maquieira，Megginson，Nail，1998）表明，水平并购（horizontal mergers）并没有创造协同效应。

我们知道，新古典经济学家将效率分为两类：真实效率（real efficiencies）和财务效率（pecuniary efficiencies）。真实效率是指生产一定产量所消耗的实实在在的投入减少了，而财务效率仅仅是由于总成本函数里面的投入要素价格下降而导致的会计成本下降。因此，真实效率代表着生产效率的提高，而财务效率仅代表着一种成本从一个市场参与者转移到另一个市场参与者身上。在并购活动中，真实效率表示企业的成本条件发生了改善，而财务效率表示企业间的成本转移，而这一转移的方向通常由企业在并购活动中所处的市场势力决定。市场势强的企业，成本转移将朝着有利于它的方面变动，反之则反（Malcolm B. Coate and Armando E. Rodriguez，1997）。新制度经济学家接受新古典分析框架，但给效率加入了交易费用的概念，此时并购在何种程度上降低了交易费用，这是效率理论必须要分析的问题。

（2）市场势力假说

Brandow（1969）将市场势力定义为厂商直接影响其他市场参与者或者诸如价格、推广促销（promotion practice）等市场变量的能力。市场势力理论的核心观点是，增大企业相对于同一产业中其他企业的规模，有利于企业市场势力。关于市场势力问题，存在着两种意见相反的看法。

第一种观点认为，增大公司的市场份额会导致合谋和垄断。按照 Bain（1956）及其他学者的研究，市场势力来源于结构性的进入壁垒以及诸如卖方集中等产业特征，这些特征导致竞争者之间认识到了其相互之间的依存性，从而降低了竞争的程度。Bain 也曾明确指出市场集中度和进入壁垒足以支持有效的串谋而不惠及小厂商。所以，在发达的市场经济国家里，政府通常会制定一系列的法律法规，反对垄断，保护竞争。

第二种观点却认为，产业集中度的增大，正是激烈竞争的结果。一些学者认为，在集中度高的产业中的大公司之间，竞争变得越来越激烈了，因为价格、产量、产品类型、产品质量与服务等方面的决策所涉及的维度巨大，层次复杂，简单的合谋是很难达到的。从上面这两种相反的意见表明，关于市场势力的假说，还有待于更深入的分析。

（3）代理成本问题假说

当企业管理者不占有企业所有权或只占有企业部分所有权时，便会产生管理者利用管理特权追求私人利益这种代理问题（Jensen and Meckling，1976）。代理问题对于并购活动的解释包含两个决然不同的观点。

第一种观点认为，并购可以降低代理成本。正是因为资本市场上存在并购行为，高层管理的领导地位始终受到威胁，才促使管理人员努力工作，否则一旦管理业绩不佳，会招致公司被并购、高层管理人员重新任命的命运，购并可以用来解决代理问题（Manne，1965）。① Fama and Jensen（1983）通过对经理市场、劳动力市场以及股票市场的有效性进行分析后认为，所有权与控制权相分离的机制可以减缓代理问题，这一结论也得到来自实证方面的支持。如 Holmstrom and Kaplan（2001）在研究了美国 20 世纪 80 年代和 90 年代并购浪潮的特征后发现，当经理人员不以股东价值最大化为目标时，敌意接管和杠杆收购便会作为资本市场的一种约束机制，纠正经理人员偏离股东价值最大化的行为。

第二种观点认为，并购会使代理问题更加严重。Mueller（1969）认为公司经理在追求自身目标的过程中，为了实现他们期望的并购，无论并购市场要求他们做什么，都会一一照办，这样就存在并购溢价与价值创造几乎没有关系。通过并购扩大公司规模进而提高公司对现任管理层的依赖程度，这在一定程度上说明了并购中代理问题的存在。②

（4）自由现金流量假说

Jensen, M. C.（1986）认为与管理者和股东之间在自由现金流量支出方面的冲突相联系在一起的代理成本是接管的一个主要原因，自由现金流量有利于减少公司所有者和经营者之间的冲突。所谓自由现金流量指公司的现金在支付所有净现值（NPV，net present value）为正的投资计划后所剩余的现金量。如果公司要使其价值最大，自由现金流量应完全交付给股东，但此举会削弱经理人的权力，同时再度进行投资计划所需的资金，将在资本市场上筹集而受到监控，由此降低代理成本。除了减少企业的自由现金流量外，Jensen 还认为适度的债权由于必须在未来支付现金，比经理人答应现金股利发放来得有效，而更易降低代理成本。他还强调对那些已面临低度成长而规模逐渐缩小，但仍有大量现金流量产生的公司，控制其财务上的资本结构是重要的。此时，并购的含义是公司借并购活动，适当提高负债比例，可减少代理成本，增加公司价值。正如 Jensen 本人所承认的，它的理论不适用于分析成长型公司，因为这种公司需要大量的资金投入，因此这一理论的适用范围受到很大的限制。

---

① Manne, H. G. Mergers and the Market for Corporate Control［J］. Journal of Political Economy, 1965, 73（2）.

② Mueller, D. C. A Theory of Conglomerate Mergers［J］. Quarterly Journal of Economics, 1969, 83（1）.

(5) 自负假说 (hubris hypothesis)

Roll (1986) 提出了自负假说，认为代理问题并非控制机制所能解决的。他认为，公司管理层在评估兼并机会时高估了自身的管理才能，以致在资本市场上花大价钱大规模高价收购其他公司，最后改造失败，兼并企业的过度支付就使其股东利益转移到目标企业股东，企业并购导致收购企业股东利益受到损害。大多数企业合并 (consolidation) 的实证研究表明收购企业股价的下跌，而企业收购 (acquisition) 却不能提供类似的数据 (M. Bradley, 1980)，自认管理万能论者的并购动机，并购结果通常是少赚，倒赔的少见，但可能导致资金低度利用。所以，完全支持过度自信假说仍然缺少一致的研究结论。

(6) 内部化假说

内部化假说是 20 世纪 70 年代后期勃然兴起的。该理论以新制度经济学中的交易费用理论为基础，认为企业并购是减少企业交易成本的一种手段，企业以内部组织替代市场的根本原因在于内化了原本属于市场范畴的交易成本，所以内部化假说又称为交易费用假说。科斯 (Coase) 和威廉姆森 (Williamson) 从交易费用的角度论述了企业扩张的内在诱因：市场交易的特点是人人为己，而企业内部交换的特点是交换双方的利益根本一致。并购的发生是并购当事方权衡考虑交易费用带来的效率和成本问题的直接结果。具体地说，并购是企业内的组织协调对市场协调的替代，其目的是通过扩张能带来效率的提高和成本的减少。并购在有限理性、机会主义动机、不确定性和市场不完全等几个假设的基础上展开，认为市场运作的复杂性会导致交易的完成要付出高昂的交易费用（包括搜寻、谈判、监督等费用)。为节约这些交易费用，可用新的交易形式——企业来代替市场交易。

(7) 行业冲击假说 (lndustry shock)

近十几年来，有文献将并购的原因归于行业冲击。Mitchell and Mulherin (1996) 在总结过去一个世纪来并购的两个特征（波动性以及积聚性）后，将并购的原因与并购的这两个特性联系起来，推测并购可能是对某一行业结构的未预测冲击的反映。Gregor A., Mark M., Erik S. (2001) 对这一问题进行了更为具体的分析。他们采用芝加哥大学证券研究中心的数据库研究了 20 世纪 90 年代来发生的并购的活动，发现行业冲击已经成了自 90 年代以来并购的主导因素，可解释近一半的并购现象。

2.1.2.2 并购合同的设计研究

在并购过程中，并购主体的多元性是最明显的特征。企业并购可能涉及各利益相关者的权益，而在不同的身份下，各主体的目标也是不同的。

那么，在并购过程中，交易双方是否真的要考虑许多因素？这些因素是如何相互作用的？它们的作用又是如何体现在并购合同中的？我们按收购公司、目标公司以及其他相关利益者角度来概括并购过程中的合同设计研究。

（1）从收购公司角度来研究

这方面的研究包括并购公司定价决策、出价竞争研究以及收购者初始持股策略研究。传统的评估方法以折现现金流法在理论上较为严密，据不完全统计，西方企业兼并中近半数都是采用该方法评价目标公司价值的。阿尔弗雷德·拉巴波特（1986）在《创造股东价值》一书中提出了贴现未来现金流的基本原理和对目标公司价值评估的方法。他认为，并购中目标企业价值评估方法与一般企业价值评估方法在本质上是一致的，都是用未来一段时期内被并购企业的一系列预期现金流以某一折现率进行折现后的现值与该企业的初期现金投资（即并购支出）进行比较，当该现值大于投资额时，这项并购才是可接受的。近年来，国内外学者利用实物期权的理论与方法研究企业的并购取得了不少成果。Hemantha S. B.，John S. J.（2002）利用期权定价模型对股票交换发盘中出现的管理灵活性（managerial flexibility）进行研究，表明当股票价格波动明显时，并购企业和目标企业的管理灵活性都可看作是交易率的交换（exchange ratio swap）。S. Rossetto 等（2002）研究了作为并购策略实物期权的股权切离（equity carve-outs），他们将股权切离看作是复合期权，在假设母公司与下属企业之间的协同效应是随机波动的条件下，表明股权切离、购回和出售受将来协同效应的不确定性影响，并求出了最优股权切离、购回和出售的门槛值（the optimal thresholds）。

定价是一回事而出价又是另一回事，尤其是当并购活动出现多个出价者。在竞争性标购模型中，一般假设目标股东有一个保留价格，并且在高于保留价格的出价中，他们总是接受最高的一个出价。但在不同的模型中，多个收购者轮流出价的过程可有不同的假设。Milgrom（1982）指出，当竞买者的估价相互关联时，在英国式拍卖、荷兰式拍卖、第一价格密封拍卖和维克利拍卖中设置保留价有利于拍卖者提高收入。Samuleson 和 Myerson（1981）证明，在基准模型下，若竞买者对拍卖品估价为 v_0，则拍卖者的保留值设置 r 满足 $v_0 = r - [1-F(r)] / f(r)$ 时，拍卖者可以得到最大的收入，其中 $F(r)$ 和 $f(r)$ 为竞买者独立私人价值 v_0 的分布函数和密度函数。Baron（1983）假设，只有当第一个收购者的出价被拒绝时，第二个收购者才能出价，并且收购者只有一次出价机会。Giammarino 和 Heinkel（1986）也假设收购者只有一次出价的机会，但是假设无论第一个收购者的出价是否被拒绝，第二个收购者都可以出价。Khanna（1987）研究的情形类似于出价无成本的英式拍卖，即第一个收购者出价后，第二个收购者随即发出新的出价，出价最高者获得目标公司。Daneil 和 Hirshleifer（1993）的模型解释了实际竞价中跳跃报价的现象。他们证明，在一个有成本的连续竞价的竞争性收购中，唯一合理的均衡是：均衡竞价揭示收购者的保留价值，并且竞价跳跃式上升，直到拍卖结束。

虽然有学者认为要约价格随着收购者初始持股权的增加而下降，但研究表明，大多数收购者收购前并不持有目标公司的股份（Desai，Kim，1988），袭击者在宣布标购前不会最大限度地持有“立足股份”，而是持有小部分立足股份（Burkart，1995）。Goldman（2005）对这一现象进行了解释，他认为，立足股份越多，一方面意味着当标购成功时可以获得更大收益，但另一方面也意味当标购失败时可能陷入“管理堑壕”。

（2）从目标公司角度来研究

目标公司对不同的并购选取不同的策略，目标公司管理层的反并购策略也不断变化，这方面的研究也倍受关注。

从防御的动机而言，有两种截然不同的可能性：管理层可能是为了保护自己既有的控制利益而反对收购，也有可能是认为收购者低估了公司的价值而反对收购。前者损害了股东利益，而后者保护了股东利益，所以很难从防御的动机来决定是否应该限制管理层的防御行动（Grossman，Hart，1980）。如果收购者不能在收购成功之后稀释剩余股份的价值，则防御是不可取的。因为在这种情况下，即使没有管理层的防御，收购者也不会非常积极地收购目标企业，遇到管理层的防御后，收购者的积极性就更低了。成本防御策略使收购者在收购成功后承担了巨大的成本，这种防御类似于一种反稀释的机制，因此会产生与稀释机制完全相反的作用，从而降低了收购成功的概率（Hirshleifer and Titman，1990）。这种防御策略很多，如毒丸计划、拒鲨条款等。如果收购者有很大的稀释收益，那么，管理层防御反而会促使收购者提高收购价格，因为收购者放弃收购的机会损失很大。

Berkovitch 和 Khanna（1990）研究了一种特殊的价值减少的防御策略（简称为 VRDS），这类防御策略具有两个特点：歧视性，即防御策略使某些收购者收购目标企业后公司价值减少得较多，而另一些收购者收购后公司价值减少得较少；不可撤回性，即防御行动一旦展开就不可以撤回。在 Berkovitch 和 Khanna（1990）的模型中，防御策略没有迫使收购者退出收购，而是迫使他们出更高的价格，他们引入了歧视性 VRDS 。如果没有 VRDS ，第一个收购者能够用一个较低的遏制性竞价限制其他的潜在收购者参与竞争。然而，如果目标管理层使用 VRDS，第一个收购者就被迫采用一个较高的遏制性竞价以阻止其他潜在收购者加入竞争。总之，有研究证明，目标管理层使用歧视性的防御策略，可以消除某些潜在的收购者，或促使收购者出更高的价格，这些都有可能使目标股东取得更多的利益。因此，目标公司管理层的防御确实极大地影响了收购的结果。

（3）其他相关利益者研究

西方并购合同设计过程中的其他相关利益者研究的重点是小股民在并购活动中的行为，其中又以搭便车问题以及解决方案为重中之重。“搭便车”问题降低了没有股权的袭击者对广泛持股企业进行昂贵的接管以改善企业经营的动力（Grossman，Hart，1980），因为一旦竞价收购成功，小股东将分享接管后经营改善的好处。

对“搭便车”问题的一个解决方法就是允许收购者在接管成功之后对剩余的、没有提供出售的目标企业股票进行稀股，这种稀股能够通过修改公司章程、限制少数股东的权利明确地进行（Grossman，Hart，1980），或者，收购者能通过给目标公司提供高价输入品使稀股得以实现。第二种频繁使用的、避免“搭便车”问题的方法是宣布两个档次的发盘。在这种发盘中，收购者将以第一档次的价格购买目标企业股票至某一百分比，接管之后再以第二档次的价格收购剩余股票。第二档次价格将低于预料中改善后的股票价格，因而对收购者而言，接管就有利可图。在一份主要以小股东为模型，侧重于“搭便车”问题的研究中，Bagnoli and Lipman（1988）证明，当存在很多股东时，收购者能够克服“搭便车”问题。①

2.1.2.3 并购的效应（effect of M&A）

并购被很多学者认为有助于改善企业的经营绩效。那么，实际情况如何呢？并购除了对所涉及的企业有影响之外，对经济的其他方面有无影响，是否存在对社会福利产生影响？

（1）并购对企业绩效的影响

很多研究者都认为，并购有利于目标公司的利润。实证研究（Dodd，Ruback，1977）表明，并购使得目标公司股东的收益保持在 20%～30%②，而另一方面，并购对并购公司股东收益有正的影响但不显著（Dennis，Mc-

---

① Bagnoli，M.，B. Lipman. Successful Takeovers without Exclusion［J］. Review of Financial Studies，1988，1（1）.

② Dodd P and Ruback. Tender offers and Stockholders Returns：An Empirical Analysis［J］. Journal of Financial Economics，1977（5）.

Connell，1986；Eger，1983）。

一些学者针对不同寡头垄断市场结构模型下的企业并购效应进行了研究，研究结果显示，一方面，兼并可能无利可图（Salant，1983）或有利可图（Perry，Porter，1985）。另一方面，支付方式也影响并购效应（Travlos，1987；Chang，1998）。前者认为现金支付方式相比股票支付方式更能获得正常回报，后者的研究结果相反。最新文献研究也取得了很大进展，如Fuller et al（2002）采用美国1990—2000年的并购数据分析结果显示，并购非上市公司收益增加，当采用股票支付方式时，收益更大，而并购非上市公司的并购公司股东收益减少。Bruner（2002）对1971—2001年学术界130篇有关企业并购绩效研究论文作了全面汇总研究表明，目标公司的股东一般有10%~30%收益率，收购公司的股东收益率很不确定，且有负的趋向，同时收购公司的长期财务业绩随着时间推移呈现递减趋势；目标公司的股东收益要远远高于收购公司的股东收益，同时还认为目标公司和收购公司综合的股东收益具有不确定性。与此结果略显不同，Ayse和Ng（2005）对加拿大1994—2000年间发生的并购活动研究表明，并购公司和目标公司都获得了显著的正回报，同时，他们的研究也证实，并购非上市公司比并购上市公司有更高回报。

（2）并购的社会效应

关于并购的社会效益，不论在理论上还是实践上，都未达成共识。早期的研究认为，并购消除了双重加价造成的价格扭曲，使产品价格下降，社会福利提高（Greenhut，1979）。随着产品差异性的加深，一方面，由于产品间的替代性，多产品产业中并购效应有别于单个产品产业，在多产品产业中并购虽然消除了一个产品的双重加价，但并不一定使最终产品价格下降；另一方面，垂直并购能够增强并购方市场力，使产品价格上升，社会福利下降。这两方面说明，纵向并购可能降低社会福利（Salinger，1991）。另外，并购对市场集中度产生影响（McAfee，1992；Riordan，1998）。然而，来自实证方面的分析却对此提出了质疑（Pryor，2001），美国20世纪80年代以前的并购活动与市场集中度并没有直接关系，而近20年来并购活动才与市场集中度表现为正相关关系。①

① Pryor，F. L. Dimensions of the worldwide merger boom［J］. Journal of Economic Issues，2001，35（4）.

2.2　产权交易有效进行的前提条件与动机分析

2.2.1　产权交易有效进行的前提条件

在市场经济中，产权交易有效进行的前提条件是要有明晰的产权界定。在这方面，新制度经济学派（尤其是产权经济学派）作出了突出的贡献。以科斯为代表的产权学派指出，在市场运行中，产权的界定和合理配置占据极其重要的地位。合法权利的初始界定会对经济制度的运行效率产生影响，当交易费用不为零时，财产权的初始分配将影响资源配置（Coase，1960）。德姆塞茨（1994）从外部性角度论证了产权界定的重要性，通过明确界定产权，进一步完成制度的规定和权利的分配，建立排他性的占有和使用，这样外部性问题就会趋于内部化。此处的外部性是指在相互作用的经济当事人中，一个当事人的行为对其他当事人产生影响，而该当事人没有根据这种后果给予其他当事人相应的赔偿。外部性产生的原因正是由于经济主体的“活动空间”不明确（没有界定清晰），于是使得侵犯他人不用赔偿而给自身带来收益成为可能。

要将外部成本内部化，一是要产权界定清晰，二是要允许协商和谈判，允许权利或产权的转让与流动，也就是允许产权的可交易性。德姆塞茨（1994）在“关于产权的理论”中就权利调整和外部性的关系进行了如下阐述：在皮革贸易未产生时，狩猎主要是为了满足食物和衣着消费所需的一定数量的肉类和皮毛。由于自身消费有限，因此即使是发生在共同的狩猎过程中的外部性行为也并不显眼，因此不必承担损失。然而，随着皮革贸易对皮毛乃至动物的需求增加，狩猎所造成的外部性变得显眼起来。也就是说，在一个共享的土地或狩猎权利下，人们之所以全力去追求自身权利的行使，是因为自身效益的社会成本不是由本人全部承担，而是由外部效应连带其他当事人共同承担。此时若产权界定仍然不清楚，使得狩猎行为缺少有效约束，那么就会发生掠夺式捕杀，并将社会成本加于其他狩猎者身上，而没人会对增加或维持动物数量的投资有兴趣。反之，如果明确界定产权，并建立排他性的占有和使用，这样在没有界定产权条件下的外部性问题就趋于内部化。这一内部化过程实际上是对权利者进行约束，使得狩猎人都能通过自身能力对成本和收益进行核算从而增加对土地的投入，加强动物的驯化管理。但这也仅是一个局部内部化过程，还存在更大范围的外部性问题。为此，人们并不简单地用法律方式设置禁令，而是必须对生产资源拥有可靠的、可让渡的私有产权，并在可信赖的契约交易谈判中进行产品交换，这一体制协调和发散信息的能力使得价值更高物品的可得性增加，并使生产它们的成本变得越来越低（阿尔钦，1994）。这表明产权界定清晰虽然是外部成本内部化的必要条件，但还不是充分条件。另一方面，为了使外部成本内部化，也不仅要使初始产权界定明确，还要允许产权者之间进行协商和谈判，进行自由交易，这是更好地协调不同产权之间权利、实现不同产权者最大利益的需要，也是社会资源最优配置的需要。

由此看出，产权界定理论的核心，是研究如何通过产权界定、变更和安排，来最大可能地降低或消除市场运行的交易费用，力图有效的交易能够发生。因此可以说，清晰地产权界定是文化产权交易有效进行的前提。

2.2.2 产权交易有效进行的动机分析

产权交易的核心是所有权的转移，作为一种理性经济行为，背后有多重的内在动机，这种动机的多重性源于标的物内、外部条件组合的多样性。只有从产权交易行为中归纳、分析，找出理论动因，才能更好地解释产权交易这种行为及对产权交易进行合理的定价，从而提升交易效率。企业并购是产权交易的一部分，并购的内外部环境决定了并购多重的内在动机，而内在动机的多重性又决定了并购产权交易的类型、定价方式、交易各方合同设计的不确定性，而不同的交易合同设计导致不同的交易效率，使得西方学者一直试图从不同角度揭示产权并购的各种动机。

2.2.2.1 交易成本理论视角的产权交易机制与效率

交易成本的节约，就意味着交易效率的提高。科斯于 1937 年在其经典论文《企业的性质》中首次提出了交易成本的概念，科斯认为，市场运行是有成本的，建立一个组织，并同意某个权威（或企业家）来分配资源，就能减少某些市场运行成本。同时，他还认为，交易成本是不可避免的，包括价格发现成本、讨价还价成本、签约成本以及履约成本。之后学者对交易成本进行了补充，张五常（2000）在科斯的基础上增加了信息成本、界定和控制产权的成本、监督管理成本和制度结构变化成本。就其表现形式而言，威廉姆森（2001）将交易成本分为事前和事后交易成本。事前交易成本包含契约一系列交易起草签订成本，事后交易成本则包括交易偏离预期的不适应成本、为纠正偏离预期准则的谈判成本、契约运行成本、契约正常运行的保证成本。因此，对于特定的文化产权交易而言，有效的交易机制必须确保文化资源配置过程中事前交易成本包括谈判成本等最小化，同时能够保证事后履约成本、运行成本的最小化。因而，在分析文化产权交易效率的过程中，产权交易成本是一个需要重点考虑的变量。

2.2.2.2　资源配置理论视角的产权交易机制与效率

资源配置理论是指人类生活环境中资源是稀缺的，因此通过一定的方式把资源从边际效用低的区域转移到边际效用高的区域，可以使有限的资源合理利用，增加社会总效用。正因为资源具有稀缺性，资源配置的问题成了经济学重要的研究假设。古典经济学家认为市场是解决资源配置最有效的手段，亚当·斯密在其著作《国民财富的性质和原因的研究》中提出只要用好“看不见的手”，资源配置就会达到有效状态，市场是唯一的解决办法①。但是古典经济学没有考虑到市场主体均从自身利益出发，根据市场来调整个体资源配置，市场调节的自发性和盲目性会带来供给过剩和虚假繁荣。新古典经济学为之进行了改进，其中，维弗雷多·帕累托在分析市场如何实现资源最优配置的问题时，提出了“帕累托效率理论”②。在文化产业发展的过程中，同样是解决文化资源、社会储蓄的配置问题。一方面，文化资源的流通可以满足社会投资者文化投资的需求；另一方面，通过参与文化资源的转让，加快社会储蓄向投资的转化。两方面共同作用，增加了社会效用。因而，资源配置理论在文化产权交易市场发展的过程中起到重要的作用，对我国文化产权交易机制设计与效率提升具有重要的启示意义。

事实上，马克思对资源配置理论也有独到见解，他认为资源配置是社会劳动时间的配置。马克思认为，社会生产过程中，每个人都需要他人的劳动产品来满足自己的生活需要，同样自己也要为其他人生活提供产品支持③。劳动在不同个人、部门之间进行分配便形成了资源配置的过程。在市

① 亚当·斯密．国民财富的性质和原因的研究［M］．郭大力，王亚南译．商务印书馆出版社，1972：43.

② 帕累托效率理论是指资源配置的过程中，如果一部分人效用增加，是建立在另一部分人的效用减少的基础上，此时就达到了社会效用最大、资源配置最优状态。

③ 马克思恩格斯全集（第46卷上）［M］．人民出版社，1979：120. 根据马克思的相应观点，社会劳动时间的分配必须符合社会生产的需要，即需满足劳动时间的节约和不同生产部门之间以及不同使用方向上的有计划分配。马克思还认为这是“首要的经济规律”。

场经济下，资源表现为产权，文化产权就是文化资源财产权，文化产权交易就是对文化资产的财产权进行分配转让，马克思的这一假说为文化产权的交易提供了重要的理论支持。

2.2.2.3 价值低估理论视角的产权交易机制与效率

产权并购的动机还包括目标公司价值的低估。当目标公司的市值由于某种原因未能反映出其真实价值，而另一家企业对其具有较高估价时，可通过直接收购被低估企业而获利。Weston 等（1998）指出在并购时应考虑目标公司的股票市场价格总额与其全部重置成本的大小，如果后者大于前者，表明目标公司的市场价值被低估。对于特定的文化产权，市场价值被低估的可能原因是：一方面，产权并购目标的出让方由于自身经营管理能力的原因，不能充分体现产权交易标的价值，因而对其他价值产生低估；另一方面，产权并购目标的潜在受让人拥有外部市场所没有的关于产权目标真实价值的内部信息，其具有更高的估价。从这一角度来看，文化产权从低价值出让人手中转让给高价值受让人的过程中，产权受让方可以弥补出让方的缺点充分利用自身经营管理能力管理资源，优化资源配置，提高交易的效率。

2.2.2.4 委托–代理理论视角的产权交易机制与效率

在文化产权交易过程中，一个现实问题就是委托人与代理人之间利益的不一致以及交易双方的信息不对称。委托代理理论的核心是要解决在信息不对称的情况下，委托人与代理人之间利益冲突的问题，它是制度经济学的一个重要部分，其主要是想用机制的设计来规避信息差异产生的道德风险问题。委托人和代理人双方目标都是为了实现自身效用最大化，委托人关心的是结果，对得到结果过程中代理人付出的努力缺乏度量，而代理人则关心的是自己付出的努力是否得到最大的收益，因此双方之间存在着收益最大化不一致的问题。市场经济中信息获取的差异性会加深这个矛盾，原因在于结果是可以很好度量，但代理人的努力程度很难度量，因而代理人相对于委托人而言具有更多的信息，可以为自身谋取更多的效用。委托人有必要建立一套有效的机制来规范和约束并激励代理人行为，以减少代理问题，降低代理成本（刘有贵、蒋年云，2006）。委托代理理论将委托人与代理人之间的生产关系以契约的形式制度化，通过契约签订来解决代理问题，限制信息不对称条件下代理人的不一致行为。泰勒尔（2003）在《产业组织理论》中进行了著名的论断，代理人在经营企业的过程中会受到“接管威胁”这种约束力，解决代理问题中的道德风险关键在于使代理人感受到这种威胁是真实存在的。然而，当代理问题不受这些机制的控制时，公司接管市场为这一问题的解决，即产权交易就是为了解决委托-代理问题。在文化产权交易市场中也存在管理人员私下合谋的现象，尤其是对于那些文化企业国有产权的转让，委托-代理问题更为严重，损害了文化资产持有人的利益。因而，深入研究委托-代理理论，对我们完善创新文化产权机制，提高文化产权交易效率非常有必要。

2.2.2.5 制度变迁理论视角的产权交易机制与效率

制度经济学认为制度可以视为一种公共产品，诺思作为制度经济学的代表人物，在他的著作《经济史的结构与变迁》中，提出制度变迁理论是一系列被制定出来的规则、服从程序和道德、伦理的行为规范，并称为“制度安排”。当现有制度不能够满足人们的需求，比较预期制度变迁的成本和收益，如果收益大于成本，那么制度变迁将会推动资源配置效率的提高。产权交易机制的创新必定是一种制度形式的创新。随着市场参与者的增多，文化资源种类的增加，市场环境的变化会使原有的转让交易机制不能满足转让需求，此时就需要改变产权结构，借鉴相关理论，为文化产权转让的交易机制注入新鲜血液。

2.3 产权交易机制的定价效率及其影响因素

一个有效的交易定价机制能够使产权交易有效，通过该机制实现产权交易的合理定价以及产权交易资源的有效配置，以更少的交易成本实现既定的交易目标。而如何定义文化产权交易的定价效率，影响效率的大小涵盖哪些因素，是本节分析的重点。

2.3.1 产权交易机制定价效率的内涵

一个成熟的产权交易市场，标志性的特征是有高效的价格发现与价格形成机制以及在此价格基础上市场对产权交易资源需求的满足能力和方便程度。换句话讲，产权交易资源能否得到有效配置取决于产权交易市场是否有一个有效的定价机制，产权交易市场的效率在很大程度上取决于定价的能力和效率。因此，文化产权交易市场是否健全有效，关键在于具备一个有效的价格发现与价格形成机制，以及在此价格基础上市场对文化产权交易资源供求的满足能力与有效程度。借鉴 West（1975）对证券市场交易的运行效率定义，我们将文化产权交易机制的定价效率定义为：在文化产权交易过程中，交易定价在何种程度上准确发现产权交易对象的真实价值，实现文化资源的优化配置，它反映了交易市场筹集与配置资金的能力与有效程度。从内容来看，文化产权交易有效的定价机制一方面要吸引资金来源，调动更多的文化产权潜在投资者，提高文化产权交易市场的资金筹集效率；另一方，要推动机制引导资金的有效配置，提高文化产权参与主体配置文化产权的效率，实现文化与资本的真正有效对接。因此，对于特定的文化产权交易而言，有效的机制设计应该满足文化产权交易市场以较低的交易成本，激励尽可能多的投资者参与交易，并根据有关的信息做及时的反映，合理有效地引导资金的流向，保障各交易主体的合法权益，真正实现文化产权交易资源的优化配置。

2.3.2 产权交易不同定价机制的效率比较

交易机制是文化资源转让的基础，其科学合理的定价能够促进文化产权交易的顺利进行以及交易市场的稳定发展。分析现阶段我国不同交易定价机制优势和不足，有利于为文化产权交易机制创新和发展提供理论支持。

2.3.2.1 协议转让定价机制的交易效率

协议转让机制指的是交易双方通过洽谈、协商以达成协议转让的交易方式。协议转让交易机制是双方交替决策的转让方式，通过相互协商，能够解决信息不对称的问题，最终提高交易效率。协议转让交易机制对效率的影响具体表现在以下三方面：

第一，解决信息不对称问题。协议转让能够使转让方进一步了解受让方的经济实力、风险厌恶程度、意愿以及产权转让后运转情况等，同时可以使受让方全面了解标的交易信息，能够解决双方信息不对称和不完全的问题。第二，有利于解决非价格因素对定价的影响。在文化产权转让的过程中，文化产权自身特殊性决定了在定价过程中会涉及非价格因素的影响，例如版权转让期限截止，版权收回后的后续收益问题，非价格因素决定了我们对产权定价不能仅以价格最优为唯一标准。协议转让能够通过私下磋商，以满足转让方非价格因素方面的目标，进而充分尊重个体选择与市场资源配置原则。第三，解决统一定价带来的反映僵化。协议转让机制在定价方面有充分的灵活性，其一定程度上可以避免因统一的出售标准带来的信息缺失、反应僵化等问题，有利于因地制宜地为产品进行定价。从这三方面来看，协议转让交易机制能够有效地为文化产权进行定价，提高文化产权交易效率。

显然，协议转让定价机制也有其自身的弊端，主要表现为交易是私下磋商进行，交易信息与交易过程处于封闭状态，容易滋生“暗箱操作”和内幕交易的现象，寻租和合谋等道德风险就无可避免。其次，如果外部制度环境较差，协议转让定价机制会产生高的交易成本，影响资源配置的效率。最后，协议转让定价可能通过设置不合理的门槛，征集到较少潜在受让方，容易产生价格竞争不足的情形。以上三个弊端则降低了协议转让交易机制的交易效率。

2.3.2.2 招投标定价机制的交易效率

招投标转让是指在市场经济条件下，对大宗商品交易、工程承包等采取的一种招标与投标的交易方式。根据《中华人民共和国招投标法》，招标分为公开招标和邀请招标，前者指的是邀请不特定的法人等组织投标，后者指的是邀请特定的法人等进行组织投标。① 通过招标与投标，转让方能够通过评标的过程对投标方的资格预审，了解投标方的经济经营情况，确定招投标的具体转让条件以及转让价格有效区域，提高转让效率。招投标转让交易机制对效率的影响具体表现在以下三方面：

第一，解决非价格因素对产权定价的影响。我们知道文化产权定价过程中存在非价格因素的影响，招投标转让定价机制能够通过公开招标或邀请招标提前预设非价格因素目标，而投标方在标书的内容方面主要包含交易价格和非价格因素方面的许诺。通过评标，转让方可以清楚地了解交易价格区域以及非价格因素解决情况，因而有利于提高交易效率。第二，有利于对估价困难的标的进行定价。我们定义估计困难的标的：一些文化资源可能在市场中没有成交案例，同时没有类似产品定价经验借鉴，这些产品的稀缺性使得发现其真实价格存在困难。在这种情况下，招投标交易机制能够发挥有效的定价功能，招标的时候要求投标标书包含交易价格以及价格依据，文化产权交易中心通过聘请专家组对标书进行评标，有利于发现该标的合理的价格区域，并最终形成真实价格。第三，能够扩大竞争范围。通过公开招标的形式，出让人在明确转让条件的基础上，能够发掘有意向的潜在投资者，扩大了竞争范围，在满足转让条件下能够实现价格最高。以上三方面体现了招投标转让机制的优势，能够提高交易的定价效率。

同样，招投标定价机制存在着缺陷，例如设租寻租、腐败等问题，而

---

① 《中华人民共和国招投标法》第二章第十条明确了招投标内容。

这严重影响其对资源配置的效率。首先，贪腐寻租现象严重。现有法律体系存在弹性空间、现存体制为寻租创造机会以及交易产品自身属性能够充当寻租“载体”等，在这些影响下，招投标交易机制寻租贪腐现象严重。更有甚者，在招标入围的过程中，存在明显的设租现象，这些行为的存在严重降低了交易效率。其次，人为操纵评标过程。招标方会通过设置不合理的评标属性来限制投标人，最后保证特定的投标人中标，除此之外，投标人通过与中间人寻租行为来获得招标人的偏好信息，提高中标概率，在此过程中，人为操纵评标严重影响着交易效率。最后，价格竞争不足。由于招投标转让方式信息透明度、信息扩散度以及投标方资格限制问题，严重影响潜在受让方的数量；如果通过邀请招标的话，其潜在受让方会更少，因而容易产生价格竞争不足的问题。以上三方面将制约着招投标交易机制的效率。

2.3.2.3 拍卖定价机制的交易效率

根据《拍卖法》，拍卖是指以公开竞价的形式，将标的物以最高的竞拍价格转让给投资人。仅以价格为衡量标准的前提下，拍卖无疑是产权转让的有效方式，通过公开市场上竞价交易，以最高的转让价格成交，能够实现最大的溢价。拍卖转让定价机制对交易效率的影响具体表现在以下三方面：

第一，价格竞争充分。通过公开市场进行竞价，形成“价高者得”，拍卖机制能够体现价格充分竞争，从而实现最高的溢价。同时通过公开市场竞争，扩大潜在受让方范围，能够满足出让方的期望收入以及受让方的参与约束与激励相容约束，解决竞价不足的问题。第二，解决寻租与合谋等道德风险。拍卖交易定价机制通过市场公开竞争，有效抑制设租和寻租的行为；拍卖流程透明、拍卖信息直接传递有效解决私下合谋的问题，进而减少贪腐现象。第三，提高资源的整合效应。以国有产权转让为例，拍卖交易定价机制能将不同管理当局对拟转让国有产权的不同保留底价挖掘出来，进而使转让标的流转到善于经营的管理者中，最终实现买卖双方最佳的整合效应。以上三方面展现了拍卖交易定价机制能够提高产权交易效率。

当然，拍卖交易定价机制仅以价格最高为唯一评价标准，有其自身的缺陷。主要表现在其缺乏对非价格因素考量。拍卖定价只考虑价格因素，以“价高者得”为唯一衡量标准，不能满足转让方非价格因素目标。因而在文化产权定价的实践中不能得出真实价格，不能同时兼顾各方面因素对价格的影响，最终影响其交易效率。

2.3.2.4 竞价机制的交易效率

竞价交易机制指的是通过公开征集，以集合竞价或连续竞价的方式达成交易。通常在第三方的组织下，转让方与受让方通过竞价交易系统，经过对标的物信息披露、要约发布、受让方自主变动交易价格，首先按照“价格优先”原则达成交易合同，若出现买卖方向、价格相同的情形，则按照“时间优先”原则形成最终的交易合同。竞价交易机制通过扩大竞争范围、有效抑制合谋行为、实现价格充分竞争等方面能够提高文化产权交易效率，具体表现在以下三方面：

第一，扩大交易对象范围。竞价转让机制突破了时间和空间的界限，扩大了受让方的群体，受让方不需要到固定的交易场所进行交易，只需通过网络竞价交易系统进行交易。从而降低了受让方到固定交易所的时间成本和旅途成本，提高交易效率。第二，信息传递时效性更高。竞价交易通过电子网络平台，对数据的精确性和时效性都有保证。公共市场上公开竞价能够展现参与者的投资意愿，同时在买卖过程中，交易指令、交易价格以及成交量几乎同步传递到市场中，供投资者分析使用。第三，解决信息不对称和私下合谋问题。竞价交易机制所有的交易行为都在互联网终端完成，避免了竞买者之间的见面串谋行为。同时基于透明信息，交易价格的发现是通过多次博弈而形成，有利于克服信息不对称的问题。

然而，竞价交易机制也有其自身缺陷，主要表现在：其一，价格操纵行为，因为竞价交易通过互联网终端完成，存在投机者通过价格拉升，高位套利的操纵行为，文化产权交易市场中份额化交易与邮币卡业务暴涨暴跌就是由于严重的投机行为和价格操纵导致；其二，不能解决非价格因素对定价影响，竞价交易与拍卖交易较为相近，都是“唯价格论”的定价方式，同样存在定价标准单一的问题，影响其交易定价机制的效率。

2.3.3 文化产权交易机制定价效率的影响因素

相比于一般商品和要素市场，文化产权交易定价效率的实现具有特殊性。这一特殊性源于产权交易客体自身的特殊性，文化产权资源代表大量不可分割、具有垄断性和专有性的有形和无形资产以及依附于其上的各种权利与利益（李全宏，2010）。对于特定的文化产权，如文化艺术品产权，单个交易对象多是一个独特的标的，市场的参与者数量有限而交易对象的价值巨大，而对于诸如文化企业国有产权，转让的目标除了追求收益的最大化，还需考虑交易后企业所能提供的就业、税收等非价格因素，这些都会影响交易的定价效率。基于现有理论与文献的考察，结合文化产权交易的实践，我们认为影响文化产权交易机制定价效率的主要因素有。

2.3.3.1 产权交易市场供求的竞争结构

在完全竞争市场，交易个体对价格无影响，市场上任何个体都是市场价格的被动接受者，此时形成的价格最为有效，资源配置对价格的敏感性也极强，因此可以通过价格的波动实现资源的有效配置。通常，产权交易所的交易数量能够反映市场的活跃程度，产权交易的总量能够反映市场的总体规模，这两个指标可以评判文化产权交易市场的供给情况。交易品种数量愈多，流通规模愈大，筹集资金越容易，文化产权的交易主体选择空间才会足够大，转化社会储蓄向投资的能力愈强。文化产权交易市场交易品种的数量可以通过产权交易机构网站挂牌信息的数量、种类来度量，通过挂牌成交率来分析文化产权交易市场交易状况，该比值越大，说明文化产权交易市场的活跃程度越高，产权交易市场越有效率。此外，从文化产权交易市场的出让方与受让方的角度进行分析，交易主体的参与程度，能够体现文化产权交易市场的资源配置效率。文化产权交易主体参与程度越高，文化产权交易市场发展越高效。反之文化产权交易的参与主体较少，难以进行有效竞争，不利于文化资源的价格发现，文化产权交易市场的效率也就较低。因此，越多交易主体参与，产权交易的种类与数量越大，交易主体参与的数量与积极性越高，形成大量的交易供给与需求，市场竞争程度就越激烈，向理想状态的完全竞争市场越接近，相应的定价效率也就越高。因此，文化产权交易市场供求决定的竞争结构，对其定价效率产生重要影响。

2.3.3.2 产权交易市场的交易费用

对产权交易定价效率的分析，总归会落在收益与成本的分析，对交易费用的研究，是分析文化产权交易机制效率的关键。交易费用通常包括从价格发现开始，到最终成功签约等一系列交易过程中的费用。然而，部分交易费用的测量往往存在较多的困难，相较于直接可以测算出来直接费用而言，间接交易费用的测度并不需要确切数字，而是在比较交易费用高低的时候使用打分的方法确定一个序数，进而选择排序较后的交易成本即可。比较选择不同文化产权交易机制交易费用大小，间接测度方法比直接计算更为有效，能够减少度量成本。王广谦（1996）分析金融市场效率过程中指出，交易成本是影响金融市场效率的重要因素，并且可以把交易过程成本化来分析衡量交易成本，体现在交易的数量、交易过程中时间耗费、交易过程结算工具交易设备等方面。通过这些替代指标的对比，进而可以评价文化产权交易的定价效率。从这个角度来说，交易费用是产权交易定价机制设计中需要考虑的重要因素之一。

2.3.3.3 产权交易客体的市场流动性

流动性是市场经济有效的基本特征，较好的市场流动性意味着市场交易的供给充足，且买卖方完成交易无论是在交易成本还是在交易时间、效率方面都有明显的优势。产权交易市场同样受到供求的约束并带有强烈流动性的市场，出让方和潜在受让方的博弈定价如何达到均衡取决于他们各自对交易标的的预期。产权市场流动性越强，产权交易供求方的交易意愿和双方的估价就会越接近，交易也就越能达成，进一步提升市场的流动性，形成良性循环，提高了定价效率。因此，提高文化产权交易市场流动性，降低交易成本，有利于整个文化产权市场的发展和交易定价效率的提高。

2.3.3.4 产权交易市场的市场化服务功能以及组织形式

文化产权交易市场的市场化服务功能是指文化产权交易所为文化资源创造转让机会，并提供交易的服务。市场化服务功能也是体现其交易所能否以公开、公平、公正的交易原则为市场服务，以提高文化产权交易的效率，公开表现为挂牌交易信息公布、公平表现为抑制价格操纵和合谋，以竞价交易体现公平、公正则表现在交易规则要统一。文化产权交易市场的组织形式是指经营的组织架构是公司制还是会员制。两种组织形式因其组建目标不同，盈利模式不同，导致两种公司制的文化产权交易所效率不同。公司制的文化产权交易所以营利为经营目标，追求交易利润最大化，只有充分挖掘获利渠道，寻找新的文化资源增加文化交易市场的供给，才能够吸引投资者和筹资者参与到文化产权交易市场中。文化产权交易宗数和交易额提高，公司制文化产权交易所得盈利会随之提高，具有产品创新、机制创新的内在动力。相较而言，会员制文化产权交易所通常不以营利为目的，其盈利的驱动性因素较小，导致其创新的动力不足，不利于文化产权交易市场效率的提高。

2.3.3.5 产权交易市场的价格发现与资源配置能力

文化产权交易市场主要功能是对于文化资源的转让，转让的基础工作就是资产价格评估工作，评估的标的包含企业的实物资产和无形资产。这两种交易标的属性不同，决定两者评估方法的差异。实物资产大多数可以通过成本重置的方法进行评估，而无形资产有其特殊性，不能简单地以原有成本重置的方法来评估，因此高效的文化产权交易市场必须拥有一个充分的价格发现机制。不仅如此，有效的文化产权交易机制还要求其价格发现机制能够反映交易过程中的相关信息，并对特殊的交易情况迅速作出交易价格的调整。文化价值的实现需要与市场和资本对接，价值的发现是文化产权交易市场效率的体现（韩顺法，2017）。成熟市场中，价格的剧烈波动最终也会趋于新的均衡。而在不成熟的市场上，缺乏稳定的均衡机制，价格的剧烈波动可能因为价格人为操纵、合谋控制等，致使价格出现大起大落，不利于资源最好的配置。所以，是否具有价格发现功能和稳定价格均衡机制可以作为判断交易市场是否有效的一个标准。

2.3.3.6 产权交易市场的信息披露情况

Fama（1970）对证券市场价格对不同信息的反应情况，将证券市场效率分为弱势有效、半强式有效以及强势有效三个不同等级。同样，文化产权交易市场同样面临市场信息披露的问题，信息的完整性、及时性、真实性会影响交易的定价效率。信息越是及时公开，信息越是透明真实，对投资者而言资金的流通就更为快速，资金分配就更为合理。信息披露程度的高低直接关系到筹资者能否快速通过产权交易市场募集资金，有利于文化资源的流通，有利于产权交易市场价格发现。事实上，各交易方正是基于信息条件所进行的讨价还价、自主决策和最优决断，形成了一个明确的最终定价。从这个角度来说，信息充分、准确、及时与均衡分布是形成公平、公正、合理的交易价格并使定价效率保持一个较高水平的另一关键因素。

2.3.3.7 产权交易市场的监管情况

市场经济条件下，产权交易双方的合法权益要以法律手段为保障。产权交易过程要加以监督规范，一方面要解决转让不规范引起的价格操纵、内部人员合谋控制引起的交易无效率的问题，另一方面要解决产权交易市场发育不良造成的文化资源挤压流转不动的问题。有效的市场监督在优化产业机构布局的过程中，能够化解整合风险（李金昱，2017）。因此，建立和执行严密的监管体系可以在很大程度上缓解交易过程中的价格激烈波动现象。产权在健全的法律规范下自由流动，可以更好地促进产权交易价格稳定均衡，减少价格扭曲的现象，进而减少资金错配的问题。因此，健全而有效地监管是文化产权交易定价效率有效的外在因素。

2.4 产权交易的定价机制选择

2.4.1 定价机制的概念与选择原则

若一种过程或方法可以有效地结合起来，发挥出一定的指导作用，则这种过程或方法就叫作机制。因此，定价机制即价格指导方式，反映了价格的调节在市场供求中的调整作用。一般来说，定价机制主要体现在定价形成机制、定价约束机制和定价调控机制三个方面。

2.4.1.1 产权交易定价的形成机制

显然，产权交易的整个定价机制包含的内容很广，设计步骤也很多。但总体而言，价格的形成机制是定价机制的起点，也是其核心内容，构成了产权交易定价机制的形成主体。定价主体在定价形成机制中具有主导作用，它的主要职责在定价的形成、制定、调整和决策。当然，不同的定价形成主体将会产生不同的定价形式，从而形成不同的定价体系。

2.4.1.2 产权交易定价的约束机制

定价约束机制主要体现于经营约束和市场竞争上面，这两种机制是为了确保在市场上营造一个公平竞争的环境，规范和限制定价行为，并消除垄断性定价。主要任务是完善价格监管机构，明确定价权限，提交审批定价程序，完善法律法规体系。

2.4.1.3 产权交易定价的调控机制

定价调控是指国家政府对定价机制的形成和运行进行干预和宏观调控的过程，以促进定价的调整和改革与国民经济的协调发展。因此这既要保证市场经济的正常运行，又要从宏观层面把握定价调整，定价调控机制主要是基于间接调控的直接调控与间接调控相结合，结合政治、经济、行政、法律等手段，其中最主要的是经济手段控制。

定价机制作为一种经济机制，在定价主体和定价方法相互衔接和约束的基础上产生自身调节作用，定价形成、约束和控制机制属于定价管理体系，也构成定价管理，同时也是定价管理体制的主要内容。因此，在这种经济体制中，如何使用定价机制问题实际上就转变成了如何使用定价权问题。经济体系和经济运行体系决定定价机制，二者之间是一种因果关系。在我国明确的市场定位之后，目前的经济体制是以市场为导向的。这意味着市场指导价格波动，形成市场价格机制和经济运行机制，所有经济决策和相关资源分配都以市场价格为中心，价格分配资源直接反映在微观经济活动中。

作为市场经济体制下的文化产权交易，其交易定价机制的设计与选择首先，必须遵循以市场机制为主体，充分发挥市场在产权交易定价中的基础性作用。特别地，考虑到目前我国还没有建立起真正意义上的全国文化交易市场，各地区都相继建立起本地区的文化产权交易所（或中心），可能形成了被行政利益分割的区域性产权交易市场。如此一来，在文化产权交易实践中，就有可能导致地区行政力量的过多干预，甚至价格操纵现象，导致定价机制效率扭曲。其次，机制设计的选择要遵循交易费用最小化原则。对于文化产权，交易费用的合理化是交易能够顺利进行的基础。产权交易费用通常包括从价格发现开始，到最终成功签约等一系列交易过程中的成本，具体包括产权交易各个阶段所发生的费用，包括产权界定、资产评估、信息披露、产权确权与过户等费用。不同于一般商品和生产要素的交易定价，文化产权（如文化艺术品、文化版权、文化国有产权等）的价值一般较高，需要特殊的交易方式，因此产生的费用比其他交易要高很多，是定价机制选择与设计中需要重点考虑的因素。再次，交易主体的多元化原则。产权交易能否顺利并有效进行，在很大程度上取决于产权交易主体参与的积极性，参与程度越高，文化产权交易市场发展越高效，定价机制就越有效。为此，政府相关部门应当加强监管力度，舍弃那些人为设定的不合理门槛，吸引更多有实力的产权投资者尤其是战略投资者参与转让交易，真正发挥文化产权交易市场的作用，实现文化与资本的对接。最后，坚持产权交易信息公开、公平和公正竞争的原则。要规范交易程序，维护产权交易各方的合法权益，就必须做到交易信息的公开、公平和公正。只有在这一竞争环境下，才能最大限度地吸引各类型产权交易客体与各类投资者参与主体，从而营造一个高效的交易机制。

2.4.2 产权交易定价机制的比较与选择

在不同交易机制下，选择不同的交易方式，交易的效率是不一样的。当市场上交易标的价值较小时，通常的交易就能够解决问题，但当交易标的价值较高或者交易标的附有特殊转让条件时，就需要特殊的交易机制，才能提高交易的效率。特别地，对于不同类型的文化产权，选择不同的交易方式与定价机制，会产生不同的交易成本，产权交易定价机制的选择必将影响到交易效率甚至影响资源最终的配置效率。

2.4.2.1　协议转让

该种机制是最为普遍的一种方式，指产权交易主体通过选择共同协商谈判的方式来最后确定标的物的交易价格、交易条款、交易的支付款时间和方式等，并签订产权买卖的转让协议，最终顺利完成该项产权交易的定价方式（周茂清，2009）。协议转让作为一种重要的交易机制，在其转让过程中，双方可以通过协商谈判，充分了解交易信息，对于一些存在特殊条件的交易标的，尤其具有优势。当交易标的价值较大，并附带有特殊的转让条件，通常会选择协议转让交易机制。协议转让交易机制在我国国有产权转让的过程中曾发挥过重要的作用，是国有产权交易定价的重要模式（熊广勤、刘庆玉，2010）。例如，国有产权交易过程中涉及的职工安置等特殊问题，协议转让方式发挥了重要作用，通过与受让人签署特殊的受让条件，解决职工在国有产权转让之后工作安置问题以及产权转让后续问题。相比于拍卖机制可以提高转让方的期望收益而言，协议转让在一定程度上可以避免因统一的出售标准带来的信息缺失、反应僵化等问题（田银华、陈建伟，2012）。在文化产权交易过程中，也存在某些非价格因素，如对于文化企业国有产权转让，需要通过协议转让方式来满足产权转让的特定要求。双方通过协议转让，特殊的条件加快了合同的执行效率，同时也可以避免以“价格”作为唯一转让标准，增加了各自效用。当然，由于协商转让过程的不公开，可能导致潜在的受让方失去竞价的机会，极容易出现“暗箱操作”和“内幕交易”（王永恒，2011）。这些问题的存在，就敦促我们在进行协议转让的同时，要正确认识协议转让机制的优势与不足，深入思考该定价机制的适用范围与条件。

2.4.2.2　招投标交易机制

招投标是一种有组织的购买商品、服务或工程的交易方式。在产权交易过程中，该机制通过公开产权出让信息，广泛招募自然人或法人，形成潜在受让方之间的竞争，经过比较分析最终选择最优惠条件的投标人并与之签订交易合同。在该机制下，出让人可以明确自己转让的条件，发掘有意向的潜在投资者；通过投标，事先进行资格审核，确定标的有效价格区域。这样扩大了竞争范围，确定合理的转让价格。正如杨莉（2009）指出，招投标转让方式通过公开竞价，可以实现对一些难以定价的标的产生真实价格。就招投标转让机制而言，韩伟（2011）分析了招投标转让方式作为国有产权重要的一种转让方式，其目的在于引导产权转让方正确理解产权交易的目的，规避仅以价格为评价因素的片面性。王永恒（2011）指出，如果交易标的具有特殊条件和要求，招投标方式在满足有效竞争的同时能够满足交易的特殊要求。在追求利润最大化的条件下，各投标人为了成功竞标展开竞争，竞相提供投标文件，提高了产权交易的效率（杨莉，2009）。当然，由于招投标转让方式信息透明度、信息扩散度以及投标方的资格限制问题，招投标交易给价格的有效形成带来不利（符邵强，2006）。由此看来，招投标交易机制的高效性表现在对估价困难的标的，在投标的过程中能发现市场真实与合理的价格。此外，招投标能够有效抑制腐败寻租等行为。我国文化产权交易市场处于发展初期，市场秩序有待完善，法律还不健全，交易人员和管理人员容易合谋操纵导致损公肥私的现象普遍存在，招投标转让机制能够通过割裂权与钱的联系、形成真实价格两个环节遏制腐败。最后，招投标转让机制规避了仅以价格为“唯一受让条件”的原则，在文化资源配置的过程中能够兼顾其他目标。

2.4.2.3 拍卖交易机制

拍卖理论作为价格形成机制最古老的一种方式，其能明显展现标的物的价格。该交易机制具有价格公开化和透明化的特征，通过不完全信息条件下买卖双方的博弈过程，拍卖可以得到有效稳健的结果。拍卖中竞标者的竞价策略以拍卖规则公开为基础，进一步将博弈范围扩大，将拍卖者制定拍卖过程纳入考虑中，为了获得自身收益的最大化，拍卖者如何制定利己的拍卖规则，这两阶段共同构成了最优拍卖机制的设计过程。最优拍卖机制设计旨在让拍卖者在交易中实现的期望收益最大化。不同的交易机制反映交易主体的不同需要，各利益相关者的博弈结果必须依赖于具体交易机制的发生。因此，交易机制的设计必须将不同交易主体之间的利益冲突加以考虑，公平地体现交易主体的需求，使版权交易按照市场的原则进行。

Vickrey（1961）的研究对拍卖理论的发展作出了开创性的贡献，提出了英式拍卖、荷式拍卖、第一价格密封投标和第二价格密封投标四种拍卖方式，得到了收益等价定理的结论。英式拍卖是最普通的拍卖方式，即增价拍卖，简单的价高者得；荷式拍卖则相反，给出最高的期望价格，实行降价拍卖，第一位出价人所得；第一价格密封投标则是竞标者把出价写在纸条上，密封以后交给拍卖人，最终出价最高的人得标；第二价格密封投标也称为维克里拍卖，出价最高的人会以次高的价格获得竞拍物。之后拍卖理论又演化出差别价格拍卖理论和估价不对称理论，前者主张针对一些特殊的交易标的和情形，对不同的竞买者采取不同的价格策略，后者认为在出现价格不对称的情况下，投标战略在不同的拍卖方式下有所差异，对最终价格发现有不同的影响。就拍卖转让机制而言，以公开的竞价形式，将标的物以最高的竞拍价格转让给投资人。田银华、陈建伟（2012）认为拍卖转让交易机制是一种充分竞争的定价方式，在转让过程中能够解决“竞价努力不足”的道德风险，表现在拍卖的公开性原则能够消除交易过程中的信息不对称，公平性原则能够保证转让价格的充分竞争，公正性原则保证交易结果受市场的监督。同样，汪海等（2007）指出拍卖是最优理论的典型应用，拍卖理论在发展的过程中具有明显的价格发现功能，拍卖相比于协议转让能够使资源得到更有效的配置，并且有效的拍卖机制能够规避寻租行为，减少贪腐现象。因此，拍卖交易由于机制设计涵盖了公平、机会均等、信息透明，能够有效降低交易成本，提高交易效率。由此看来，拍卖转让机制既充分体现了价格搜寻构成的公开和公正，又保证了竞争的存在。在产权转让方式中有很多可选择的具体拍卖形式，应按照不同的具体情况进行机制设计，依据产权交易需要重点实现的转让目标的不同和市场环境的差异而定。

2.4.2.4　竞价交易机制

竞价交易通常指在第三方的组织下，转让方与受让方通过竞价交易系统，经过对标的物信息披露、要约发布、受让方自主变动交易价格，首先，按照“价格优先”原则达成交易合同。要判断这种交易机制是否有利于发现买主和发现价格的功能，是否充分体现公开、公平和公正的交易原则，在满足前两个条件的基础上是否尽可能地简单、快速、高效以及交易成本低廉。产权交易市场的发展目的是挖掘我国数千年的文化，我国文化产业体量巨大，有效配置资源讲的不仅是简单盘活文化产业，更重要的是让这些交易标的在今后创造更多的社会价值，配置资源盘活存量是手段、方法，最后创造更多的社会价值才是最终目标。其次，解决了受让方之间私下串通、合谋操纵的可能性，竞价交易机制所有的交易行为都在互联网终端完成，避免了竞买者之间的见面串谋，降低监管成本，同样也就减少了交易成本，提高了交易效率。最后，电子竞价方独有的集中竞价和动态报价的网络竞价体系特征，一方面通过网络发布公告，突破了时间和空间的界限，扩大了竞买者的群体，有利于发现价格；另一方面，扩大转让标的物的范围，能够容纳单一价值的标的物和受复杂因素影响的标的，适用范围广泛，业务流程简便。因此，竞价交易机制的不断发展与创新，有利于规避大量组织拍卖会或开标会耗时耗力的交易成本。

在文化产权交易中，如何使交易对象的价值得到最大发现，既可以实现出让方的收益最大化又能提高整个社会资源的配置效率。从信息经济学对称角度考虑文化产权转让的竞价行为，存在以下特点：第一，出让方转让产权时，往往不把转让价格作为唯一因素，设置了许多附加条件，增加了信息不对称。第二，文化产权的非份额化奠定了其较差的流通性，很多中小投资者由于缺少资金而无法参与交易，从而导致购买人数量降低，无形中也为不受卖方青睐的协议转让方式提供了一定的条件（任胜利，2006）。① 因此，全面认识文化产权客体自身的特征、交易市场的不完全性等种种问题，健全产权交易市场，强化文化产权交易市场的监管，降低交易参与者在产权交易过程中存在的诸如信息搜寻费用、信息不对称损失、谈判、签约费等交易成本，是文化产权交易定价机制选择与设计不可忽视的因素。本书认为，合理的定价机制一方面应使潜在受让人能真实披露其对标的物的估值，使文化产权能卖得一个更高价，另一方面不同交易方式的合约安排有利于避免交易过度资本化带来的价格激烈波动、投机与价格操纵等行为导致的金融风险，保护投资主体（买方）的合法权益与市场经济正常运行环境，使文化产权出让方的利益相关者选择自己认为能反映该项资产的合约，使他们满意，这两个方面是决定产权交易定价机制选择的关键因素，可以最大可能地降低交易费用，提高交易效率。

2.5 本章小结

在强调产权清晰界定是产权交易有效进行的前提条件基础上，本章从不同角度归纳和分析产权交易行为，探究产权交易有效进行的内在动机，界定产权交易机制的定价效率与影响因素，分析与比较产权交易的各种定价机制与效率，从交易机制与效率角度论证了一个科学合理的定价机制对于文化产权交易的重要性，为后文产权交易机制的创新与设计提供理论支持。通过分析我们发现：①产权界定理论的核心是研究如何通过产权界定、变更和安排，来最大可能地降低或消除产权交易市场运行的交易费用，力图有效地交易能够发生。因此，清晰的产权界定是文化产权交易有效进行

---

① 任胜利．信息撮合是创新产权交易方式的基础［J］．上海国资，2006（6）：79.

的前提。②产权交易的核心是所有权的转移，作为一种理性的经济行为，背后有着多重的内在动机，这种动机的多重性源于交易标的物内、外部条件组合的多样性。因此，正确理解和把握产权交易的背后动机，是产权交易有效进行的关键。③相比于一般商品和要素市场，文化产权交易定价效率的实现具有特殊性，产权交易市场供求的竞争结构、交易费用、市场流动性、市场化服务功能与组织形式、价格发现与资源配置能力、信息披露以及监管情况等都能影响文化产权交易机制定价效率，定价机制的设计需要综合考虑这些因素。④在不同交易机制下，选择不同的交易方式，交易的效率是不一样的。对于特定的文化产权，交易的方式主要包括协议转让、招投标、拍卖以及竞价等，它们各有优缺点及适用范围。因此，全面认识文化产权客体自身的特征、交易市场的不完全性等种种问题，完善产权交易市场，加强文化产权交易市场的监管，降低交易参与者在产权交易过程中存在的诸如信息搜寻费用、信息不对称损失、谈判、签约费等交易成本，是文化产权交易定价机制选择与设计不可忽视的因素。

然而，在不同的经济体制背景和环境下，对于特定的文化产权，考虑到文化产权交易的特殊性，其价格生成在机制上可能有很大的不同。在不同的交易类型下，产权交易成本不同，选择的交易定价机制就可能存在差异，最终的交易效率就会不同，甚至"双赢"的交易不能发生。因此，产权交易定价机制的选择和设计是产权制度的重要组成部分之一。从这一角度来看，产权交易定价机制的选择和设计是产权制度的重要组成部分之一。什么样的交易方式与定价机制能更加符合文化产权交易的现实，并以最小的成本达到最好的交易效果呢？现有的文献研究对于我国文化产权交易具有很大的启发作用，但没能给出一般性的结论。

由于文化产权的特殊性，仅依靠产权交易一般的定价方式是难以达到有效交易的。文化产权交易的内外部环境使得影响交易的因素是复杂多样的，而这种复杂性又决定了产权交易的类型、过程与交易方式等交易机制设计的不确定性，而交易机制设计决定了交易效率。因此，研究文化产权交易的定价机制，就必须研究交易背后交易主体面临的交易环境、交易诉求与交易行为，详细考察交易的内外部环境、现实约束等背景环境，以及这种背景条件对产权交易决定因素的影响，进而确定交易定价机制的设计以及相应的交易效率的衡量标准，构建它们之间的一种相互作用、相互影响的机制，从而建立适合产权交易实际情况的定价机制，最终提升产权交易的效率。也就是说，对于特定的文化产权交易而言，还需充分认识文化产权交易的特殊性，准确定位文化产权交易市场在多层次资本市场体系的功能，从文化产权交易市场的不完全性及交易实践出现的种种问题（如过度投资与价格操纵等）透析交易定价的难点与背后深层次原因，把握交易各环节运作的实际情况，以此作为文化产权交易定价机制设计的现实基础，这些都将构成本书接下来要分析的重要内容。

第3章 文化产权交易市场与多层次资本市场的定位

改革开放以来文化产品与要素市场的交易引起了越来越多的关注，如何更加有效地满足人们对文化产品与要素的需求，实现文化与资本的对接，成为当前我国经济发展必须面对的问题。事实上，无论从党的十六届三中全会通过的《中共中央关于完善社会主义市场经济体制若干问题的决定》，第一次明确指出应建立多层次资本市场体系，完善资本市场结构，丰富资本市场产品，到党的十八届三中全会通过的《中共中央关于全面深化改革若干重大问题的决定》，再次明确提出健全多层次资本市场体系，是完善现代市场体系的重要内容，无疑都说明建立健全多层次资本市场是我国资本市场发展的目标模式。建立健全多层次资本市场体系，是发挥市场在资源配置中的决定作用，形成要素自由流动、平等交换的必要要求。只有正确理解和把握资本市场发展规律，承认资本市场的多层次结构，才是符合资本市场需求的现实选择，把场外交易市场（本书主要指文化产权交易市场）通过科学的制度设计使其纳入资本市场，选择与设计合理的交易定价机制，才是贯彻执行党中央历来关于多层次资本市场发展既定方针的实际行动。而长期以来，我国储蓄率一直保持较高水平，但企业尤其是非国有企业、中小企业融资难以及民间投资难的问题始终存在，反映了我国资本市场欠发达、规模不能满足需求、资本市场层次结构不合理、资金供需双方不能有效匹配的矛盾。

文化产权交易市场作为文化产权交易的平台，是多层次资本市场的基础层次，市场的健全对交易效率具有重要影响。在文化产权进场交易的前提下，一方面，产权出让方出于自身利益的原则固然希望能获得一个较高的交易价格，但另一方面，考虑到文化产权的特殊性，特别是对于文化类企业国有产权，文化产权交易市场又是非上市国有产权退出的唯一通道，高的交易价格可能打击受让方的参与，造成互利的交易无法发生。因此，需要更加全面理解文化产权交易市场的内涵与特征，把握我国多层次资本市场体系的构建蓝图，准确地对文化产权交易市场进行定位，以便更好地理解和讨论文化产权交易市场的定价问题。

3.1 文化产权交易市场的内涵、发展现状与特征

3.1.1 文化产权交易市场的内涵

3.1.1.1 产权交易市场

产权交易市场有广义和狭义两层含义。狭义的产权交易市场是指人们从事产权交易活动的具体场所（例如产权交易所）；广义的产权交易市场不仅包括产权交易所这样的有形产权交易市场，还包括除有形市场之外通过买卖双方谈判进行产权交易的无形市场，进行上市公司股权交易的证券交易所市场，以及未上市公司在证券交易所外进行股权交易的柜台交易市场，它是指全部产权交易关系的总和，是在经济改革和经济发展过程中，围绕产权这一特殊商品的交易行为形成的特殊的经济关系（郭国庆、杨学成，2004）。[①] 对于上市公司的股权交易，有一套较为完善和成熟的市场运行和监管机制，因此不在我们讨论的范围。本书所指的产权交易市场是狭义的产权交易市场，即有形产权交易市场，它主要为非股票形式的企业产权流动，或者说以实物形态为基本特征的企业产权流动服务。

由于我们界定的企业产权交易是实物形态的企业产权交易或称狭义的企业产权交易，因此，本书所指产权交易市场具有如下基本特性：

第一，明晰的产权界定是企业产权交易市场的基本前提。根据科斯定理，在交易费用大于零时，只有权利界定清晰，市场机制才有可能使资源配置达到最优，这也是西方企业产权交易长期以来推动资本主义经济向前发展的制度保证。同样，在社会主义市场经济条件下，产权交易也只有明晰产权，才可能使产权流动起来，从而达到资源的有效配置。

第二，规范的产权交易市场是交易顺利进行的保障，这是产权交易市场性的体现。所谓产权交易的市场性是指产权交易通过市场得以实现，包

---

① 郭国庆，杨学成．论产权交易市场的功能与管理创新［J］．贵州财经学院学报，2004（3）．

含两方面的含义：一是产权交易的价格由市场决定。产权交易是一种市场行为，应遵循市场的客观规律。也就是说，市场是左右企业产权交易价格的决定性因素。虽然产权交易的客体——企业（权利）要经过价值评估，但评估的价值并不是交易的实际价格，当产权的需求大于产权的供应，或者受让方认为以高于评估价格受让产权仍能给其带来较大收益时，交易的实际价格可以高于评估价格；当产权的需求小于产权的供应，或者受让方认为只有以低于评估价格受让产权才有可能给其带来经济收益时，交易的实际价格就会低于评估价格，否则，交易就不可能发生。这就是市场决定交易价格的原因。二是交易行为必须在有形市场——产权交易市场进行。产权交易通过产权交易市场可以快捷、便利、有效率地将资产重新组合，从而为经济增长提供新的源泉。

第三，从交易对象来看，产权交易市场上交易客体的用途都比较具体，除了厂房和土地外，一般都不能或很少能广泛使用，没有统一的度量尺度，质量也千差万别，难以进行计量，因此对中介机构的要求高，要求中介机构具有较强的专业知识、交易经验以及客观公正的职业道德。

第四，从交易过程来看，产权交易市场的参与人比较少，换手率比较低；交易手续相对复杂，不但要经过资产评估、财务审计、实地勘察、协商定价或竞价，甚至还要经过主管部门审批等程序，因而要花费很长的时间，而股票形式的产权交易并不需要这些复杂程序。

第五，从交易方式来看，这种产权交易也不同于股票交易。一是它既有自愿交易，也有强制性交易，而股票交易是一种完全自愿的行为，不会有任何人强制任何一个股东进行买或卖；而实物形态的产权交易却不完全是自愿的，一旦法院宣告某个企业破产，那它就必须强制性地进入破产程序，企业就必须将其全部财产拍卖并以此来清偿债务，也就是说，实物形态的产权交易虽然在大多数情况下是自愿进行的，但在个别场合，却又有强制性的可能。二是股票交易的价格确定采取的是竞价方式，即集合竞价和连续竞价，而实物形态的产权交易则是协商与竞价并存，具体采取哪种，主要取决于买主的数量。三是股票的买卖一般都用现金支付，而实物形态的产权交易，其支付方式则多种多样，如出资购买式、承担债务式、吸收股份式等，具体采取哪种支付方式，要根据不同的企业状况和不同的交易动机来决定，不可一概而论。①

产权交易市场是中国资本市场一个必不可少的组成部分，对于提高全

---

①　曹玉贵．企业产权交易定价研究［D］．天津大学，2006：39-40.

社会的资源配置效率，产权交易市场发挥着与证券市场同等重要的作用，甚至在一段时间内要发挥更大的作用。较之西方资本市场体系，中国的产权交易和产权交易市场更直接、具体地参与到了经济结构布局、产业结构调整、企业并购重组、国企规范改制等市场行为当中，形成了全球独特的直接以产权交易市场面孔出现的类似二、三、四板市场。中央明确指出，要完善市场体系，推动产权有序流转，更大程度地发挥市场在资源配置中的基础性作用。但随着中国经济改革，特别是社会主义市场经济体制的不断完善和国有企业改革的不断深入，中国产权交易市场的现有定位与整个市场经济运行发展规则已经不相适应，同时也严重制约着产权交易市场的进一步发展、规范和开放。

3.1.1.2　文化产权交易市场

市场是人类社会分工和商品经济发展的必然产物，同时它也是推动人类社会分工和商品经济生产向前发展的反向助推器。一般认为，市场是商品交易的场所和资源要素重新分配的场所，它决定了商品交易的公平性和要素分配的合理性。文化产权交易市场作为产权市场中的新生事物，是我国在制度创新方面的一项伟大创举。① 但目前对于文化产权交易市场的研究还处于起步阶段，学者们先期将分析的重点主要集中于文化产权交易市场形成的原因及功能。例如，何琦和高长春（2011）认为文化产权交易市场存在的主要原因在于解决文化产权的融资约束，提高文化资源配置效率，健全我国多层次资本市场体系。王顺育、韩冰、王旭超（2012）在此基础上进行一些补充，认为文化产权交易市场最重要的功能在于为文化产权的交易提供一个交易平台，促进文化产权的流通转让。随着份额化交易的崛起，一些学者开始聚焦于探索文化产权交易市场的交易模式。魏鹏举、曹翼飞（2012）客观分析了份额化交易模式对文化产权交易市场的影响，其认为份额化交易是我国文化产权交易模式的一种创新，对于我国文化产权交易市场的发展具有积极的意义，但在实际运行中存在着投机等一系列问题，监管者必须要从制度层面上对其进行规范。李彬、潘爱玲（2015）则结合当前文化产权交易市场中所出现的效率低下等问题，强调交易市场体系重设的重要性。

按照交易场所的类别，可以将市场划分为狭义的有形市场与广义的无形市场。按照市场的相关定义，廖继胜（2015）从交易场所的类别上，将

① 熊焰．产权市场：中国版式的制度创新［M］．曹和平．中国产权市场发展报告（2008—2009）［R］．社会科学文献出版社，2009：87.

文化产权交易市场划分为一种狭义的有形市场，其认为文化产权交易市场是指当前各省份以文化产权交易所命名的专业化交易市场。而从广义的无形市场类别看，文化产权交易市场是文化产权交易过程中所形成的各种经济关系的总和，是指有效配置各种文化资源要素的交易场所（韩顺法，2017）。此外，中宣发〔2011〕49 号文从交易市场的功能及业务方面进行定义，其中认为，文化产权交易所是为文化产权转让提供条件和综合配套服务的专业化市场平台，业务活动主要有政策咨询、信息发布、组织交易、产权鉴证、资金结算交割等，是文化领域多层次市场的重要组成部分。

随着近年来文化产权交易市场民事交易纠纷的频发，学者们开始逐步将研究重点集中于文化产权交易市场存在的问题上。王顺育（2011）认为当前文化产权交易市场还处于起步阶段，市场中存在较多问题，但其认为市场的主要问题在于法律制度不健全、监管部门不到位、人才不足、文化企业规模小等，并为此提出要加强人才队伍的培育、加强市场监管等措施。廖继胜、刘志虹（2016）从交易制度层面剖析了文化产权交易中存在的问题，强调制度创新在完善文化产权交易中的重要性。与此不同的是，韩顺法（2017）从文化产权市场形成的内在经济逻辑角度肯定了交易市场在提升流动性方面的重要性，强调一个遵从市场规律、价值规律和金融规律的综合性交易市场的重要性。

从以上研究可以看出，现有的研究大多集中在包括文化产权及其交易的内涵与意义、交易的品种、交易模式及其效率、交易市场存在的问题等方面，但没有探究该市场自身的特征及其可能对交易的影响。事实上，文化产权交易具有特殊性，相比于一般交易市场，文化产权交易市场的不完全性表现较为明显，这一特性会对交易过程和结果产生重要影响，有必要深入研究。结合当前学术界及官方机构对市场及文化产权交易市场的相关定义，本研究认为所谓文化产权交易市场是指为提升文化产权交易效率，满足人们对文化产品与要素有效流动、合理需求，推动文化产业发展而建立起来的有完善规章制度和监管体系的有形文化产权买卖交易场所。从本质上来看，文化产权交易市场是有效配置各种文化产品和要素的交易场所，是商品经济高度发展、社会化程度显著提高、竞争机制全面渗入经济过程的必然产物。文化产权交易市场的出现，使文化产业与资本市场实现灵活多样的结合，能够真正地实现文化产业与资本的对接。

3.1.2 文化产权交易市场的发展现状

据最新公布的2018年我国文化消费指数，我国的文化消费综合指数继续上升，从2013年的73.7上升至82.2。2019年2月19日，国家发改委发布了《加大力度推动社会领域公共服务补短板强弱项提质量促进形成强大国内市场的行动方案》，方案指出，到2020年，我国的现代公共文化服务体系将基本完成，文化产业将真正成为我国支柱产业。文化产业作为新兴产业、朝阳产业，具有很大的发展潜力，预计到2020年我国文化产业的增加值将达到5.2万亿元，年均复合增速将达10.6%，以上数据均表明文化产业对我国经济和社会的影响在不断扩大。

随着文化产业的飞速发展，我国文化产权交易的数量也在不断增加，可鉴于我国文化产权交易诞生的时间并不长，因此，我国的文化产权交易市场还存在着很多不完善的地方，为了保证文化产权交易顺利进行，必须找出问题并快速进行改善以保证产权交易市场的良性发展，我国文化产权交易市场所存在的主要问题可以概括为以下两点。

3.1.2.1 文化产权交易所缺乏标准的定价交易机制

我国各文交所目前的交易模式和定价机制均为自行建立，并未在业内形成统一，那么在缺少同样的定价主体以及定价机制的情况下，同一个文化产权标的在不同的文交所进行挂牌交易就会产生不同的成交价格，这不仅会扰乱文化产权交易市场的秩序，还会导致文化产权的真实价值无法被发现，因为买卖双方都只追求自身收益最大化的价格而不是标的资产的真实价格。由此看来，在业内建立一个标准化的文化产权定价机制是我国文化产权交易市场亟待解决的问题。

3.1.2.2 文化产权交易市场的中介服务功能不足

目前我国文化产权交易市场的主要参与者只有文化产权交易所和文化产权的买卖双方，能够为文化产权交易提供高质量、专业服务的第三方中介机构却很少参与，再加上主要参与者自控能力的有限，就会使得文化产权交易的风险大大增加。由于文化产权的价值评估往往是对其进行定价的第一步，且评估结果通常都会作为交易时的参考价格或者保留价格，因此在众多的中介机构中，又以文化产权价值评估机构最为重要，但目前我国并未成立专门的评估机构来评估文化产权的价值，只是将其作为资产评估机构的业务之一，又因为我国文化产权交易诞生的时间并不长，因此目前的资产评估机构在文化产权价值评估这一业务范围仍然存在着缺乏专业的评估人才、信用体系存在缺陷、缺乏责任追究制度、监管体系不够完善等诸多问题且亟须解决。

3.1.3 文化产权交易市场的特征

3.1.3.1 交易主体的特征

交易主体是指为获取商品、服务、资金等而进行交易活动的买卖双方。在文化产权交易市场上，一般认为交易主体主要由出让主体和受让主体两方所构成①，其中受让主体作为产权的真实买方，主要目的在于出让货币资金，获取文化产权，实现自身效用或者利益最大化；产权的出让主体是指产权的现在所有者，通常是为了获取货币资金，解决自身资金短缺的问题，实现企业及项目等的长远发展。具体而言，二者分别具有以下特征：

（1）出让主体的特征

文化产权出让主体作为市场中的筹资者，将自己所拥有的涉及文化财产的所有权在文化产权交易所申请上市交易来获取货币资金投资于自身发展。从当前市场情况来看，文化产权出让主体主要由中小民营文化企业、国有文化企业以及个人所构成。产权出让主体作为文化产权的原始主体和文化产权的真实卖方，一般通过生产创作、历史继承等方式来获取最初的文化产权。相比于交易中的其他方而言，出让主体具有一定的信息优势，其对所出售的文化产权有着较为清晰的认识，更为了解文化产权的市场价值。一般而言，受产权交易种类不同的影响，文化产权出让方在交易后所承担的风险和义务会有所差别，当交易标的为文化企业股权、债权及文化项目产权时，出让方在交易后依然是企业或项目的经营管理者，需要根据交易承诺对受让方负责；当交易标的是其他文化产权时，出让方在完成交易后不需要承担后续经营的风险。

（2）受让主体的特征

文化产权受让主体出于投资或精神享受等目的，在文化产权交易市场上通过出让货币资金的方式来获取文化财产所有权。目前市场中的受让主体主要由个人投资者所构成。一般而言，个人投资者经常受到个人偏好、情感、机会主义和羊群效应等的影响，因而文化产权受让主体常常表现为有限理性和机会主义的倾向。在信息获取上，受让主体一般处于劣势地位，

---

① 廖继胜．文化产权交易市场发展研究［D］．江西财经大学，2015：23.

只能通过外部获取的有限信息来评估文化产权的价值。文化产权受让主体作为文化产权的未来所有者，决定了文化产权交易市场的繁荣程度。相较于数量单一的出让主体而言，文化产权受让主体的数量相对较多，但会因不同类型文化产权的属性不同而存在差异，如广告权由于具有专用性而只能被单一受让主体所购买，而文化艺术品由于份额化交易则可被众多受让主体所购买。

3.1.3.2 交易客体的特征

交易客体作为文化产权交易市场中的交易对象或标的物，通常按照产品的类别可以将其划分为文化企业的股权、文化物权、文化知识产权以及文化项目产权①，其中各类产品具有其不同的特征属性。

（1）文化企业股权的特征

文化企业股权交易是指文化企业为解决由于经营规模小、信用水平低、担保抵押物少而引起信贷资金不足的问题，利用文化产权交易所这一平台转让企业股权来筹集资金的行为。从现有市场中存在的交易方式来看，目前我国明令禁止文化产权进行份额化交易，同时公司法也有明确规定②，这就决定了交易者只能有选择地通过协议转让、招投标等方式来进行文化企业股权的交易。同时目前我国非公开上市发行的股权通常没有可供自由交易的二级市场，交易者一般只能通过回购、协议转让等方式来实现退出，或将其长期持有。从交易规模来看，文化企业股权交易规模一般较小，类似于市场中的风险投资或私募股权投资，投资者一般不会参与其中的生产经营环节，只是将其作为一种投资品。从收益角度来看，文化企业股权的收益主要取决于文化企业在未来的经营利润。

（2）文化物权的特征

文化物权交易是指自然人、法人或其他组织等出于个人喜好等原因，以艺术品收藏和投资等为主要目的，在文化产权交易市场上进行文化艺术品的买卖活动。按照历史发展进程大致可以将文化艺术品交易划分为两个阶段，第一阶段是2011年1—11月以天津文化艺术品交易所开启的份额化交易模式，第二阶段是2011年12月，相关部门对文化产权份额化交易进行整改，各交易所陆续推出的协议、招投标及拍卖等交易模式。在上述两个不同的阶段中，文化物权均表现出不同的特征属性。

---

① 周晓凤．文化产权交易及其定价研究［D］．中南民族大学，2013：30.

② 非上市公司不得公开发行股份，股份有限公司股东人数不能超过200人，有限责任公司股东人数不能超过50人。

在第一阶段，为摆脱文化物权价格昂贵而引起的交易者数量较少的困境，交易所充分借鉴了资本市场中的股票交易模式，将贵重文化艺术品的产权进行分拆，在此基础上引入产权份额化的模式进行交易。虽然这种方式有效解决了参与者数量过少而引起了无法交易的矛盾，但同时也引发了交易参与者的投机炒作、扰乱正常交易秩序的问题，从而最终引致了该交易模式的瓦解。在第二阶段，文化物权回归原有市场交易模式，通过协议、招投标及拍卖的方式进行整体转让，交易数额较大，一般可达千万元以上，要求交易者具有较强的经济实力。但总体而言，无论是第一阶段还是第二阶段，文化物权的本质特征没有发生变化，即文化物权所带来的收益主要取决于文化物权在未来市场上溢价转让所带来的增值。

（3）文化知识产权的特征

文化知识产权交易是指产权所有者将具有可辨认的著作权、广告权、出版发行权等各种产权在文化产权交易市场公开挂牌进行转让的活动，其中按照转让的方式可以分为协议转让、招投标和拍卖等。目前，文化知识产权交易规模较小，主要集中于广告权、影视节目冠名权等交易，其中以安徽文化产权交易所较为活跃。相较于其他文化产权而言，文化知识产权相对较为独特，其作为无形资产中的特许权，具有一定的地域性和时间性，即只在所确认和保护的地域和规定期限内受到法律保护，若超出一定的区域和时间将不会受到法律保护。而与其他文化产权相类似的地方在于，文化知识产权具有较强的文化性，即创作者在创作过程中将自身知识、地域文化等各方面都融入其中。此外，文化知识产权具有较强的实用性，交易者购买文化知识产权的主要目的在于将其投入使用并获取一定收益，如交易者购买演出节目冠名权的主要目的在于扩大自身影响力，增加与之相关联产品的销售数量。与实用性相联系，文化知识产权的交易价格也主要取决于其未来所能带来的收益。

（4）文化项目产权的特征

类似于文化企业股权，文化项目产权交易是指项目发起者为解决项目筹资难题，将文化项目的产权在文化产权交易所公开挂牌进行转让的活动。其中湖南文化产权交易所率先开启文化项目产权交易的大门，于 2011 年推出我国第一个文化项目产权交易——张家界《魅力湘西》门票收益项目。但截至目前，文化项目产权交易一直处于不温不火的状态，其中率先开展此项交易的湖南文交所基本停止文化项目产权交易，而作为后起之秀的湖北华中文化产权交易所则在交易规模等方面超越其他交易所，并与之前相比有较大突破。目前文化项目主要与文化旅游或文化演绎节目相联系，交易金额一般较大，其中投资者主要以机构为主。一般而言，产权所有者会根据具体实际情况将整体文化项目产权进行拆分或整体交易，投资者根据整个项目未来可带来的收益来确定其交易价格。通常与文化企业股权的投资收益相同，文化项目产权的投资收益也主要取决于文化项目在未来经营中所获取的利润。

3.1.3.3 交易市场的特征

文化产权交易市场与证券市场一样，都是当前我国资本市场的重要组成部分，其主要功能在于为投资者提供投融资服务、进行资源配置，以及为所交易的产权寻求一个相对较为合理的价格等。但相较于较为成熟的证券市场而言，较晚成立的文化产权交易市场又有自身独特的一面，主要体现在以下五个方面：

第一，从交易主体来看，在文化产权交易市场上进行投融资交易的对象更为广泛。当前在证券市场进行融资的对象主要是具有较大资产规模、达到上市规格的国有企业等，而资产规模小、制度不健全的中小企业一般无法达到在证券市场进行融资的条件。相反，文化产权交易所考虑到文化企业的独特属性，设立了相对较低的上市门槛，可以为不同规模、不同类型的文化企业提供融资服务。同时文化产权市场可以为文化项目融资，也可以为个人融资。因而从融资服务对象来看，文化产权交易市场的服务对象更为广泛。

第二，从交易客体来看，文化产权交易市场可供交易的产品更为丰富。目前在证券市场上市交易的产品主要是以上市公司的股权和债权为主，以及一些辅助性的金融期权、权证等衍生产品。相反，当前在文化产权交易市场进行交易的产品主要可以分为四个大类：文化企业的股权、文化物权、文化知识产权和文化项目产权，同时各个大类又可分为众多的小类，因而文化产权交易市场可供交易的产品更为丰富。

第三，从交易方式来看，文化产权交易市场的交易方式更为多样。在证券市场上，企业的股权、债权以及衍生金融产品通常都被分割成等份额来进行交易，因而交易者主要采用公开集中竞价的交易方式。在文化产权交易市场上，由于文化产权无法进行较多等份额化的分割，投资购买者只能进行整体性交易，因而交易者通常可以通过拍卖、招标以及协议转让等多种方式来达成交易。

第四，从市场规范来看，文化产权交易市场交易秩序更为混乱。按照组织形式划分，当前我国文化产权交易所可以分为会员制和公司制，其中绝大多数的文化产权交易所采用了公司制。从文化产权交易市场的属性来看，我国文化产权交易所成分较为复杂，其中绝大部分为国有资本入股或者国有资本控股，但部分属于民营资本控股；从审批来看，大部分的文化产权交易所是由当地金融机构、地方文联批准成立或者仅在工商部门进行注册，同时交易制度也都由各个文化产权交易所自己制定，因而使得文化产权交易市场的公信力存在一定的质疑，交易秩序混乱。从文化产权交易市场的建立至今不到十年的历史，国家关于文化产权交易市场的法律法规还不够健全，还未成立专门的部门进行监管，投资者还不够成熟。相反，中国现有的两家证券交易所都是由中央相关部门批准设立，还通过中央设立的中国证券监督管理委员会进行专门监督，因而无论是法律法规，还是交易制度都相对比较健全。同时中国证券市场已经经历了二十七年的发展，无论是服务机构，还是投资者都较为成熟。

第五，从服务机构来看，文化产权交易市场中介组织不够健全。中介组织是指在文化产权交易中充当中间人的角色，为文化产权交易的达成起到一定推波助澜的功能。相较于证券市场而言，当前我国文化产权交易市场的中介组织存在三大缺陷，一是数量少，二是功能不健全，三是缺乏权威性。由于文化产权交易市场尚处于成长阶段，无论是交易规模，还是投资者规模都较小，使得中介组织没有生存的空间，导致中介组织的数量过于稀少。同时中介组织不能适应市场发展需要，无法合理地引导投资者进入市场进行交易，存在功能缺失的问题。当前我国文化产权交易市场的中介组织大多附属于各个地区的文化产权交易所，属于民营性质，成立手续过于简单，缺乏权威部门的认证，从而导致文化产权的中介组织缺乏市场权威性。

3.1.3.4　交易定价机制的特征

价格信号的真实性决定了资源配置的有效性，因此文化产权交易市场的正常运转必须要以健全的定价机制为前提条件。从当前文化产权上市交易的流程来看，文化产权价格的确定一般要经历两大环节：由评估机构或转让者自身对所交易的文化产权进行价值评估，然后再将文化产权进场挂牌，由交易者选择协议转让、招投标或拍卖的形式来确定最终的成交价格。在这两大环节中，定价机制均表现出不同的特征属性。

在文化产权的价值评估上，由于特征属性的不同，各类别文化产权被分别采用有差别的评估方法。具体而言，大致可以将其分为以下几大类：文化企业股权及文化项目产权在未来可以带来现金流量，因而可以选择适合的折现率来采用收益现值法进行评估，同时文化企业股权和文化项目产权有相应的成本和市值，因而也可以采用成本法或市价法等进行评估；文化知识产权和文化物权有相应的生产成本以及历史成交数据等，因而可以采用成本法、市场比较法或实物期权法等进行价值评估，同时文化知识产权和文化物权也可以为产权所有者带来现金流量，因而也可以采用收益现值法等进行评估。

从最终成交价格的确定来看，文化产权交易市场会针对投资交易者的多寡及交易产权的特性来选择协商转让、招投标或拍卖的形式来确定最终交易价格。当市场上投资者的数量比较少时，如只存在一个有意向的投资购买者时，则只能通过协商的方式来确定最终的成交价格。如果在交易中，融资者出于某些特殊考虑，要求投资者必须满足相应的条件，并提出以后的发展战略规划时，则只能通过招投标的方式来确定最终的成交价格。若市场上有大量的投资购买者，融资者不存在其他任何要求时，则出于公平竞争的原则，通过拍卖来获取最高的成交价格将是最好的交易方式。

3.2 多层次资本市场体系的构建蓝图

3.2.1 多层次资本市场的内涵

资本市场作为现代市场经济体系的核心之一，它的运行效率决定了社会资本的有效配置。一般而言，资本市场通过建立有效的市场竞价机制，让各类理性的交易主体通过公平合理的竞争来达成交易价格，并通过这一交易价格来引导社会各类资金及资源的有效流通，从而完成资本的合理配置。资本市场的运行是否有效主要通过两个方面来进行体现：一是社会中的各类企业是否均有相同的融资机会；二是能否最大限度地降低居民储蓄转化为长期投资的成本。然而在资本市场中，资金供给者与需求者存在多样化的特征，一般难以通过建立单一的资本市场较好地实现资本的有效配置，因此要最大限度地提升资本市场的运行效率，建立多层次资本市场将成为必然选择。

一方面，由于教育背景、生活阅历等的不同，资本市场中的投资者会呈现出一定的差异性。从形态来看，投资者可以分为机构投资者和一般个人投资者；从对交易信息的掌握情况来看，有知情交易者和噪音交易者之分；从对风险喜好来看，有风险偏好型、风险厌恶型以及风险中性之别。

投资者作为资本市场的供给方，一般根据自己的风险偏好来选择适合自己的投资品种，同时投资者会根据各类投资品种的特征不同而进行投资组合以降低交易中存在的非系统性风险。因此，从投资者的异质性来看，资本市场需要建立多层次的交易体系来保证投资者的多样化选择权。

另一方面，作为资本需求方的企业由于资产规模、运营风险等的不同也需要多层次资本市场来满足其发展需要。首先从发展路径来看，企业一般都会经历规模从小到大、从专业化经营到多元化经营、从初创成长到成熟衰退等过程。在此过程中，企业需要不同层次的资本市场来满足其股权回购、分拆上市、资产证券化、兼并收购或被兼并收购、转板、退市等资本运作。同时，由于各类企业的规模及发展阶段均存在差异，从而导致企业的经营风险也会有所不同，通过建立多层次资本市场可以将融资中存在的风险进行分散配置，从而降低信息的收集和分析成本，提高市场运行效率。

由此可见，多层次资本市场主要是为满足风险偏好不同的投资者及规模、发展阶段和风险各异的企业而建立分层次的市场。从国际市场来看，发达国家大多都具有较为完善的多层次资本市场体系，且体系内各层次资本市场分工明确、协调发展，例如美国的资本市场就包括五个层次：主板（纽约证券交易所）、创业板（纳斯达克，NASDAQ）、第三层次（场外柜台交易系统，OTCBB）、第四层次（粉红单市场）和第五层次（非主流报价市场），不同层次的市场满足不同交易主体的要求，但基本囊括了所有的投融资交易。当前我国产权转让市场已经过二十多年的发展，文化产权交易市场也运行了将近十年，市场交易规则和监管体制机制已初步形成，因而建立多层次资本市场的时机已经基本成熟。为此，本研究认为，我国可以结合自身产权交易市场发展的实际状况，同时参照当前美国等成熟资本市场的发展思路，本着合理定价、防范风险、增强流动性、监管有效的基本原则，充分发挥产权市场的作用，健全多层次资本市场体系，从而使我国产权转让市场乃至整个资本市场在国民经济发展中发挥更大的作用。

3.2.2 多层次资本市场体系建设的国际经验

目前国外发达国家经济体基本建成多层次资本市场体系，其中以美国、日本和英国等国家的多层次资本市场最为完善和发达。在这些国家，多层次资本市场不仅包括规模庞大的场内交易市场，还包括大量日臻成熟的场外交易市场。下面将主要以美国为例，剖析国外多层次资本市场体系。

众所周知，美国作为世界经济规模最为庞大的发达国家，其资本市场体系也是全球规模最大、最具代表性的。按照服务对象及交易区域，美国多层次资本市场主要由以下市场所构成，如图 3-1 所示①：

- 美国证券流通市场（二级市场）
  - 证券交易所市场
    - 纽约证券交易所(NYSC)
    - 美国证券交易所(AMEX)
    - 地方性证券交易所
  - 场外交易市场（OTC）
    - 纳斯达克市场（NASDAQ）
      - 纳斯达克小型股市场
      - 纳斯达克全国市场
    - 场外证券交易行情公告榜/招示板市场
    - 粉红单市场
    - 第三市场
    - 第四市场
  - 地方性柜台交易市场

图 3-1　美国多层次资本市场体系

美国的多层次资本市场（邢天才，2003）主要包括五层：

①美国多层次资本市场体系的第一层次是由纽约证券交易所（NYSE）和纳斯达克全国市场（The NASDAQ National Market，NASDAQ-NM）构成，其公司上市条件相对较高，主要是为那些资产规模较大、经营较为成熟的企业提供融资服务。

②第二层次：该层次主要包括纳斯达克小型股市场（The NASDAQ Small-Cap Market，NASDAQ-SC）和美国证券交易所（AMEX）构成，相较于第一层次而言，第二层次虽然也属于全国性市场，但其服务的对象主要是美国的中小企业。

③第三层次：该层次主要由中西交易所、费城交易所、波士顿交易所、太平洋交易所等地区区域性交易所构成，其主要业务是为区域性金融资产的发行和交易提供服务，同时有些在全国性市场上市的公司也可以选择在公司所在的区域性市场进行交易。

④第四层次：该层次主要由场外柜台交易系统（OTCBB）市场、粉红单市场、第三市场和第四市场构成。这些市场都属于场外市场，场外市场因场外中小企的投融资服务而产生，其主要客户群体是场外中小企业。

⑤第五层次：该层次主要由地方性的柜台交易市场共同形成，特指在

① 邢天才. 我国多层次资本市场体系的构建与发展思路［J］. 财经问题研究，2003（3）：26-30.

交易所外由证券交易者当面议价成交的市场，它没有固定的场所。

通过上述五个层次的资本市场体系来看，美国目前形成的多层次资本市场体系不仅从整体上表现为规模庞大、投融资效率高，而且各层次之间条块结合、功能完备，既有统一、集中的全国性市场，又有区域性的小型地方交易市场，这些市场紧密地结合形成了一个体系健全的阶梯性资本市场。美国的这一多层次的阶梯性市场体系可以使不同规模企业都能找到适合自己进行融资需求的资本市场，因此也能保证资本能够合理配置，资本市场能够健康发展，实现社会资源要素的合理流动。①

在英国，由全国性主板、二板、三板和区域性的市场所组成的条块结合的多层次资本市场体系（唐志道，2006），有力地支撑和维护了英国在国际金融市场的地位。而日本在全国性交易市场和地区性交易市场的基础上，还积极发挥了场外交易市场的作用，利用 OTC 的区域连接，大大提高了市场的效率（廖明，2007）。

从以上国外资本市场结构的经验可以看出，资本市场体系既有统一、集中的全国性市场，又有区域性的、小型地方交易市场，是一个多层次、多元化和全覆盖、风险分散的市场体系。如上述美国的五层次资本市场体系，主板市场是全国性集中市场，主要是为大型企业融资服务的；二板市场是全国性的创业板或中小企业板市场，上市标准要比主板市场低；三板市场是“场外交易市场 OTC”，为中小、新兴企业的发展提供了一个平台。由于存在上市门槛，中小企业不可能一步迈进“高层次”资本市场，那些新兴高科技企业只有先在“底层”资本市场中筹措创业资本，接受“层层”关照和挑选“试错”，在成长壮大后，再迈进更高一层的市场，直至申请在全国市场挂牌。

3.2.3　我国多层次资本体系的构建

多层次资本市场体系的建立和完善，源于经济社会发展阶段的演变过程。从前文关于发达国家多层次资本市场体系发展经验来看，要想构建可持续发展的资本市场生态，资本市场之间就必须得有差异性。不同层次、不同功能的市场都得发展，这样才能服务于不同类型的融资者和投资者。这样既满足了差异化企业的资本需求，又满足不同投资者的投资选择。基于此，国内学者们从不同角度对我国多层次资本市场体系的构建提出了各

---

①　曹凤岐．中国资本市场创新［M］．北京大学出版社，2003：71-81.

自的构想：

①三层次的划分。在考虑不同地区差异的基础上，刘纪鹏（2003）提出“两大、一小和七个场外”的模式以及徐洪才（2004）提出的“9+1+1”模式，这两种模式在本质上都属于三层次的资本市场。同样，周放生（2003）提出我国多层次资本市场体系应由互动式的主板市场、二板市场、柜台市场三个市场组成。

②四层次的划分。在我国，债务性资金经常性的相对过剩而资本资金则相当紧缺，针对这一情况王国刚（2004）认为我国应构建包括交易所市场、场外市场、区域性市场、无形市场四个层次的资本市场结构。熊焰（2006）将资本市场分为主板市场、创业板市场以及柜台交易市场和场外交易市场。认为这种划分将资本市场描述得比较完善。但我们注意到柜台交易市场和场外交易市场在实质上是相同的而这种划分把柜台交易市场和场外交易市场进行区分，导致内容有些重叠。而邹德文、张家峰和陈安军（2003）在《中国资本市场的多层次结构与创新》一书中指出，我国应该效仿美国建立一个“梯级式”的多层次资本市场。其中应该包括主板市场、创业板市场、区域性交易市场和产权交易市场。

③五层次的划分。中国证监会前主席尚福林在2007年提出五层次的多层次资本市场划分。五层次是指主板、中小企业板、创业板、代办股份转让系统和产权交易市场。通过学习美国资本市场的发展经验，王光宇（2007）也把我国的多层次资本市场分为五个层次。但这五个层次的划分依据和尚福林存在明显的不同，王光宇的五层次资本市场是指主板市场、创业板市场、现代场外交易市场、柜台交易市场和金融衍生品市场。原来划分市场时基本不考虑金融衍生品市场，而王光宇则将这个因素考虑进去，改变了原有的古板分类，将这一因素加以考虑的出发点是金融衍生品具有分散风险的作用企业运用也越来越广，因此在资本市场体系建设中应该考虑建造金融衍生品市场。

通过观察可以发现，我国与美国在多层次资本市场上十分相似，因此我们可以充分借鉴美国资本市场的发展经验来帮助构建我国的资本市场体系。当然，由于任何事物都不能生搬硬套，我国和美国在经济发展阶段上、社会环境都存在着明显的不同，因此我国的资本市场体系又有其特殊性：①作为转型经济体国家，当前我国仍然面临两个艰巨的转型任务：从以农业为主的国家转变为以工业服务业为主的国家；继续进行社会主义市场经济建设。因此，工业化主板证券市场的发展要引起我们足够的重视，在进行基本市场层次建设时则要遵循“市场化”这一基本原则。②我国各地区的经济发展水平差异较大，不同地区对于资本市场的需求也就不同。各个层次资本市场的建设应充分考虑我国国情、区情，不能搞一刀切。例如，不同地区的低层次资本市场的建设目标应当是服务当地经济，而不能是全国一个样。因此，我国多层次资本市场的建设思路是：不断扩大主板、二板等场内交易市场规模；建立和健全全国性和地区性场外交易市场，形成一个多层次无缝隙的资本市场体系，如图 3-2：

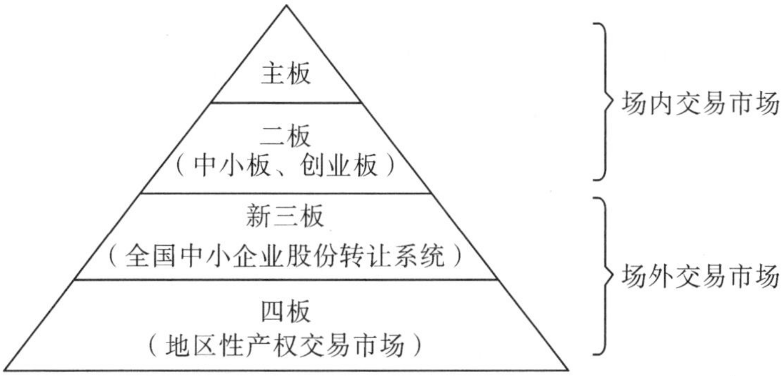

图 3-2 我国多层次资本市场体系设想

①多层次资本市场的第一个层次，是以上海证券交易所为代表的主板市场，定位于为大型和发展成熟企业提供股票发行、交易的场所，所以也叫蓝筹板。该层次资本市场设计主要是为满足大型企业融资服务，因此能够在该市场批注入市的门槛最高。②多层子资本市场的第二个层次，是以深圳证券交易所为代表的中小企业板和创业板市场，属于二板市场，主要定位于具有极高投资价值的中小企业以及高科技风险投资企业。③第三个层次，是资本市场的基础级市场，该市场属于场外市场，进入门槛相对较低，称为新三板市场。④第四个层次，主要指各地区成立的产权交易市场，也是资本市场的基础级市场，隶属于场外市场，进入门槛相对较低。我们应该留意到，上述四个层次资本市场之间虽然在管理控制上相互独立，但各层次间同样适用优胜劣汰的法则，有着升降互动机制，从而保证整个体系的健康状态。总之，我国在构建多层次资本体系进程中，可以充分学习与借鉴国外发达国家成熟资本体系建设经验，并根据我国经济发展与资本市场发展所处的环境，规范、科学地构建我国多层次资本市场体系。

3.3 文化产权交易市场在多层次资本市场体系中的功能定位

产权交易市场是中国制度的创新，它的存在是基于国有企业改制而出现的，而它的发展又伴随着包括文化产权交易在内的各种产权交易的相继出现。文化是一个国家长盛不衰的灵魂，文化产业则是国家软实力的重要体现，并已成为国民经济增长的动力点。在“十三五”规划中，我国政府再次明确提出到2020年左右，文化产业要逐步成为支撑国民经济发展的支柱型产业。近年来，为促成这一目标的实现，国家给予了大量政策支持，并明确了文化产权交易要以市场化为基础，鼓励文化产业与金融的有机结合。相应的，我国各个地方政府为鼓励支持当地文化产业发展，都纷纷建立文化产权交易所。根据文化产权交易市场的功能进行分类，文化产权交易市场是多层次资本市场体系中“非标准化、非公众”的非证券资本市场，构成了多层次资本市场体系的基础性市场平台之一。

3.3.1 解决资金短缺、融资困难的问题

近年来，随着民营经济及农村经济的快速发展，社会上普遍存在着严重资金短缺的问题，这一问题也逐渐成为制约产业快速发展的主要障碍。然而相比于其他产业而言，文化产业具有极其特殊的属性，这些特殊属性又会在一定程度上加剧文化产业的融资困难。

首先文化企业的产出品主要是由一些用于满足人们精神享受的文化创意品所构成，而这些创意品的价值主要依据于个人对它的评价，这就使得评估机构难以通过有效的手段来对这些产品的价值进行合理的衡量。同时文化企业用于满足日常生产经营的有形资产相对较少，具有轻资产、重理念，担保抵押物较少的特点。同时我国文化企业发展历史相对较为短暂，普遍是一些中小企业，而这些中小企业又有着体积规模相对较小、体制机制不健全等特点。而在我国现有以担保抵押为基础的金融体制下，文化企业融资渠道就变得相对较为狭窄，传统的银行信贷投入不足，发展中的证券市场无法满足融资条件，民间借贷及外资参与又相对较少。此外，对于一些文化项目产权而言，投资额一般相对较大，而可用于贷款抵押的固定

资产又相对较少，虽然近年来政府鼓励运用PPP模式来解决项目融资难的问题，但对文化旅游类项目而言，成效依旧不太明显。

基于以上情况，文化产权交易市场的出现恰当地弥补了现有融资体系的不足，其将文化产业与资本市场进行了有效的结合，为文化企业及文化项目提供了完善的融资渠道。大量无法满足上市条件的中小企业以及具有发展潜质但由于缺乏资金而无法实施的文化项目可以通过文化产权交易市场来解决资金短缺的问题，有效缓解我国现有资本市场体系的不足，扫清了文化产业发展的融资障碍，从而有助于发挥投资的乘数效应，使我国文化产业实现跨越式发展。

3.3.2　满足人们日益多样化的投资需求

随着我国经济的快速发展，人们的生活条件得到了根本性的改善，越来越多的人不再局限于眼前的生活消费，开始将更多的财富用于投资。然而，在当前我国发展不够成熟的资本市场体系中，人们的投资渠道相对较少，一般难以满足人们日益多样化的投资需求。而在传统文化艺术品交易中，古董、名画等文化艺术品估值一般可达千万乃至亿元。对于广大的中产阶级而言其价格显得过于昂贵，难以通过有限的收入将其单独购入，这就使得一些具有较高估值的文化艺术品只能被某个所有者独自占有。然而这些高估值的文化艺术品作为稀世珍品，具有较高的文化艺术价值，且未来增值空间巨大，社会大众无法分享文化艺术品升值所带来的财富增加。

文化产权交易市场可以有效弥补以上高估值文化艺术品交易的不足，让社会大众共同分享文化物权所带来的增长价值。与传统市场不同，文化产权交易市场通过份额化交易，将具有高估值的文化艺术品的产权进行分割（根据现有法律政策规定产权被分割份额必须限定在两百份以下），投资者通过买卖份额化的文化产权实现有序退出，从而满足人们日益多样的投资需求，共同分享文化艺术品带来的价值增加。

3.3.3　为文化产权的流通提供渠道

任何产业的发展都离不开需求者与供给者的双重作用，其中供给者进行产品生产制造，然后通过一定渠道将产品出售获取货币资金，再进行下一批产品生产制造销售环节，需求者出于消费抑或投资的目的，通过一定渠道用货币购买产品。在上述过程中，都有市场平台的存在，都需要在一定的市场机制的作用下才能进行。如果离开了市场这一交易渠道，需求者与供给者的交易将无法进行下去，从而产业的发展也将止步不前。在文化产权交易市场建立之前，文化产权只能被创造者长期持有，或者是通过偶然性交易将其进行出售。在这种情况下，文化产权无法进行流通转让，严重减弱了文化创造者的积极性，从而在一定程度上阻碍了文化产业的发展。然而文化产权交易市场的建立却可以较好地解决文化产权的流通转让问题。

在文化产权市场中，交易双方无须通过漫长的等待就可以在市场中尽快地找到产权的潜在买方或者卖方，从而可以将文化产权的偶然性交易变为常态化交易，使交易者尽快达成产权交易，进行后续的生产经营工作。因而文化产权交易市场为文化产权的流通转让提供了完善的交易渠道，在一定程度上促进了文化产业的发展。

3.3.4 促进文化知识成果转化

文化产业作为一种服务型产业，其产出物主要是用于满足人们精神世界需要的非物质产品，包括图书、动画、影视、技术专利、版权、艺术品等具有较强知识产权属性的创意成果。近年来，随着国家对文化产业的大力支持，创意文化成果开始变得日益丰富，随之带来了文化产权交易的现实性需要。首先，各类中小创业型文化企业需要资金支持、具有成长性的文化项目需要融资服务，创意成果需要交易才能得以转化。同时，古董文物的产权、演艺节目的版权、图书动画的版权、影视节目的冠名权等各类新型文化产权也需要通过交易市场这一平台来进行流通，因而各类文化知识成果的转化都在迫切呼唤着文化产权交易市场的出现。此外，文化产品从概念形成到最终实现获利一般都需要较长的开发周期，开发周期的每个环节都需要大量资金进行支持，而在整个开发过程中文化产品的创作都可以与市场进行有效结合，而且结合形式丰富多样。因此，在以上情况的综合作用下，一个具有多种产权交易功能市场的建立就显得十分必要。

此外，文化产业要想保持持续快速的发展，就必须以充足的资金为前提条件，并以活跃的市场环境为基本保障。文化产权交易市场可以充分实现文化产业与资本市场的有机结合，满足文化企业及项目发展的资金需要，为文化产权的交易提供便捷有效的流通渠道，从而能够推动文化产业的快速发展。一般而言，相关要素通过产权交易市场的专业评估和服务可以使其交易环节得到有效规范，并在不断的交易中发现其真正的价值，因而完善的文化产权交易市场可以对文化产品的价值进行科学合理的评估，规范文化产品的定价交易，使文化产品在交易中体现出价值所在。与此同时，那些真正有志于投资文化产业的投资者也可以通过文化产权交易市场发现目标投资产品。

由此看来，首先，文化产权交易市场通过将交易者聚集在一起，建立公开的信息披露制度和交易规则，可以使交易双方的信息实现集聚化、公开化、透明化，从而可以规范市场结构，提升文化产权交易的公平合理性，提升文化产权价值，使得文化产业形成规模化发展。其次，文化产权交易市场可以使先前的偶然性交易演变成一种常态化的交易，有利于制定合理的市场价格引导机制，减少市场中的交易摩擦，实现集约效应。再次，文化产权市场建立了企业与资本的对接平台，能够迅速实现资本、资产的合理流动，引导企业重组，加快资源整合过程，减少交易成本费用。

3.4 本章小结

本章在清晰界定文化产权交易市场的内涵及特征基础上，从多层次资本市场体系的角度分析了我国文化产权交易市场的功能和定位，在剖析国外多层次资本市场体系构架的基础上，通过重点介绍美国的多层次资本市场体系的特征，对其优点进行提炼，提出了如何对我国多层次资本市场体系进行构建，目的在于分析该市场下的产权转让市场的功能和定位，为后面章节研究该市场上的定价问题作铺垫。首先，我国多层次资本市场建设的思路是根据需求的差异化进行细分，以此来满足多样化市场主体的投融资需求。具体而言，应该构建包括主板市场（蓝筹板）、二板市场（中小企业板与创业板）、三板市场（新三板）、四板市场（产权交易市场）四层次的资本市场体系，形成一个多层次无缝隙的资本市场体系，且各层次间存在升降互动机制。其次，从本质上来看，文化产权交易市场最基本的功能在于其资本市场的投融资功能，产权交易市场应该在多层次资本市场体系中进行准确的定位，我们将它认为是基础性平台。然而，必须注意到文化产权市场相较于其他产权市场的特殊性和制度所造成的利益关系的复杂性，多层次市场体系构建思路与政策的制定过程必定会充满曲折。因此，在这一基础性平台下，如何创新交易机制，寻找到一条有效的产权市场创新路径，尤其是寻找到产权交易定价的创新模式与机制设计，以适应现代市场经济体系下文化资源要素合理有序流动，进而使产权市场能尽快真正地容纳到多层次资本市场体系中去，实现文化与资本的对接，是中国文化产权交易市场未来的根本出路。

第4章　文化产权交易市场的不完全性及其对产权转让定价的影响

建立文化产权交易市场的主要目的在于为文化产权的交易提供一套完善的定价机制，为文化产权的转让寻求一个较为公平合理的交易价格，从而促进文化产权的流通转让。在完全市场中，市场资源能够得到有效的分配，所有的市场交易成本为零，生产者的利润和消费者的效用实现最大化，交易双方之间没有信息隔阂，二者都能准确预测商品的价格和未来的走势。换句话说就是市场的一切信息都是公开透明的，商品的价格不受供求关系以外任何因素的影响，厂商之间完全实现自由竞争且没有垄断，整个市场是一个完美的市场。很明显，完全市场是一个理想化的状态，在实际的生产交易中难以实现，而不完全市场才是常态。不完全市场无法满足完全市场条件——市场商品同质化、商品价格完全由需求决定、市场信息完全公开的市场等。也就是说，在不完全市场中，市场上的商品品质各异，生产者对自己的产品价格有一定的控制力，各生产商之间实力存在差异，市场上存在一定程度的垄断情况。文化产权交易仍然是产权交易领域的一个新生事物，市场的主要特征表现为不完全性，因此有必要对市场不完全性的具体表现及其对交易市场的影响进行深入研究，以便能够更好地把握文化产权交易的真实情况，制定合理科学的定价机制。

4.1　文化产权交易市场的发展历程

诺贝尔经济学奖获得者科斯认为，任何交易都存在一定的成本，即交易成本，如果通过设计一种能够有效降低交易成本的体制机制，则它将有利于优化资源配置，提升经济效率。就此而言，文化产权交易市场作为政府设立的一种专业化交易平台的体制机制，主要功能在于提高文化产权交易的运行效率，实现我国文化产业的繁荣昌盛。目前为止，我国文化产权交易市场从建立至今已有近十年的发展历史，经历了如下发展历程。

4.1.1　文化产权交易市场的初步建立

随着国家对文化产业支持力度的不断增强，文化产权交易量逐步增大。2009 年 6 月 15 日我国第一家文化产权交易所经上海市人民政府批准正式挂牌成立，意味着我国第一个以文化产权为交易对象的专业化平台得以初步建立。随后，我国多个地方政府纷纷组建属于自己的文化产权交易所。2009 年 9 月 17 日，天津文化艺术品交易所经工商行政管理局注册登记正式成为我国第二家文化产权交易所。同年 11 月 16 日，经深圳市人民政府批准，我国第三家文化产权交易所——深圳文化产权交易所正式设立。自此，我国第一批三家文化产权交易所相继挂牌成立，标志着我国文化产权交易市场初步建立。

总体而言，这一时期我国文化产权交易市场无论是在交易流程机制设计上，还是在信息披露制度规范上离成熟较远，交易所设立的目的主要是为各类文化企业的股权及债权交易提供服务，同时还为一些文化物权及文化知识产权的转让流通提供相关咨询服务。此外，这一时期我国文化产权交易市场整体规模还相对较小，市场参与度不高，依然处于发展的初期。

4.1.2　文化产权交易市场的快速发展

在我国第一批文化产权交易所建立后，2010 年起全国各地区的文化产权交易所如雨后春笋般纷纷成立，呈现出“一省一所”的发展趋势，甚至有些省市出现了几家文化产权交易所并存的局面，竞争异常激烈。据不完全数据统计，在 2010 年，我国挂牌成立的文化产权交易所仅 6 家，但就 2011 年这一年设立的文化产权交易所高达 29 家，文化产权交易的平台获得了空前规模的快速发展。

在交易所数量激增的同时，文化产权份额化交易也开始逐步放大。2010 年 7 月，深圳文化产权交易所首创权益拆分的份额化交易模式，推出了我国第一个基于权益拆分模式的艺术品资产包——“深圳文化产权交易所 1 号艺术品资产包——杨培江美术作品”。随后，上海文化产权交易所推出份额化交易的“艺术品产权组合”品种。由于上海、深圳文化产权交易所发售资产包分拆数量相对较少，交易人群较为固定，对市场影响相对较为有限，并未引起人们的广泛关注。然而，进入2011年初，份额化交易进入巅峰时期。2011年1月26日，天津文化艺术品交易中心推出了两个进行份额化交易的艺术品资产包，并获得巨大成功。郑州、南京等文化产权交易所紧随其后进行份额化交易，从此文化产权交易市场步入快速发展阶段。在此形势下，各地区的份额化产品均出现普遍的暴涨暴跌现象，尤其以天津文化产权交易中心发行的资产包为典型，该交易标的在两个月之内暴涨17倍之多，泡沫化问题开始引起全社会的广泛关注。

整体而言，这一时期我国文化产权交易市场发展较为迅速，但也带来明显问题，风险隐患急剧上升，主要表现在：首先，文交所的设立批准机构较为混杂，如郑州文化艺术品交易所经河南省人民政府金融服务办公室批准设立，而陕西文化产权交易所经陕西省工商行政管理局批准设立，其中大部分文交所为资质较低的省市级文化产权交易所，且多为社会力量为投机目的所设。其次，由于注册审批部门过于随意，文化产权交易市场存在着严重的监管法律制度缺失的问题。同时，交易者投机热情极度膨胀，市场中交易乱象频现，矛盾凸显，严重危及行业健康发展以及金融秩序稳定甚至经济社会的稳定，回归市场本源的呼唤变得愈发强烈。

4.1.3 文化产权交易市场的清理整顿

份额化交易的暴涨暴跌，交易规则的朝令夕改，市场乱象层出不穷，文化产权交易市场引起了社会媒体的广泛关注。为防范金融风险的发生，化解市场交易中的突出矛盾，国务院于2011年11月发布了《关于清理整顿各类交易场所切实防范金融风险的决定》，其中明确指出文化产权不能进行相应的类股票市场的份额化交易。随后同年12月，中宣部等五部委联合发布〔2011〕49号文件，进一步对文化产权交易市场进行严格规定，其中指出原则上只允许在省一级设立文化产权交易所。2012年2月，为加快整顿清理文化产权交易市场所出现的乱象问题，中央政府有关部门召开了第一次关于清理整顿各类交易场所工作会议暨部际联席会议，指出地方政府要在中央的统一指挥下加速清理整顿各类交易场所，并明确提出清理整顿工作要在2012年6月30日前完成。

在国家政策的严明禁令之下，曾经一度喧腾的文化产权交易市场迅速降温，文化产权交易所遍地开花、交易标的价格暴涨暴跌的状况得到遏制，无序的份额化交易纷纷告一段落。由于各地文化产权交易所发展存在差异，有的刚刚创立，还有的未来得及开展业务就被迫清理整顿出局，有的则过多涉足份额化交易，碍于市场管控过严，而难以继续开展现有业务，文化产权交易市场何去何从成为一个迫切需要回答的问题。

4.1.4 文化产权交易市场的新探索

在国家的重拳监管之下，各地文化产权交易所表现不一，有的开始停止份额化交易并进行份额回购，有的则通过变换模式、修改交易规则等方式硬抗拖延继续进行份额化交易。当然，也有部分文化产权交易所进行模式创新，谋求转型升级、寻找新的盈利模式，例如湖南文化艺术品产权交易所及深圳文化产权交易所等。

湖南文化艺术品产权交易所在进行份额化交易清退和新业务模式创新的热潮中显得尤为迅速。在国务院发布《关于清理整顿各类交易场所切实防范金融风险的决定》明令禁止文化产权份额交易后，湖南文交所于 2011 年 11 月 21 日率先将其全部清退，随后把发展重心转移到助力文化产业服务上来。该所通过对文化产权的研究，将自身定位为文化企业、文化项目与社会资本对接的平台，建立起了文化企业股权、文化项目产权、文化消费品实物产权、艺术品共有产权等九大业务模式。2012 年 1 月，湖南文化艺术品产权交易所结合当地特色旅游资源率先推出了文化企业（项目）共有权益板块的第一个项目——“张家界《魅力湘西》门票收益权”。2012 年 5 月，又正式推出首个文化消费品实物产权交易项目，标志着湖南文化艺术品产权交易所在文化项目产权的交易上迈出了新步伐。

此外，作为国家级文化产权交易市场的深圳文化产权交易所始终坚持为文化产业的发展服务，始终坚持文化产权交易模式的创新，始终立足于将我国文化产业做大做强的理念，从而成为当前我国文化产权交易市场中的一股清流。其利用地处深圳区位优势及地域资源，积极对接市场资本，借鉴新三板、地方四板股权转让经验，将自身打造成为对接深圳证券交易所的文化四板市场，从而更好地服务于中小文化企业融资。此外，深圳文化产权交易所利用已有相关文化企业运营经验，积极对文化中小企业进行产业咨询辅导，设立上市公司转板机制，鼓励市场并购，从而可以更好地让我国文化企业走向国际化的发展道路，实现我国文化产业的振兴。

4.2 文化产权交易市场不完全性的具体表现①

4.2.1 交易信息不完全

信息的完全性及对称性决定了市场交易的公平性，在理想情况下，一般假设交易双方之间的信息是完全且对称的。然而在分析现实的经济问题时，交易者之间经常会由于一些客观原因而出现交易信息不完全或不对称的问题，交易信息在交易者之间存在不同程度的不完全。

所谓交易信息的不完全是指经济活动主体在进行市场交易过程中不能充分地了解所需要的所有信息。导致这一问题的原因是多方面的，首先，人们的认知能力是有限的，不可能知道在任何时候、任何地方发生的或即将发生的所有情况；其次，人们在获取信息的过程中存在着一定的成本，当成本超过人们所能接受的范围时，人们通常会选择放弃掌握信息；再次，人们的机会主义倾向也是导致信息不完全的重要因素。在文化产权交易市场上，由于不同的文化产权有其各自不同的特征属性，从而使得在文化产权的交易过程中经常会在交易者之间出现信息不完全的问题，以下展开具体分析。

4.2.1.1 文化企业股权交易信息的不完全

一般而言，文化企业股权的价值由企业未来的经营利润所决定，而企业未来的经营利润状况则通常取决于整个社会未来的经济发展水平、企业生产经营相关产业的发展状况、企业管理人员的运营管理能力等各种因素。这些因素都与未来相关，也就使得交易者无法获取企业在未来生产经营利润的明确信息，而只能通过对当前已知信息的判断来评估文化企业股权的价值，包括当前行业发展状况、企业的经营业绩、管理人员能力等信息。然而在信息评判的过程中，由于个人的生活阅历、文化修养等各种原因，交易者自身的认知水平也存在着一定的局限性，不可能了解整个行业的发展水平、企业经营状况等所有信息。因而在文化企业股权交易过程中，经

① 熊广勤，闫永亮．文化产权交易市场的不完全性及其对产权转让定价的影响研究［J］．当代经济，2018（12）：59-61.

常会由于产权本身属性及交易者的自身原因而导致信息不完全的问题，从而带来交易定价的影响。

4.2.1.2 文化物权交易信息的不完全

在文化物权交易中，转让方、鉴定评估方以及受让方共同决定了文化物权的交易价格。不同于其他文化产权，更不同于一般商品，文化物权拥有其独特的艺术性和历史性，文化物权的价值也主要取决于这些特性。然而，这些特性具有较强的难以认知性，如文物的艺术性，很难通过科技及其他手段来进行具体判断，只能通过人为观察来进行评估。同时，交易者的自身认知水平也存在局限性，对文物的历史性及艺术性的评估缺乏相关经验，如文物的年代越久远，文物的价值也就会越高，但对于文物的具体年代，交易者很难通过已有手段进行评估判断，其所包含的艺术性也较难具体确定。在以上两种因素的共同作用下就会使得交易者无法全面地了解文化物权的所有信息，进而无法公正合理地对文化物权作出客观评价，从而在文化物权的交易中出现信息不完全的问题。

4.2.1.3 文化知识产权交易信息的不完全

与文化物权一样，文化知识产权的交易价格也主要取决于转让方、鉴定评估方以及受让方的评估判断。所不同的是，文化知识产权的价值取决于受让方将来运用文化知识产权所能带来的效益，如广告权，交易者根据广告在实际投放中所带来的产品销量来判断广告权的价值。但是未来存在不确定性，交易者无法依据现有的状况来准确地判断未来的所有情况。同时，交易者自身认知能力有限，无法准确认知文化知识产权的所有价值，从而无法掌握交易中的所有信息，使得在文化知识产权的交易中经常出现信息不完全的问题。

4.2.1.4 文化项目产权交易信息的不完全

文化项目在前期的方案设计、中期的开发建设、后期的运营管理等与未来经营利润有关的各环节中都充满了不确定性。而交易者作为理性的经济人，其只能通过收集涉及文化项目的有关信息来对文化项目的未来经营状况进行判断。在此情况下，文化项目在整个开发建设流程中本身已经存在着严重的信息不完整的问题，而在对相关信息进行采集时，交易者由于生活阅历、知识背景等各方面原因，可能无法收集有关文化项目产权的所有信息，同时也会存在无法对涉及文化项目价值的所有信息进行合理判断的情形。在以上几种情形的综合作用下，文化项目产权交易就会出现信息不完全的问题。

4.2.2 交易信息不对称

与交易信息不完全相对应，交易信息的不对称是指经济交易双方对有关交易活动信息了解和掌握的程度存在一定的差距。导致这一问题出现的主要原因在于交易双方有不同的利益诉求，交易者通常出于自身利益最大化的考虑，可能会隐瞒一些不利于自己的相关信息。在文化产权交易过程中，转让方与受让方存在着不同的利益诉求，转让方希望获取更多的收益来实现其利益最大化，而受让方则希望提供较少的资金，这就使得在文化产权交易中，交易双方会故意隐瞒不利于自己的信息，从而出现交易信息不对称的问题，具体展开如下。

4.2.2.1 文化企业股权交易信息的不对称

在文化企业股权的交易过程中，企业股权的价值通常取决于企业在未来的发展及收益状况。然而未来是无法预知的，交易者只能通过相关历史信息及企业当前的状况来进行预测，从而进行文化企业股权的价值评估，进而判断是否值得投资。在获取相关历史信息及企业当前发展状况的信息时，融资者出于获取更多资金的目的，通常会故意隐瞒不利于本企业的相关信息，使得投资者对企业做出较高的估值。同时，投资者也会根据自己的认知对文化企业做出一个客观的判断，但为了自身利益的最大化，其也不会主动向融资者交代自己所掌握的所有信息。但总体而言，在这一交易过程中融资者相较于投资者拥有更多关于企业的历史信息及企业当前发展状况的信息，使得交易者之间存在着一定的信息不对称。

4.2.2.2 文化物权交易信息的不对称

在文化物权交易中，先由鉴定评估方评估文化物权的价值，在此基础上转让方以及受让方共同商定文化物权的交易价格。在此过程中，转让方对其所转让的文化物权有较为清楚的认识，而受让方所能获取关于文化物权的信息主要来源于转让方以及鉴定评估方。由于交易者之间利益的诉求不同，转让方不可能向受让方传递不利于自己的信息，同时当鉴定评估方收取的信息费用超过转让方所能接受的范围时，受让方便放弃接受鉴定评估方所提供的有价信息，从而转让方拥有比受让方更多的信息，使得交易者之间存在着一定的信息不对称性。

4.2.2.3 文化知识产权交易信息的不对称

作为一种价值难以认定的文化产权，文化知识产权的转让方一般掌握着关于文化知识产权的独特信息，同样受让方也会有自己的判断，但交易者之间的利益依然存在着不一致性，二者之间不会相互告诉各自所掌握的全部信息，从而使交易者之间出现信息不对称。

4.2.2.4 文化项目产权交易信息的不对称

在文化项目产权交易中，评估方对文化项目产权的价值做出判断，转让方和受让方共同商定成交价格。在评估方进行价值评估时，转让方会故意隐瞒那些无法观察而又不利于自己的信息，使得评估者对文化项目产权做出较高的评价。同时转让方也会向受让方提供有利于自己的信息，隐瞒那些不利于自身的信息，使得受让方对文化项目产权做出较高的评价，从而以较高的价格来达成交易。

4.2.3 交易中的非价格因素

我们以文化版权、文化艺术品产权以及文化企业国有产权为例①，分析交易过程中存在的非价格因素及其对产权交易权定价的影响。

4.2.3.1 文化版权转让中的非价格因素

例如，对于图书版权的转让，按照一般的图书版权交易合同，出版商通过支付对价来获得图书出版权利，但这并不意味着该出版社拥有该图书出版中的所有权利。版权所有者都会从利益最大化的角度出发，在合同中设立一些涉及其他权利的条款，例如版权的转让期限、买方的实力、买方对图书版权的未来经营规划以及购买者是否拥有该版权的翻译权和地区版权等，如果出版商通过合同交易获得了一项作品的全球版权，该出版商就拥有出售翻译权的权利。同样，对于影视版权的转让也存在非价格因素。影视版权包括影院的播放权、电视播放权、周边产品的开发权、角色版权、游戏产品开发权等，影响影视版权交易的非价格因素主要是买家的未来版权使用计划。如果买家在拿到全部版权之后只想着在影院播放电影来赚取收益就显得太过呆板。不同的版权方根据不同的经营策略选择不同的版权交易模式，不同的版权购买方也会根据自身特点来购买影视版权。大公司一般都希望获得影视版权中的所有权利，因此都会对好的影视版权进行买

---

① 根据现有的归类，从文化产权的属性来看，文化产权主要包含文化知识产权、文化物权以及文化股权，而从交易的实践来看，我们分析的文化版权、文化艺术品产权以及文化企业国有产权分别属于上述三类产权的最重要组成部分，因此研究具有一定的代表性。

断。拥有所有权利的公司可以更好地进行销售布局，例如在影院播放的时候推广其周边。小公司因为资金和自身所处行业的限制，一般不会购买全部的影视版权，只会购买与自己所处行业有关的版权。因此，非价格因素产生作用，卖家会关注买家的未来计划并与自身的未来计划进行比较，譬如卖家本意只想出售部分影视版权，留下部分版权自己使用，这个意向对于那些想购买全部版权的大公司来说是不利的。这种设定会产生两种结果，一种是大公司不参与交易，只留下那些只想购买部分版权的公司参与交易；另一种结果是大公司与版权所有者进行谈判，大公司支付足够高的价格来打动版权所有者并最终获得版权。

事实上，在版权的实践交易案例中，版权转让过程中确实含有除转让期限约束外的其他非价格因素，而这些非价格因素都可能影响版权的转让结果，因此实践中通过拍卖机制设计如何兼顾其他非价格因素成为难点。版权交易的供给方是各大版权公司，版权的特殊性和在不同地区的法律保护程度直接决定了它的供给方式。不管是限制性权利版权授予还是全部版权授予，按照一般的经济学理论，版权所有者在售卖版权时的动机只是利润的最大化，但其实版权售价的价格因素只是整个版权交易中的一部分。一个典型的案例是，在 2018 年 5 月 9 日，UFC（终极冠军格斗赛）与 Disney（迪士尼）、ESPN（娱乐与体育节目电视网）签订版权协议，Disney 与 ESPN 将以 7.5 亿美金的价格买下从 2019 年 1 月至 2024 年 12 月的 UFC 电视版权，即每年的版权价格约 1.5 亿美元。但 UFC 的老合作伙伴 Fox（福克斯）在这一轮的合作报价是每年 4.2 亿~4.5 亿美元。通过对比 Fox 的报价与 Disney 的最终成交价格，可以发现价格明显偏低。由此看来，在这一典型的版权转让中，交易价格不是决定版权交易的唯一因素，非价格因素在这场版权交易中发挥着十分重要的因素。UFC 在版权方面主要的收入来自 PPV（付费电视）和电视直播版权。PPV 采取的是单场收费的方式，焦点赛事的购买量表现不错，但那些普通赛事的购买量则十分惨淡，因此 PPV 的收入对于 UFC 极不稳定。相对 PPV，版权给 UFC 带来的收益则比较稳定，但 UFC 在经历爆发期后，电视收视率从趋势上看也并不乐观，2017 年福克斯体育一台直播 UFC 格斗之夜赛事的观众平均人数为 79.5 万人，比 2016 年下降了 17%，衍生节目收视平均人数为 208 万人，下降达 31%。面对这一境况，UFC 不得已放弃了更高的电视版权出价而选择出价低的 Disney 签约。这主要是基于 Disney 极强的内容变现能力和极宽的推广渠道，也就是非价格因素中的买家因素。而对于 Disney 公司，其购买 UFC 的媒体版权主要与该公司目前的运营状况密切相关，当前各种数字媒体开始涉足体育赛事，作为 Disney 子公司的 ESPN 的传统电视直播业务受到了不小的冲击，Disney 因此战略性创立网络直播平台 ESPN+，而签订 UFC 版权合同就是 ESPN+成立以来的第一项签约版权。也就是说，拿下 UFC 版权是 Disney 公司战略选择的结果。从这个案例我们可以看出，版权转让过程中遵循的不仅仅是简单的价高者得原则，诸如买方综合实力、对版权未来的规划、转让期限等非价格因素也是一个重要因素。

4.2.3.2 文化艺术品产权交易过程中的非价格因素主要来自于锚定效应、信息不对称、买家因素等

锚定效应刻画的是艺术品买家在对艺术品进行估价时的心理现象，如果艺术品在交易前存在着交易记录，买家会参考原交易价格进行估值；如果该艺术品不存在交易记录，买家则会参考类似艺术品的交易价格。从理性人的视角来看，已存在的交易价格并不构成艺术品价值中的一部分，时间、创作者声望、创作水平等因素才是艺术品价值的真正组成部分。在一个不成熟的交易市场中，锚定效应的影响是十分显著的，买家对艺术品价值的判断更多地是通过自己的心理预期而不是考虑现实因素的影响；而在一个成熟的市场中，重复议价的存在可以大大消除锚定效应，使价格趋于理性。此外，艺术品相较于其他商品的独创性和唯一性，交易的频率也较低，所以艺术品在交易尤其是拍卖交易中特别容易出现信息不对称的情况。卖家掌握了有关艺术品的全部信息，而买家只能通过中间商或是其他渠道去了解艺术品信息。对于一件艺术品，当卖家知道有一位特定买家总愿意多花费比其他买家更高的成本买下它时，卖家就会很容易使用竞价合谋这一策略。即卖家安排一名内部人员也参与竞拍，内部人员在每轮交易竞价时出价都比特定买家高一点，直到达到卖家心中的预估价格并让特定买家交易成功。

此外，文化艺术品产权交易，特别是高档艺术品交易市场，买家因素也是影响艺术品交易最终价格的重要非价格因素。通过艺术品所有权的转移，卖家获得了对价，买家获得了艺术品，而这一切的前提是交易能够成功。虽然在交易中一方单方面毁约都会向对手方支付一定的惩罚金，但这只是对履约方的一种补偿而已，履约方的原始目的并未达成。因此在艺术品交易中，卖家也会去关心买家因素。当一位买家知道自身的优质性时，也会在艺术品购买中使用这一特性。当一位优质买家出现在竞价过程中时，优质买家的出价可能不会是最高的，虽然优质买家提出的报价不是所有买家中最高的，但是为了降低风险，让交易更好地完成，卖家或许会选择优质买家进行交易，这说明非价格因素对文化产权的交易结果会产生重要

影响。

4.2.3.3 文化企业国有产权交易中的非价格因素

无论是理论研究还是实证研究都显示，国有产权的交易都不会仅仅考虑价格因素。汪海、张卫东（2008）的研究表明，政府在进行国企产权交易时除了要追求高的转让价格外，还要考虑诸如原有企业职工的妥善安置或给予一定的经济补偿，关注文化企业品牌、地方政府长远发展规划等非价格因素。如果产权的受让方不能提供妥善安置原有文化企业的职工，或给予合理的经济补偿，或对企业未来的发展规划与政府格格不入，那么，即使出价高一些，对政府来说也是一种损失，此时政府不得不花精力和金钱来安置职工，并承担未来税收减少和地方产业发展受阻的损失。基于此，价格因素并不是文化企业出让国有产权的唯一因素。

需要强调的是，我们在这讨论文化产权交易中的非价格因素，并不是想否定价格因素对于文化产权的重要性。相反，我们非常关注价格因素在文化产权交易中的核心作用，只是强调在发现文化产权交易价格的同时，还要顾及交易中的其他非价格因素等客观事实，保护各类交易主体的合法权益。

4.2.4 交易主体的不完全性

我国文化产权交易市场的交易主体主要由四方构成：文化产权交易所、文化产权买卖双方、文化产权经纪机构以及文化产权评估机构和法律咨询机构等组成的中介服务机构，成熟的文化产权交易市场应该是在四个主体共同参与、相互作用下进行的。文化产权交易所是文化产权托管、挂牌、上市和交易的场所，同时也是向投资者展示文化产权的平台，连接资本与艺术的桥梁，文化产权交易所为文化产权交易的发生提供了更多的机会。转让方和受让方是文化产权交易过程中最重要的两个主体，交易中的一切活动都是围绕双方展开的，只有交易双方就文化产权的质量、价格达成一致时，文化产权交易才能顺利进行。中介机构对推动文化产权交易也有积极的影响，中介机构提供的鉴定、评估、咨询等服务，能让市场信息更加公开透明，降低文化产权的交易风险，帮助交易双方更清楚地认识到文化产权的品质与价值。每个主体在交易中各司其职、各尽所能时，文化产权交易就能圆满完成，交易频率越来越高，市场越来越繁荣。

我国文化产权交易市场的不完全性，其中一个表现就是交易主体不完全。当下，我国文化产权交易所自身的功能没有得到充分的发挥，部分文交所没有积极地开展工作，交易平台上的文化产权少之又少，成交数量也屈指可数，一些文化产权交易所甚至沦为一个展示文化产权的“柜台”；有的文交所采用的交易方式不合理，风险防范机制又不够健全，导致文化产权的价格被炒得过高，吸引投资者进行交易的不是文化产权的价值，而是高额的利润，最终泡沫破碎，大多数投资人出现亏损，从此以后文化产权交易所的交易数量一落千丈。

除了文化产权交易所外，另一个市场主体中介机构也没有起到很好的辅助作用。一方面，文化产权交易市场内的中介服务机构数量不足，即使有中介服务机构，其专业性和权威性并不高，提供金融、法律、保险、财务等服务的中介工作人员在文化产权方面的知识水平有限。因此，在处理与文化产权交易相关的问题时，不能直接照搬照抄之前的经验和模式，大部分中介服务机构能为交易双方提供的帮助十分有限。另一方面，人们并没有形成中介服务机构也是文化产权交易市场的主体之一的观念，许多个体投资人在进行文化产权交易前根本没有找中介服务机构进行咨询的意识，甚至完全不知道还有中介机构的存在，只凭自己的个人经验对文化产权进行鉴定和评估，这难免会因为自身经验不足而错误估计了文化产权的价格，最终发生损失。因此，文化产权交易市场的主体不完全性是导致不完全市场的另一原因。

4.3　文化产权交易市场不完全性对产权转让定价的影响

通常情况下，交易市场在创立之初，市场规模相对小，随着后续市场交易体制的逐步完善、交易产品的日益丰富、市场参与者数量的逐步增多，交易市场的规模便开始逐步扩大，但交易市场的不完全性问题也逐步暴露出来。信息经济学的研究表明，交易市场的不完全性会带来诸多问题，例如委托代理问题、垄断、道德风险以及逆向选择等。若长期如此，则将引发交易市场的萎缩。当前我国文化产权交易市场已初具规模，但交易结构尚不合理，体制机制还不完善，交易市场中经常会出现不完全性，具体表现为前文指出的信息不对称、信息不完全、交易主体数量过少以及交易者之间的串谋等，这些特征会对文化产权交易市场的运行过程和结果带来重要影响。

4.3.1 市场定价机制的失灵以及交易过程中的投机与价格操纵行为①

自2009年6月15日上海成立我国首家文化产权交易所以来，各地区交易所如雨后春笋般出现。与此同时，由于相关管理制度的缺失，产生形形色色的运行不规范、权力寻租行为、拆细交易等，致使投机行为趁机而入(廖继胜、刘志虹，2016)。由此，交易市场的违规炒作、价格操纵等违规事件频现，甚至出现交易标的出让人直接参与买卖，交易所管理人员侵吞客户资金，与产权拍卖行合谋哄抬交易价格，造成价格的激烈波动，投资者面临巨大的风险。无论是文化产权交易市场早期艺术品份额化的狂热，还是近年来“邮币卡”等业务疯狂，都是与市场的不完全密切关联的。市场不完全性导致交易环节出现价格操纵与投机行为，不利于文化产权交易标的真实价值的发现，危及行业健康发展以及金融稳定，直接导致了各类型清理整顿政策性文件的出台，以及随后市场的低迷。

价格作为反映市场运行效率的关键指标，它的公平合理性决定了市场的未来发展方向。但市场定价机制是否合理，在很大程度上取决于交易的市场化程度。在当前文化产权交易市场不完全性下，市场参与者之间普遍存在着信息不对称及信息不完全的问题，同时参与者之间的串通合谋行为也时有发生，交易市场化远没有达到成熟水平。从这一角度来说，文化产权交易市场的不完全性必将引起定价机制的失灵。在完全竞争性市场下，公平合理的市场要求交易者必须是理性的经济人，其中消费者以自身效用最大化为首要目标，生产者以获取利润最大化为前提条件；同时要求市场中的交易双方必须对交易信息有完全且完整的掌握，不存在向对方隐瞒信息的情况发生。此外，交易市场中参与者的数量必须足够多，不存在市场垄断、市场寡头等情形。然而，在文化产权交易市场中有时会出现交易者作为产权代理人，可能不是以产权所有者的利益最大化为首要目标，而是为了获取自身利益的最大化。在这一情形下，就会出现买卖双方的串通合谋。其次，产权交易双方经常会隐瞒一些对自己不利的信息，同时也会存在对产权交易信息了解不够充分的情况发生。同时，文化产权一般都是独一无二的，其拥有者一般也只属于单独个人所有，这会使在产权交易市场中经常出现交易垄断的情形。因而在现有情形下，我国文化产权交易市场无法满足由市场公平合理定价的前提条件，同时市场监管者又没有设计出

---

① 有关文化产权交易中的投机和价格操纵行为，第5章还将作更为系统深入的分析。

一套公平合理的定价机制，这会使文化产权的市场交易价格无法反映文化产权的真实合理价值，出现市场定价机制失灵的情形。

4.3.2 逆向选择与交易的非均衡价格

在文化产权交易市场中，文化产权的价值主要是通过其未来所能带来的价值增值得以体现，然而未来是难以预知的，交易者的认识能力也是有限的，同时在信息搜寻中也存在着较高的成本。此外，交易双方的目的都是为了获取自身利益的最大化，在这一过程中，卖方对信息掌握相对较多，但为了提高自身利益，其可能不愿意向买方透漏一些不利于自身的信息，因此在文化产权交易市场中就会出现卖方对产权的了解程度远高于买者的信息不对称情形。

然而有的卖方对信息的隐瞒程度相对较低，买方基本可以根据已提供的信息对文化产权的价值做出真实的判断。有的卖方对产权的信息隐瞒相对较多，买方无法通过已提供的信息及自身所掌握的信息对文化产权的价值做出合理的评价，通常会出现对文化产权做出较高的价值判断的情形。在这种情况下，买方无法对整体产权市场做出公平合理的判断。为了实现自身利益的最大化，买方一般会根据市场平均价格进行交易，这就使得买方所得到的文化产权不如原来的预期。为了挽回之前的损失，买方在后续交易中就会进一步降低愿意支付的价格，而得到质量更差的产品。如此反复下去，优质的文化产权将逐步淘汰出市场，留下的都是较次的文化产权，这就是典型的逆向选择问题。因此，信息不对称还表现为文化产权的出让方无法真实观察到潜在受让方对交易对象的真实估价。在交易实践中，由于文化产权的特殊性（如古董、艺术品等），交易对象往往可能面临的是少数潜在受让方，参与竞价者非常有限，这些有限的潜在受让方还可能相互串谋进行围标，从而产生一个可能的交易低价。卖方为了防止此情况的再次发生，也会选择退出交易市场。如此一来，信息不完全的直接后果是阻碍互惠的交易发生。

4.3.3 道德风险频现

所谓道德风险是指在交易双方存在分歧利益，且二者之间出现信息不对称的情况下，交易者在诉求自身利益最大化的过程中做出了一些有损于交易对方的行为。作为一种交易者之间的零和博弈，道德风险常见于保险市场。在文化企业的股权、文化版权等的转让中，文化产权的价值主要依赖于文化产权卖方后续的经营管理状况。因而在此过程中，信息不对称主要表现为文化产权的买方无法观察到卖方在达成交易后的努力状况，从而使得卖方可能不遵从其在达成交易时向买方所做出的承诺，并最终损害买方的利益，出现道德风险。

此外，在我国文化产权交易市场中，文化产权的买卖一般都要先经过中介机构评估确定产权的市场价值后，再由交易双方在评估价值的基础上通过招投标定价、集中竞价或协商定价等方式来确定最终的成交价格。在这一过程中，评估机构出具的产权价值评估报告就显得极其重要。然而目前我国文化产权交易市场尚未建立完善的评估体系，评估机构一般是由交易者根据自身需要从市场中直接聘请而来，缺乏双方认可的标准。此外，由于文化产权的评估存在一定的成本，同时其真正的市场价值又难以通过简单的手段来进行辨认。在此情况下，就会出现交易者与评估机构信息不对称的问题，评估机构可能为了自身利益的最大化而不按交易者的要求对文化产权进行真实评估，从而有损交易者的利益，出现道德风险问题。

4.3.4 造成市场垄断

所谓市场垄断，是指市场中只有唯一的买者或卖者，而这唯一的买者或卖者为了获取自身利益的最大化而通过产品的独占性优势来故意操控交易价格，损害其他交易主体的合法权益的情形。在当前我国文化产权交易市场中，文化产权一般都是独一无二的，没有其他产权可以进行替代，同时由于先天资源分布的不合理等原因，大部分的产权在交易之前只归属于单一主体所有，这就使得产权所有者在交易中对交易价格拥有绝对的话语权，从而也可能出现卖方垄断市场。此外，由于个人认知能力的有限性及部分文化产权用途的单一性，文化产权的持有价值只能通过转让溢价得以体现，如只有那些对该交易标的文化产权具有浓厚、特别兴趣的买方，才能品味一副传世画作，而传世画作的拥有者也只能通过将其出售来获取转让溢价收入。同时政府为规范文化产业发展，规定部分文化产权只能被少数特定的交易者持有。在以上两种情形的共同作用下，文化产权交易市场中就会出现由于买方数量过少而引起的买方市场垄断。根据经济学相关原理，无论是卖方垄断，还是买方垄断都会在一定程度上造成市场交易机制失灵，扭曲交易价格，损害对方交易者利益。而文化产权作为一种满足人们精神需要或投资的非必需品，若市场长期如此，利益亏损方将会退出交易市场，从而引发文化产权交易市场的萎缩。

4.3.5 引起产权买卖纠纷

卖方作为达成交易前产权的所有者，一般会比买方掌握更多涉及产权价值的信息。但在文化产权交易过程中，卖方为了实现自身利益的最大化，可能会向买方保留一些促进交易能够顺利达成但严重影响买方对产权价值进行判断的关键信息，同时买方无法通过其他渠道来获取这些关键信息，从而出现信息不对称的情形。但与其他交易不同，买方在达成交易后可以通过已获产权的相关历史资料来对文化产权的价值进行重新评估。如在文化企业股权交易中，买方作为潜在股东，对交易的企业当前状况了解不够深入，但当买方成为企业的真实股东后，就可以通过查阅企业最近的财务状况、实地查看企业的生产经营状况来对企业进行重新评判。在此情况下，买方就会认为主要是由于卖方隐瞒了产权交易的关键信息，才使得自己对产权的真实价值进行了错判。为了挽回之前的交易损失，文化产权买方可能要求产权卖方收回产权或者提供一些补偿，而卖方为了自己的利益会拒绝这一请求。在此情况下，文化产权交易市场中就会出现由于信息不对称等原因所造成的产权买卖纠纷。

4.4 本章小结

健全的交易市场是文化产权转让过程与结果公平性的重要保障。然而，文化产权交易仍然是产权交易领域的一个新生事物，市场的主要特征表现为不完全性。本章基于我国文化产权交易市场的构建初期、快速发展期以及清理整顿和新探索期等发展历程，把握文化产权交易市场的发展状况、特征及可能存在的症结。在此基础上，重点围绕文化产权交易市场不完全性的具体表现及其对交易市场的具体影响进行深入剖析，以便能够更好地把握文化产权交易的真实情况，为后文构建科学合理的定价机制作好铺垫。事实上，我国文化产权交易的特殊性体现在以下三方面：一是卖者独一无二，每个交易对象都是一个独特的标的，但可能面临少数或多个潜在买者；二是交易者可能串谋，尤其是卖者、经营管理者和买者可能相互串谋，这与一般串谋不同；三是信息不完全且不对称。这些特殊性会对文化产权交易结果产生重要影响。

对于文化产权交易而言，交易市场的不完全具体表现为交易信息的不完全、交易信息的不对称、交易中的非价格因素以及交易主体的不完全性四个方面，这些特征会对文化产权交易市场的运行过程和交易结果带来重要影响。首先，交易市场不完全性的一个直接后果是市场定价机制的失灵以及交易过程中的投机与价格操纵行为；其次，信息不对称的后果是造成逆向选择与交易的非均衡价格，互惠的交易难以达成；再次，交易主体的不完全会滋生交易主体的串谋合谋行为，从而带来交易效率的不足与交易定价的扭曲，降低了产权转让的效率；最后，文化产权交易市场的不完全性还可能造成市场垄断以及产权买卖纠纷，阻碍互利交易的发生。

第5章　文化产权交易的投机与价格操纵行为

前面章节我们从文化产权交易的特殊性出发，详细阐述了我国文化产权交易市场不完全性的具体表现形式及其对产权转让定价的影响，论证了建立健全文化产权交易市场对于构建一个科学合理的定价机制重要性。本章进一步通过对文化产权交易各环节进行广泛调研，客观地把握交易中出现的种种问题，围绕实践中典型类型文化产权交易出现的投机与价格操纵问题，揭示其深层次原因，与前面章节共同构成了我国文化产权交易定价机制设计的现实基础。

5.1　文化产权交易投机与价格操纵行为出现的背景

随着我国社会发展与经济结构的不断变化，推动文化产业的发展成为我国经济发展过程的题中之义。为了推动文化产业投融资体制改革，加快文化产业与资本对接，从而促进文化产业的发展，文化产权交易所应运而生。2009年我国第一家文化产权交易所在上海正式成立。2011年10月18日，中国共产党第十七届中央委员会第六次全体会议审议并通过了《中共中央关于深化文化体制改革，推动社会主义文化大发展大繁荣若干重大问题的决定》，其中对文化体制改革做出了具体的部署，明确提出要构建科学的现代文化市场体系，促进文化产品和要素的合理流动。第一次将文化市场体系建设上升到国家战略的高度，并提供了一系列的优惠政策。在政策的支持与鼓励下，各地纷纷响应，文化产权交易所如雨后春笋般在各地涌现。设立文化产权交易所作为一项重要的制度创新，在一定程度上弥补了原有文化市场体系的不足。经过多年的发展，文化产权交易所在促进文化产品和要素的流动、实现资源优化配置等方面发挥一定的作用，提高了文化产权交易的效率。

由此看来，为了寻找正确的交易价格，理论上人们对资产评估方法进行了较多研究，希望在科学评估的基础上确定正确的交易价格；实践上我国各地区都建立了文化产权交易所，希望通过这一交易平台实现文化产权的定价与交易。但近十年来文化产权交易市场出现的种种问题（如价格激烈波动、投机与价格操纵等）和积累的风险及随后国家多次有关清理整顿通知的颁布表明，这一问题还远未解决。具体而言：①《国务院关于清理整顿各类交易场所切实防范金融风险的决定》（国发〔2011〕38 号）的颁布。在文化产权市场的发展初期（2009—2011 年），由于市场机制特别是合理定价机制的缺失，市场运行遭受极大的挑战，各地文化产权交易所推出的艺术品份额化交易模式更是将市场机制的缺陷暴露无遗。在艺术品份额化交易的过程中，价格出现人为的操纵，以至于市场出现暴涨暴跌的现象，从而使得众多投资者损失惨重。为此，政府开始采用行政手段对市场进行干预，国务院颁布《国务院关于清理整顿各类交易场所切实防范金融风险的决定》（国发〔2011〕38 号）对市场进行清理整顿，全国各地关闭了 200 多家各类交易所。②《清理整顿各类交易场所部际联席会议第三次会议纪要》（清整联办〔2017〕30 号）以及《邮币卡类交易场所清理整顿工作专题会议纪要》（清整联办〔2017〕49 号）等文件的颁布。近年来（2013—2017 年），邮币卡业务受到市场的追捧与炒作，与艺术品份额化交易一样，出现了投机和价格操纵等现象，风险不断暴露。为了防范金融风险，监管部门不得不再次祭出整顿的大旗，动用行政手段对市场强力整治，对开展邮币卡业务展开清理。

可以看出，无论从早期的艺术品份额化投机，还是近年来的邮币卡业务爆炒，文化产权交易过程中无不暴露出各种投机与价格操纵现象，带来了极大的负面影响。这反映了我国文化产权交易所在促进文化产品与要素的流动等方面并没有发挥应有的作用，脱离了支持文化产业发展的初衷。在《国务院关于清理整顿各类交易场所切实防范金融风险的决定》（国发〔2011〕38 号）、《国务院关于清理整顿各类交易场所的实施意见》（国发〔2012〕37 号）、《关于开展各类交易场所现场检查的通知》（清整联办国发〔2014〕38 号）、《国务院关于清理整顿各类交易场所部际联席会议第三次会议纪要》（清整联办〔2017〕30 号）等一系列文件颁布后，却依然出现与艺术品份额化类似的邮币卡电子盘投机。由此可见，仅仅依靠行政手段来制止文化产权交易过程中投机与价格操纵行为还不够，有必要全面客观地剖析实践中出现的这一问题，探究过度投机与价格操纵等行为及背后深层次的原因，在此基础上提出相应建议与举措，对文化产权交易市场健康发展会更加有效。

5.2 文化产权交易市场投机与价格操纵行为现状

近年来，我国文化产权交易市场的运行与发展极其不平稳，突出表现为交易环节存在的价格操纵与投机现象。无论是早期艺术品份额化交易的狂热，还是近年来邮币卡等业务的疯狂炒作，都给市场带来了巨大冲击，极大地加剧了市场的波动，投资者遭受了重大损失。事实上，我国文化产权交易过程中的投机与价格操纵行为等问题一直饱受争议，文化产权交易市场陷入了“投机—整顿—投机—再整顿”的怪圈，这不利于构建一个健全的文化产权交易市场及该市场下的定价机制。艺术品份额化交易与邮币卡电子盘交易是我国文化产权交易市场的典型交易模式，而且根据我们对全国主要产权交易所的调研发现①，艺术品份额化交易与邮币卡电子盘交易是文化产权交易市场投机与价格操纵行为的重灾区，政府出台的整顿清理也主要源于该两种市场的交易，因此本节分析主要集中在这两种交易的市场行为。

5.2.1 文交所份额制交易模式下乱象频发

目前我国文化产权交易所的交易模式主要有两种：一种是提供专业化综合性服务平台的交易模式，在该文交所中可以进行文化产权交易业务、文化产业投融资业务、培育文化公司业务和文化产权登记托管业务等各项与文化产业相关的业务，这种模式又叫作产权制交易模式，它的典型代表是我国第一家文交所——上海文化产权交易所。第二种是上市发行艺术品份额平台的交易模式，该模式也称为份额制交易模式，典型代表是天津文化产权交易所。

上海文化产权交易所成立的时间较长，是全国规模最大的文交所，总

---

① 我们的调研主要涵盖上海文化产权交易所、深圳文化产权交易所、天津文化产权交易所、天津文化艺术品交易中心、华中文化产权交易所、郑州文化艺术品交易所、江苏文化产权交易所、南京文化艺术品产权交易所8家文交所或中心。

的来说其采用的交易制度是比较成熟的。产权交易模式的最大特点在于它是文化产权产品的完全交易，也就是说参与市场交易的是文化产权的实物，不是文化产权的证券化。在上海文交所进行上市挂牌交易的文化产权是被当作一种准金融产品出售的，投资者可以购买全部或部分文化产权，投资者获得的文化产权是真实存在的，这其实是一种不动产交易，上海文交所在整个交易过程中扮演中介的角色。交易流程与普通的产权交易流程基本相同，都是在接到文化产权所有者的申请后进行挂牌上市前的公告，公告结束后，将有意向购买的投资者登记后组织买卖双方进行洽谈，之后进行谈判交易或竞价交易，最后双方达成一致，同意文化产权的转移，签订转让合同并进行产权的过户交割，交易结束。没有采用份额化的连续竞价，一般不会发生文化产权价格暴涨或暴跌的情况。从交易所近年来的运行来看，整个市场运行稳定。除了上述的交易流程外，想要参与上海文交所的文化产权交易必须先成为上海文交所的会员才行，要想成为会员，必须先交纳一定数额的保证金才行。这种只对内部会员开放交易模式，确保了文化产权交易主体风险的抵御能力。

天津文交所的份额制交易模式与上海文交所的产权交易模式截然不同，上海文交所的产权交易是购买式的，而天津文交所的产权交易则是持有式的。份额制交易模式参考的是 A 股市场的交易模式，文化产权的权益如同股票一般被分成均等的份额在文交所上市，投资者可以根据自身需求增减他们所持有的文化产权份额。虽然投资者拥有该文化产权的部分份额，但投资者不能马上拿到文化产权的实物，必须持有一定比例的文化产权份额才可以申请转让交割，进而获得文化产权的所有权。和股票价格一样，文化产权的份额价格也会随着市场行情上下波动，投资者可以选择适当的时机交易所持的部分或全部份额，通过低买高卖的方式获取收益。然而，这一模式的最大问题在于易滋生投机炒作行为。例如，天津文交所于 2011 年 1 月 26 日挂牌上市的白庚延作品《黄河咆哮》和《燕塞秋》即出现了这一问题：经有关专家评估，两幅作品的价值分别为 600 万元和 500 万元，按照发售价 1 元/份的拆分模式，两幅作品分别被拆分为 600 万和 500 万份额，其中最小申购金额为人民币 1000 元，采用“T+0”的标准化交易模式。这两只份额均以 1.20 元开盘，50 天之后《黄河咆哮》盘中最高 18.70 元/份，《燕塞秋》盘中最高 18.50 元/份，两部作品的价值均过亿元。在交易价格连续暴涨、严重偏离作品价值的情况下，为了控制风险、抑制价格猛涨的趋势，天津文交所屡次修改交易规则，调整涨跌停板上下限和暂停交易时间。此后，形势急转直下，交易价格连续暴跌，短时间内《黄河咆哮》跌至6元/份，而《燕塞秋》跌至1.2元/份。这使得高位进场的投资人损失惨重，同时也在艺术界引起轩然大波，甚至有人质疑可能存在的内幕交易、操纵市场等违规行为。

由于规则不明、监管缺位，原本被视为文交所创新金融模式的艺术品份额化交易逐渐被业内质疑为圈钱游戏。与此同时，文交所朝令夕改、违法经营、内幕交易、操纵市场、暗箱操作等诸多乱象不断发酵。2011年11月，国务院发布了《关于清理整顿各类交易场所切实防范金融风险的决定》（国发〔2011〕38号），明确指出，文化艺术品交易等各种类型的部分交易场所，存在交易制度不健全、管理松散、日常的经营活动有涉嫌违反法律的行为，交易风险随之升高；部分交易场所管理不规范，存在严重投机和价格操纵行为。为了避免问题扩大化危及金融市场和社会经济稳定，国发〔2011〕38号文要求建立由证监会牵头的“清理整顿各类交易场所部际联席会议”，对各地文化产权交易场所进行全面清理整顿，打击文化产权交易中的违规行为。

事实上，份额制交易模式的最大问题在于文化产权的价格只由市场需求这一因素决定，只要文化产权一直受到市场的热捧，其价格就可以维持上涨，一旦有朝一日文化产权不再受市场青睐，价格又会暴跌。这种完全只根据需求定价的方式本身就是违反商品价值规律的，一旦份额化交易形成几个过度偏离交易对象的价值，必然出现暴跌。加之文化产权交易市场没有一个统一性、标准化的市场体系与运行规则，即便是采取份额化交易制度的不同文交所在具体的交易规则流程等方面也有差异，这些差异又会导致价格的差距，致使文化产权交易市场定价混乱，毫无规律可循。

艺术品份额化投机与价格操纵行为极大地扭曲了艺术品份额化交易价格的形成机制，在很大程度上造成了艺术品份额价格剧烈波动。详细地调研发现，份额化投机与价格操纵具体可分为发行环节的价格操纵与流动环节的价格操纵：①在发行环节，发行人（组包方）与艺术品持有人（卖方）串谋，私下签协议，对艺术品资产包具体的运作方式进行操纵，然后就发行溢价进行分成。其次，人为地控制流通中的艺术品份额数量，将很大比率的份额设为非流通份额，造成供求比率的严重失衡。此外，发行人与评估方合谋，评估方完全按照发行人制定的价格进行评估。在这种情况下，艺术品资产包往往严重被高估和脱离市场价值。②在交易流动环节，通过内部掌握的少数账户对倒或与第三方机构投资者合谋，人为操纵二级市场交易价格，操纵市场价格，同时通过相应的渠道散播虚假利好消息进行炒作，以吸引散户投资者跟风参与，高位接盘。③制度设计存在缺陷，且相关监管缺失。在我国文化产权交易市场，艺术品份额化交易是文化产权交易类型的一种创新，而艺术品文化产权不同于一般企业产权，不具有生产性增值，价格的上涨主要依赖于市场消费需求的增长。在规则和监管都缺失的情况下，制度设计的缺陷（如退出机制）所导致的问题被迅速放大，投机和价格操纵成为必然。

5.2.2 邮币卡电子盘交易问题重重

南京文化艺术产权交易所于 2013 年秋成立的钱币邮票中心是我国最早进行邮币卡交易的文交所。此后的几年时间里，不少文交所相继成立了邮币卡交易中心。据不完全统计，截至 2016 年底，全国开展邮币卡业务的文交所已达三十余家，年交易额超过 250 亿元，注册用户达数十万。无论是从交易所数量，还是投资者数量来看，邮币卡交易业务已初具规模。

邮币卡这种新型交易模式发展迅速的原因在于邮币卡交易的便捷。邮币卡采用互联网进行交易，投资者可以随时随地进行交割，同上海文交所的产权制交易模式相比，邮币卡交易的参与条件很低，基本没有什么限制。交易者只需在邮币卡的在线平台注册，等待邮币卡中心审核通过，开通网上银行账户这三个步骤就可以进行邮币卡交易。由于邮币卡交易中心采用的是即期交易，投资者在购买电子邮币卡后可以有两种选择，一是将购买的邮币卡从邮币卡中心提取出来，二是把邮币卡留在邮币卡中心继续进行新的交易。此外，邮币卡电子盘采用“T+0”的交易模式，投资者可以在购买当天售出，而且可以进行多次交易。交易平台、邮币卡产品委托人（卖家）和邮币卡产品买家三者是邮币卡交易的主体，邮币卡产品委托人将自己的藏品委托给交易平台代为销售，交易平台将其展示给买家，如果买卖双方对价格达成一致后成交，交易平台从中收取中介费用。由此看来，邮币卡交易平台只是起到了一个中介的作用，如果买卖双方出现损失，平台承担的责任非常有限，受损的一方维权的可能性低。另外邮币卡交易并没有受到证监会的监管和法律的约束，它游走于一个灰色地带，有很大的不确定性。

与此同时，由于投资者参与邮币卡交易市场的门槛虽然较低，那些不明晰邮币卡的真实价值的投资交易者经常会在羊群效应的引导下，盲目跟风，高买低卖而损失惨重。例如，南京文交所曾推出的三轮虎大版特种邮票以 300 元左右的价格上市，在众多炒家的参与下，电子盘价格一度飙升至 5 万多元，远远高于实体店的 700 元标价。由于文交所的管理体系不健全，没有应对价格异常等突发情况的对策和举措，加之管理上存在诸多漏洞，在邮币卡交易出现严重的投机和价格操纵行为时，没有相应对策。邮币卡市场的投机氛围浓厚，交易价格大大偏离实际价值，诱使不明信息的投资者在高位接盘，最后导致许多投资者血本无归。损失惨重的投资者将邮币卡市场视为一场骗局，败坏了邮币卡的市场声誉，同时也对文化产权交易的发展产生负面影响。此外，还发生过多起文交所管理人员私吞客户账户资金的事件，甚至出现个别交易所股东直接参与买卖的违法犯罪行为。

邮币卡交易的问题在于其与证券交易相似的模式，这种类似证券的交易模式并不适合直接套用于文化产权交易。因为股票的价格很大程度上与市场对其背后的公司的前景预期有关，市场认为公司的盈利水平高、未来的发展势头强劲，市场普遍看好公司前景时，股价随之上涨，反之亦然。但邮币卡毕竟不是股票，邮币卡自身没有价值创造能力，其背后也没有企业和出色的业绩量为其在市场上撑腰，其价格走势完全依赖于市场供求关系变化和参与该邮币卡交易的资金规模。如此情况下，邮币卡的价格就会变得非常不稳定，一个微小的市场信号都有可能造成价格的剧烈波动。

由此看来，份额化交易和邮币卡交易都说明了缺乏科学合理的定价机制的文化产权交易容易产生市场泡沫，文化产权的定价不能只由供求关系决定，价格必须反映出文化产权的真实价值，过度偏离价值的文化产权交易最终伤害的是交易双方的利益和文化产权交易市场的发展空间。同样，邮币卡电子盘交易也招致政府部门的整顿。邮币卡投机与价格操纵行为使得市场价格大起大落，投资者损失较大，并引发大量的上访维权事件，造成了极大的社会负面影响。于是，邮币卡电子盘疯狂地炒作与投机之后，文化产权交易市场再次迎来了整顿。2017 年 1 月 9 日由证监会牵头召开了清理整顿各类交易场所部际联席会议第三次会议，开始开展交易场所清理整顿“回头看”。2017 年 7 月发布《清理整顿各类交易场所部际联席会议第三次会议纪要》（清整联办〔2017〕30 号）对各类交易所违规行为进行整顿。2017 年 7 月，为整顿清理邮币卡违规交易，清理整顿各类交易场所部际联席会议办公室召开了专题会议，其中明确指出，邮币卡类交易场所投机问题较为严重，市场交易风险较大。随着清理整顿“回头看”的深入开展，全国近 50 多家邮币卡类交易市场被暂停邮币卡交易。此外，为加快清理整顿步伐，相关部门发布了《关于印发〈邮币卡类交易场所清理整顿工作专题会议纪要〉的通知》（清整联办〔2017〕49 号），再次明确指出要进一步加大邮币卡类交易所的整治力度，对于整改不力的交易所进行彻底的整顿，严重违规的交易所直接关闭。

5.2.3 文交所交易机制存在交易风险

政府在文交所交易制度方面并未出台具体的指导意见和法律法规，文交所目前处于一种自行管理的阶段，无论是交易模式还是交易规则都有自主选择的权利。那么在这种文交所自己约束自己，自己监管自己的情况下，文交所的交易是否公平公正完全依赖于相关工作人员的道德品质和职业素养，这无疑留下了暗箱操作的机会。另外，有些采用类证券交易的文化产权交易主要通过低买高卖从中赚取价差获取利益，价格波动越剧烈、交易越频繁，短期越容易获利。一些别有用心的人为获取不正当收益，无视商品价值规律，恶意炒作文化产权，利用投资者追逐利益的心态，吸引大批个体投资者争相购买，然而市场泡沫终究有破裂的一天，一旦交易崩盘，后果不堪设想，投资风险极大。为了遏制过度投机，中国证券市场采用“T + 1”交易模式，况且股票的总股本往往数额巨大，只有持有巨额的资金才可能进行操纵价格，因此证券市场发生价格操纵的可能性较低，且一旦发生也会马上引起监管部门的注意。但交易所上市的大部分文化产权价值相对较小，采用“T + 0”交易模式，一天内还可以买卖多次，文化产权的价格非常容易被人为操纵，引起激烈的市场波动，甚至被用于非法资金炒作。

除了文化产权交易机制不完善外，还有一个导致文化产权交易高风险的原因在于文化产权交易所的本质是企业。我国的文交所无论是政府主导的还是社会资本设立的，都是以企业的形式在工商局登记注册成立的，盈利是经营活动的终极目标。而文交所的收益主要来自于交易双方交付的中介费，由于文交所收取的中介费在文化产权交易总额中占比非常小，利润有限，难以实现盈利。文化产权交易所为了获取更多的中介费就必须增加所内文化产权交易次数，因此无论是份额制交易还是邮币卡模式都采用“T+0”的模式来增加文化产权的流动性，从而使文化产权交易所获得可观的收益。

目前，我国文交所的交易模式和定价机制都是各家自行建立的，没有在业内形成一个统一的定价机制以供参考。一方面，在没有统一的定价主体、定价标准和方法的情况下，同一文化产权在不同的文交所可能会产生不同的定价，这会引起整个文化产权交易市场的混乱，而文化产权的真实价格很难被发现，多数情况下交易双方都只关注对自己有利的价格而不是文化产权本身的价值。另一方面，监管的缺失也是导致文化产权交易所问题层出不穷的原因之一，目前文化产业行业内没有权威的组织机构监督文交所的日常运营，政府没有明确负责监管文化产权交易的部门。此外，关于文化产权交易的法律法规也尚未建立健全，导致文化产权交易没有明确的法定界限，很多文化产权交易处于法律的灰色地带，交易者维权困难。

5.3　文化产权交易市场投机与价格操纵行为的深层次原因

5.3.1　文化产权交易市场平台建设分析

5.3.1.1　文交所定位不明确

从文化产权交易所设立的初衷来看，文化产权交易所的设立主要目的是为了推动文化资源与资本市场对接①，促进文化产业发展。从中宣发〔2011〕49号文件对文化产权交易所的定位来看，首先，文化产权交易是指文化产权所有者将其拥有的资产所有权、经营权、收益权及相关权利全部或者部分有偿转让的一种经济活动。交易范围包括文化创意、影视制作、出版发行、印刷复制、广告、演艺娱乐、文化会展、数字内容和动漫等领域。其次，文化产权交易所是为文化产权转让提供条件和综合配套服务的专业化市场平台，业务活动主要有政策咨询、信息发布、组织交易、产权鉴证、资金结算交割等，是文化领域多层次市场的重要组成部分。然而，文化产权交易所在实践中却偏离了文化产权交易所设立的初衷与定位。在文化产权交易市场发展初期，文化产权交易所的定位比较狭隘，各文化产权交易所将市场仅仅定位于文化艺术品的交易，其中最为典型的就是各大文交所不经充分论证就盲目地推出艺术品份额化模式。在该模式下，大量对艺术品不甚了解的普通投资者参与到文化艺术品份额化交易中，加之市场制度的不完善，使得文化产权交易过程中产生了投机与价格操纵现象，投资者遭受了巨大的经济损失。

在国发〔2011〕38号文件对市场进行整顿后，国内部分文交所开始进

---

① 皇甫晓涛，赖章德．关于文化产权交易的理论思考［J］．中国美术，2011(6)：6-8.

行转型，例如深圳文交所聚焦文化产业推出文化四板；上海文交所则将自己打造成专业化平台，其业务范围不仅包括艺术品、版权等文化产权交易，还包括文化类企业股权交易以及为文化产业的投资、并购与咨询服务。但国内很多文交所缺乏顶层设计，其定位仍不清晰，往往追随市场热点。比如，在艺术品份额化严令禁止后，又开始推出与艺术品份额化模式类似的邮币卡电子盘。与艺术品份额化交易一样，邮币卡交易出现了投机与价格操纵现象，使得市场价格暴涨暴跌，文化产权交易市场再次进入投机的怪圈。由此看来，从文化产权交易所的发展历程来看，无论是艺术品份额化市场的混乱，还是后来邮币卡电子盘乱象丛生，在很大程度上与文化产权交易所自身定位不明确相关。

5.3.1.2　交易所盈利模式单一

在我国文化产权交易市场发展的过程中，特别是市场发展的初期，各文化产权交易所业务范围有所不同，且都声称拥有自己独特的盈利模式，但就本质来看无非是收取交易佣金和会员费这两种盈利模式。除了少部分采用收取会员费的模式，如上海文交所、南京文交所等，大部分文交所采用的是收取交易佣金的模式，这两种模式之间存在较大的区别。收取会员费的盈利模式主要在于吸引更多会员加入平台，而收取交易佣金的模式主要在于提高市场的流动性。从文化产权交易所的早期实践来看，大部分文交所以交易佣金作为收入的主要来源，盈利模式单一。各文交所通过“T+0”、连续竞价等交易规则的设计，提高市场流动性，以获取交易佣金。以天津文交所推出的《黄河咆哮》和《燕塞秋》为例，从 2012 年 1 月 26 日开盘至同年 3 月 11 日，这两幅作品合计成交 7.13 亿元，根据当时天津文交所的规定，每一笔交易分别向买卖双方收取 0.2%的交易佣金，文交所获取的佣金收入就高达 285.2 万元。此外，泰山文交所推出的“黄永玉 01”上市首日成交额达到 2664 万元，按当时 0.2%的双向佣金收取比例计算，泰山文交所在上市当天便获得将近 12 万元佣金收入。在这种单一收取交易佣金的模式下，文交所很有可能为了自己的利益，利用各种手段提高市场的流动性，甚至不惜违规操作，以便收取更多的佣金或会员费。因此，在文交所发展初期，文交所推出艺术产品份额化交易价格持续走高，其盈利模式也是一个很重要的因素。

5.3.1.3　交易所公司治理结构不完善

从我国文化产权交易市场的情况来看，与上海证券交易所和深圳证券交易所不同，我国文化产权交易所多采用公司制的组织形式，主要是以深圳文交所为代表的有限责任公司形式和上海文交所为代表的股份有限公司的组织形式。尽管从世界各类产权交易所组织形式的发展历程来看，公司制组织形式符合产权交易所的发展趋势，但公司制组织形式并非完美无缺，作为企业法人都是以利润最大化或以股东利益最大化为最终目标。公司制的组织形式往往使得交易所的盈利目标与市场监管目标相冲突，易产生道德风险。因此，笔者认为之所以我国文化产权交易市场乱象丛生，在一定程度上与公司制组织形式不合理有着密切的关系。

另外，无论是市场的发展初期还是国发〔2011〕38号文件对市场进行清理整顿之后，除了上海与深圳等部分文交所由国有资本控股之外，其他大部分由民营资本控制，例如郑州文交所、南京文交所、湖南文交所等。以郑州文交所为例，根据其在全国企业信用信息公示系统的信息，郑州文交所目前的大股东有河南元象文化传播有限公司（75.00%）、河南飞鹏文化传媒有限公司（13.00%）、河南省正乾投资有限公司（6.00%）、新万里企业投资管理有限公司（6.00%），而这些公司皆为民营企业，其中控股股东河南元象文化传播有限公司为自然人投资设立，第一大股东占公司股份达75%。再比如南京文交所的前两大股东分别为大贺投资控股集团有限公司（51.00%）与北京兰亭风文化传播有限公司（24.00%），分别为自然人控股与自然人独资的企业，它们合占文交所总股份达75%。目前，我国文化产权交易市场处于初级发展阶段，在市场监管、信息披露等方面依旧存在许多的不足，投资者也还不够成熟，以民营资本绝对控股或完全控股的所有制结构，放大了公司制组织形式的固有弊端。在缺乏健全法规监管和职业经理人精神环境下，很难在以盈利为目的的前提下又保持文交所平台的公平与独立，给文化产权市场的运行带来了极大不确定性。因此，作为盈利性的经营实体，在自身利益驱动下，如果缺乏科学的监管机制，容易产生价格的操纵与投机行为。

事实上，根据全国企业信用信息公示系统提供的信息可以发现，我国文化产权交易所一直都存在着股权过于集中的问题，这在一定程度上造成了各文交所内部治理的混乱。从我国两大全国性文交所的股权结构来看，上海文交所只有3家股东，其分别为上海精文投资有限公司（30%）、上海联合产权交易所（40%）、上海报业集团（30%）；深圳文交所的也只有3家，分别为深圳广播电影电视集团（80%）、深圳报业集团（15%）、深圳国际文化产业博览交易会（5%）。由此看来，无论是全国性的文交所，还是地方性的文交所，其股东数量极少，股权非常集中，而高度集中的股权结构容易带来控股股东对管理者过度的干预。如此一来，文化产权交易过程就可能出现控股股东与管理者之间的合谋，进一步引发投机与价格操纵行为。

5.3.2 文化产权交易组织制度分析

5.3.2.1 交易机制设计不合理

(1) 投资者准入门槛与退出设置不合理

文化产权交易无论从风险性、复杂性等因素来看都具有自身的特点。参与文化产权交易对投资者的风险识别能力、风险承担能力以及对文化产权的认知都具有较高的要求。从实践来看，各文交所都制定了相应的投资者准入标准。然而，大多数文交所制定的准入标准并没有综合考虑资产规模、收入水平、风险识别能力以及投资经验。此外，有些文交所制定的准入标准比较笼统，执行的过程具有较大的随意性。我们知道，投资者准入制度设置不合理，就会使得市场上存在大量噪声交易者，加剧市场运行的风险。在信息不对称的情况下，也易于滋生道德风险，如早期文交所在艺术份额化交易中，投资者准入门槛太低，导致大量自然人投资者参与交易，造成了资产价格的剧烈波动，价格操纵与投机现象频发，而一些自然投资者根本不具有对这一风险的应付能力。

此外，从早期文交所交易标的物的退出机制来看，主要是通过要约收购的方式实现。所谓要约收购退市，是指如果单个投资者持有某一交易标的物的份额达到一定的比例时，投资者就必须对其他投资者持有的份额进行收购，投资者支付相应的款项便可获得该标的物的所有权，此时交易标的物就可以成功退市。然而，这一交易机制在实践中很难奏效。以天津文交所早期的艺术品份额化交易为例，天津文交所规定当单个投资者持有艺术品份额的比例达67%时，就必须以要约收购的方式进行退市。然而，市场的炒作和投机行为使得艺术品份额化价格远远高于艺术品评估价格，严重的资产泡沫使得投资者在高价位承担高风险，因此场内艺术品的退出成为文交所面临的难题。很多投资者为了避免所持有的标的物出现要约收购退市的情况，会有意识地把持有份额维持在邀约收购比例以下，导致艺术品份额价格持续上升却难以变现，退市机制成为摆设。

(2) 市场交易规则不合理

目前，我国文化产权交易市场处于分割状态，国内各个文交所的运营模式与规则存在较大的差异，文化产权交易市场没有形成的统一、标准化的运营机制。文化产权交易的各个环节如价格评估、产权经纪等方面的制度严重滞后于市场发展的要求。此外，不少文交所虽然具有一定的交易规则，但在执行上却有很大的随意性，甚至出现根据不同交易者或不同市场情况采取不同的交易规则。因此，在相关的法律法规不健全的情况下，加之各家文交所资质良莠不齐，如果完全依靠各交易所自律，在自身利益的驱动下，容易导致交易规则频繁变动、暗箱操作等现象的发生。随着《国务院关于清理整顿各类交易场所切实防范金融风险的决定》《中央文化企业国有产权交易操作规则》以及《艺术品经营管理办法》等一系列行政规则的出台，对规范文化产权交易市场起到了一定的作用，但文交所依然存在较大的操作空间，价格操纵和投机行为时有发生。仍以近年来的邮币卡电子盘交易为例，很多交易所利用各种吸引眼球的政策，如“减免交易佣金”“涨 10 跌 0”等来推动市场的行情，以致邮币卡的价格疯涨。当市场过热时，又开始采用提高交易佣金等手段来打压市场，造成市场价格急剧下跌。

（3）风险防控与分担机制不健全

文化产权作为一项资本市场的交易活动，不仅面临着市场风险与政策性风险，还面临着由于交易规则不合理、操作失误、保管不当所引致的风险。因此，市场必须具备完备的风险防范体系。此外，文化产业的“轻资产”属性需要恰当的风险分摊机制①。在我国文化产权交易市场发展初期，各文交所尚未形成完善的风险防范机制，使得市场容易产生投机和价格操纵现象。同时，相应的风险分担机制也不健全，文化产权交易过程中的风险难以得到有效的分散。例如天津文交所曾采用权益分拆的模式推出一系列的艺术品或艺术品组合，受到投资者的青睐，艺术品份额的价格在上市后的一段时间内一路飙升。其中，《黄河咆哮》和《燕塞秋》两幅作品在上市后 2 个月的时间里，其份额的价格一路高歌猛进，涨幅均高达 1700%。随着艺术品份额化泡沫的出现，金融风险急剧上升。为了控制市场过热的局面，天津文交所将艺术品份额的每日价格涨跌幅比例由 15%下调为 10%。但涨跌幅比例下调后，市场并没有朝预期的方向发展，市场价格继续上涨。天津文交所为了降低交易风险将投资者开户的最低资金要求从 5 万元上调为 50 万元，试图通过提高投资者准入门槛来遏制价格过快上涨，但依然事与愿违。最后天津文交所不得不对《黄河咆哮》和《燕塞秋》进行无限期停牌。显然，由于天津文交所在推出艺术品份额化模式时，并没有全面考虑其潜在的风险，风险防控机制并不健全。在艺术品份额价格出现泡沫之后，

---

① 张炳辉，田艳芬．关于文化产权交易若干问题的探讨［J］．经济纵横，2013（1）：79-81.

天津文交所针对产权标的物市场走势采取频繁修改交易规则的措施，甚至采取无限制停牌和无限期推迟开户业务等充满争议的方式来控制价格的过快上涨，充分说明了当前我国文化产权交易市场仍然缺乏合适的风险防控与分担机制。

5.3.2.2 监管机制不健全

（1）外部监管机制不健全

与其他产权不同，文化产权具有自身特殊性，其横跨多个领域，涉及多个管理部门。正因为如此，一直以来，我国文化产权交易市场监管主体不明确，相关监管部门之间权责不清。这在很大程度上造成了市场监管的缺位，以致市场乱象丛生。国发〔2011〕38号等一系列文件对此市场乱象进行了一定规范，建立了联席会议制度。此外，国发〔2011〕38号文件明确规定联席会议不代替国务院有关部门和省级人民政府的监管职责。对经国务院或国务院金融管理部门批准设立从事金融产品交易的交易场所，由国务院金融管理部门负责日常监管。从文件的精神来看，国务院有关部门和省级人民政府负责日常的监管并与联席会议相互协调。然而，这种相互协调的监管机制，依然存在着监管主体模糊、监管效率不高等问题。随着文化产权交易市场发展，交易品种和业务创新不断增加，目前这种相互协调的多头监管的机制难以对文化产权交易市场进行有效的监管。① 此外，由于文化产权的异质性，第三方中介机构与新闻媒体等社会监督主体能否发挥监督作用取决于自身的专业素养。然而，一直以来，相关社会监督主体的专业能力与社会监督意识并不强，社会监督并没有发挥其真正的价值。因此，在外部监管机制不完善的情况下，文交所作为交易的平台承担了运营与监管的双重角色。完全依靠文交所与相关市场主体的自律，极容易滋生道德风险，为投机与价格操纵留下可乘之机。

（2）内部监管机制不健全

自我国第一家文化产权交易所成立，至2016年年底，全国已有120多家文化产权交易所，仅2017年我国文化产权交易市场规模已达4.75万亿元。与我国文化产权交易市场的快速发展相比，文化产权交易市场的自律监管机制建设却没有同步建成。在文化产权交易市场发展初期，文交所基本上是各自为政，处于分散与无序的状态。直到2012年，第一个全国性文化产权交易行业自律组织——全国文化产权交易共同市场成立，行业自律监管初现雏形。2016年，中华文化促进会文化产权市场协作体成立，其目

① 廖继胜．文化产权交易市场发展研究［D］．江西财经大学，2015：92.

的在于规范文化产权交易市场，制定行业标准和行为准则，对文化产权交易市场的发展具有重要的意义。但就目前来看，我国文化产权交易市场行业自律还处于探索阶段，相关机制还不够完善，行业自律监管作用依旧有限。

（3）监管法律法规不健全

文化产权市场的有效监管，离不开配套的法律法规的支持。在文化产权交易市场发展初期，由于无法可依，文化产权交易市场监管十分混乱。国发〔2011〕38号等文件发布之后，给文化产权交易市场监管提供了一定的依据，但是目前我国仍然缺乏针对文化产权交易市场制定专门的法律法规。就交易实践来看，文化产权交易市场监管主要还是参考《民法》《物权法》等法律中的相关规定执行。文化产权交易专门法律法规的缺失，使得市场监管无明确法规可依，监管的效力大大减弱。在这样的情况下，市场交易主体所受约束不强，必然导致投机与价格操纵等现象的发生。可以说，我国文化产权交易市场之所以易于出现如艺术品份额化与邮币卡投机等乱象，在一定的程度上与监管法律法规的不完善存在着密切的关联。

5.3.2.3 信息披露与传导机制不健全

（1）信息披露制度不健全

近些年来，随着一系列政策出台，文化产权交易市场的信息披露有所完善，但是我国文化产权信息披露制度依旧不够健全。各文交所信息披露规则不一，信息披露的程度也不尽相同。总体来看，我国文化产权交易所的信息披露还不够规范，信息披露的程度不高。根据2016年中评信用发布的《中国文化产权交易市场信用风险研究报告》，在我国120家文化产权交易所中，有53%的文交所没有披露鉴定机构的信息，只有20%的文交所进行专项信息披露，17%的文交所对交易公告信息披露完善。此外，由于我国文化产权交易市场缺乏统一信息披露制度，使得监管部门对信息披露的监管也无所适从。目前，我国文化产权交易市场的信息披露基本上依靠文化产权交易所的自律。信息的不对称容易造成文化产权交易产品的非均衡价格，加大了产权内在价值的发现难度，为交易价格的炒作提供了很大的空间（赵蓉等，2016）。[①] 在自身利益的驱动下，一旦文化产权交易所与信息披露主体串谋，所披露的信息将严重失真。因此，信息披露制度的不完善，将使得投资者面临较大的信息不对称性，影响投资者的投资决策，同时也

① 赵蓉，岳世忠，贾志城．文化产权交易市场问题研究［J］．中国包装，2016（2）：76-78.

会极大地扭曲文化产权交易的市场价格。

（2）信息传导机制不健全

目前我国文化产权交易信息主要通过文化产权交易所的官方网站进行披露，信息传导的渠道比较单一。由于我国文化产权交易所基本按区域布局，文化产权交易市场基本处于分割状态，各个文化产权交易所之间信息处于分散状态，缺乏一个统一的文化产权交易信息发布平台，使得文化产权交易信息传导不充分，跨区域交易难。尽管目前各个文化产权交易所寻求区域合作的意识有所加强，但信息共享程度依然有限。文化产权交易信息有效的传导是市场价格形成与投资者合理决策的重要保障，信息传导机制的不健全，导致文化产权交易市场处于信息不对称状态。在信息不对称的情况下，文化产权交易价格无法反映文化产权的内在价值，同时投资者也无法做出正确的决策。此外，信息传导机制的不完善也不利于相关监管部门与社会监督主体对市场的监管。

5.3.2.4 产权价值评估方法的局限性

文化产权交易市场的投机和价格操纵行为频频出现，一方面说明价值评估对于文化产权交易定价的重要性，另一方面也反映一段时期以来文化产权交易过程所采用的评估方法具有明显局限性。例如，份额化交易模式之所以会导致价格操纵行为的产生，主要原因是在份额制交易模式中，文化产权的价格只是由市场需求这一因素决定，只要文化产权一直受到市场的热捧，其价格就能无限制地上升，一旦有朝一日文化产权不再受市场青睐，价格又会暴跌。在这种交易模式下，如果交易双方在竞价前未对标的资产的价值进行评估或得到的评估价格不够合理、参考性不强，标的资产的价格完全由市场需求决定的话，就会导致价格操纵行为的产生。由此可知，一个合理的价值评估结果可以在一定程度上避免价格操纵行为，然而就我国目前广泛使用的文化产权价值评估传统方法来看，无论是成本法、市场法还是收益现值法均存在一定的局限性。对于成本法来说，其无法合理评估出文化产权的价值：因为文化产权大多都有独特性，很难找到完全替代品，且还具有无形性，因此其所能够带来的经济效益与生产成本可能并没有直接联系，比如很多文化创意只是一个想法，没有实质性的成本，但是却能带来巨大的效益，而有些创意可能投入巨大但由于不符合市场需要或者创新不够而导致急剧贬值，假如用成本法来评估，那么评估价值和实际价值就会发生严重背离。① 市场比较法的应用与市场经济的诞生和充分发展以及评估资产的市场化程度有着很强的相关性。一般来说，市场比较法的使用前提主要有两个：一是要有一个竞争足够充分、活跃的市场；二是能够在市场上找到一定规模的参照物，且交易日期最好与评估基准日相隔不远，这样才能保证数据的时效性，评估结果也更能反映评估时点的资产价值情况，但是由于文化产权大多都具有很强的独创性，很难找到大量参照物，因此也很难用该方法进行评估。收益现值法的核心理论基础是将资产可以带给受让人的未来收益的现值作为评估价值，但是，由于对资产未来经济收益的估计以及折现率的选取均有一定程度的主观性且评估价值的精确程度还要依赖于取得收益的年限、风险等很多因素，因此，评估结果的可靠性很难保证。

5.3.2.5　市场服务机制不完善

（1）市场服务主体公信力不高

文化产权交易涉及多个环节，需要产权界定、咨询策划、产权经纪代理、价值评估等多个中介服务主体的参与。各个市场服务主体能否提供高效的服务对于文化产权市场有效运行至关重要。然而，文化产权交易过程中的产权界定、价格评估以及咨询策划等对中介服务机构的专业性与权威性都具有较高的要求，国内具有综合服务能力且比较权威的中介服务机构非常有限。目前，我国文化产权交易市场上，中介服务机构良莠不齐，服务质量存在诸多问题。拿艺术品鉴定来说，目前市场上已有各种以官方、半官方、民间形式存在的鉴定机构，这些鉴定机构主要由相关领域的专家和学者组成，然而其鉴定结果并没有得到市场的完全认可，权威性与公信力仍旧不足，更有某些鉴定机构在利益的驱动下出具虚假鉴定与估值报告。在卖方、评估鉴定机构、交易所合谋的情况下，文化产权交易价格的扭曲与市场的投机就很难避免。

（2）市场服务主体的权责不明

文化产权交易市场是由买着、卖者以及市场服务机构共同组成的一个体系。在文化产权交易的过程中，市场服务主体的行为对于文化产权价值的发现甚至整个市场平稳运行都有着举足轻重的作用。然而，由于法律法规的不健全，市场服务主体作为文化产权交易市场重要的参与者，其法律责任依旧不明确。这样，市场服务主体行为不受法律约束或约束不够时，

---

① 李先瑞．文化创意企业无形资产评估问题探讨［J］．国际商务财会，2010(2)．

必然导致市场的混乱。文化产权交易所对于文化产权发行上市具有重要把关作用，任何文化产权发行上市必须通过上市审核委员会等类似机构的审核，但是法律并没有对文化产权交易所在上市审核过程中所应承担的责任做出明确的规定。在没有法律的约束下，寻租、暗箱操作等行为自然无法避免。再如，文化产权价值评估鉴定作为文化产权交易中的关键环节，对于文化产权价格形成具有重要的影响。评估机构与相关的评估人员应当对于自己出具的评估鉴定报告负相应的法律责任。可是，法律对于文化产权相关的评估机构与评估人员的责任不明确。如果评估鉴定机构与发行人串谋，则会导致文化产权估价的扭曲，从而使交易价格失真，市场运行面临着极大的不确定性。

5.3.3 投资者结构分析

文化产权交易市场的投机与价格操纵现象在一定程度上与文化产权交易市场的投资者结构相关。目前，我国文化产权交易市场发展还处于初级阶段，市场上存在大量的个人投资者，而机构投资者数量严重不足。个人投资者与机构投资者在进行投资决策时，由于信息获取能力、市场研究能力、投资经验等方面的不同，其行为存在着较大的差异。机构投资者往往具有较多信息获取途径、较强市场研究能力、丰富的投资经验以及较强的风险承受能力，其投资行为相对理性。而个人投资者受限于时间、精力以及自身专业素养，对市场信息收集与分析往往不充分，易于受到外界环境的影响，且抗风险能力差异很大，其投资行为一般呈现非理性的特征。当市场上存在大量非理性个人投资者时，极容易在“羊群效应”的引导下出现追涨杀跌等现象，引发市场价格剧烈波动。此外，当个人投资者行为偏差被价格操纵者所利用①，则会进一步加剧市场的投机。

根据我国证券市场的历史经验，投资者结构的不合理往往会引发大量的非理性行为，使得市场的投机氛围浓厚。尽管适度的投机有利于增加市场流动性，促进资产的价值发现，但过度投机会给整个市场带来很大的风险。在艺术品份额交易中，由于市场存在大量非理性个人投资者，市场投机氛围浓厚，大部分投资者过分追求短期的超额收益，不在意标的资产的价值。在这场博弈的游戏中，艺术品份额的价格被不断推高，严重偏离其内在价值。

---

① 邹小山．中国股票市场价格操纵研究［D］．暨南大学，2005：98.

5.3.4 文化产权标的特性分析

在我国文化产权交易市场的发展历程中，无论艺术品份额化与邮币卡电子盘都采用了类证券化的模式。在类证券化的模式下之所以会产生投机与价格操纵行为，除了上文提及的因素外，与艺术品、邮币卡等类似文化产权自身的特性也密不可分。由于艺术品与邮币卡在其特性上十分类似，为了论述的方便，我们以艺术品的份额化为例来分析文化产权标的特性与类证券化模式下的投机与价格操纵行为的关系。

5.3.4.1 缺乏价值来源

在股票交易市场上，利润变动以及影响企业经营环境的外部因素是造成股票价格波动的主要原因，所以股票是以企业利润作内在价值的基础。与股票不同，在类证券化的模式下，艺术品份额是基于艺术品权益拆分而来，但艺术品无法像企业一样，在短期内通过生产活动不断创造现金流来增加股票的内在价值。艺术品的价值有两方面——历史价值和学术价值，历史价值指艺术品时空上的历史承载以及艺术品所表现出的特殊历史价值，学术价值指艺术品在整个艺术史中的学术地位以及美学价值（高波，2012）。[①] 一方面，艺术品的历史价值和学术价值一般来说在短期内不会出现很大波动，因此艺术品的价值在短期内相对稳定；另一方面，投资者的过度投机导致以艺术品为标的份额化交易价格在短期内迅速上升，那么艺术品份额化交易的价格就会远远高于艺术品的实际价值。因此，艺术品的价值无法支撑份额化交易价格的上涨，缺乏价值来源仅由投机引起的价格上涨很容易导致“庞氏骗局”现象的出现。

5.3.4.2 交易标的稀缺性

任何一件艺术品都是艺术家精神世界的反映，都是基于艺术家对于客观世界的主观认识。因此，每一个艺术家的作品都有自己的特点，即使同一个艺术家在不同的时期，由于其对客观世界的认识的改变，其作品呈现出的艺术内涵也发生很大的变化。从这个层面上来看，每一件艺术品都是独一无二、无法复制的，艺术珍品更是如此。艺术品的独一无二使得其具有稀缺性，而艺术品稀缺性使得艺术品的供给弹性较小甚至无弹性。艺术

---

① 高波．文化产权交易所的交易模式创新分析——以泰山文化艺术品交易所为例［J］．山东财政学院学报，2012（6）：98-104.

品份额化交易模式极大地降低投资门槛，大量普通投资者的投资需求被激发。此外，艺术品对普通投资者来说，天然具有极大的信息不对称性，在市场的炒作下，艺术品的需求就会被扭曲。在这种情况下，艺术品价格在短期内将会被迅速抬高，一旦艺术品的长期价值被透支，艺术品的价格将会出现泡沫，投机与价格操纵就会盛行。

5.3.4.3 市值相对较小

从发行的文化艺术品市值来看，大多数艺术品的市值都比较小，市值大都在一千万元以下，上千万元的比较少，上亿元的更少。比如，天津文交所最初推出的《黄河咆哮》和《燕塞秋》发行市值分别600万元和500万元，在这两幅作品被炒得疯狂时，其市值分别是1.03亿元和8535万元。这相对于资本市场容量而言，其市场市值相对要小得多。由于市值相对比较小，在艺术品份额化模式下，很容易被具有大资金的机构所操控。① 与股票市场一样，在以散户为主的市场中，当“股票”被以投机为目的的机构资金所操控，加之风险防控机制不完善，市场往往会出现剧烈的波动。

5.4 文化产权交易市场投机与价格操纵行为的治理

5.4.1 文化产权交易所平台建设

5.4.1.1 重新定位文化产权交易所

在宏观层面上，必须从整个资本市场发展的角度出发，加强交易所的顶层设计。文化产权交易市场的发展必须立足于推动文化产品与要素的流动，促进文化产业发展这一使命，构建与主板、新三板等相互独立、相互竞争、相互补充的产权交易市场，成为文化领域多层次资本市场的重要组成部分。在微观层面上，需要结合我国文化产业的发展特点，重新对文化产权交易市场进行定位。在定位过程中，不能仅仅将其局限于文化艺术品等产权交易平台，还需要进一步结合文化产权交易的本质特征，向提供文

① 雷原，马玉娟．艺术品份额价格波动的市场因素分析——基于天津市文化艺术品交易所案例［J］．经济问题探索，2011（10）：128-133.

化产权交易场所与配套服务相结合的综合性平台方向发展，即建立集文化资源价值发现、挖掘与建构，文化产权发布与交易，文化产权投融资、文化产权登记托管、文化产权资本培育于一体的交易平台。① 对于文化产权交易所来说，只有明确自身的定位，着眼于长远发展，才能成为文化资源与金融资本有效对接的平台，有效地防止文化产权交易过程中的投机与价格操纵行为，从而实现推动文化产品与要素的流动。

5.4.1.2 改变盈利模式

在文交所发展的初期，由于市场的不成熟，各交易所定位不明确，大部分都选择以艺术品份额化交易佣金作为盈利方式，盈利模式单一，导致文化艺术平品价格被不断推高。为了克服交易佣金制的缺陷，减少市场的投机与价格操纵行为，可以借鉴国内证券交易所的经验，实行会员代理制为核心的业务模式，实现盈利模式从交易佣金向会员费转变。相比于交易佣金模式，会员代理制模式优势在于，其主要职责偏重对交易所交易与服务规则的制定方面，而不直接受理交易双方的委托和为进场客户提供各类服务，各类会员是市场交易双方的经纪人，是服务的直接提供者（高波，2012）。② 会员制模式最大的特征在于能够从文化产权交易的利益链条中独立出来，这在一定程度有利于防止价格操纵与投机行为，从而促进文化产权交易市场的可持续发展。此外，文化产权交易市场发展和功能提升离不开交易产品的创新，在明确自身定位的前提下，建立健全交易业务种类与产品创新机制，根据市场需求的变化，不断地拓展新的业务种类与交易产品，提升自身的服务能力与质量，从而吸引大量优质的文化资源进入交易平台活跃文化产权交易市场。如此一来，不仅能改变单一盈利模式带来的弊端，还能更好地实现文化资源与资本的有效对接，发挥资源配置的功能。以深圳文交所为例，在“文化四板”业务模式方面的创新之外，深交所还在行业培训、管理咨询、个性化定制等方面积极推出创新性产品及服务，这一业务模式的创新具有一定的借鉴意义。

---

① 朱李鸣，西沐．从战略高度重视文化产权交易市场建设［J］．浙江经济，2011（24）：16-17.

② 高波．文化产权交易所的交易模式创新分析——以泰山文化艺术品交易所为例［J］．山东财政学院学报，2012（6）：98-104.

5.4.2 优化组织形式、构建内部治理长效机制

5.4.2.1 优化文化产权交易所的组织形式

组织形式的不同决定了文化产权交易所运行效率的差异，良好组织结构可以促进市场发展和有效地对市场进行监管。由于我国文化产权交易所大多为民营控股，而民营控股的组织形式无法克服公司制组织形式所固有的缺点，这加剧了文化产权较交易所固有的商业角色和监管角色之间的利益冲突，易于爆发道德风险。而如果文化产权交易所完全被国有资本所主导，虽然能够更好地协调商业角色与监管角色的利益冲突，但又容易导致行政干预、政企关系混乱等深层次问题。因此，根据我国文化产权交易所的实际出发，构建国有资本控股或相对控股，国有资本与民营资本相结合的混合所有制形式是目前较为理想的选择。这样，一方面能充分发挥国有资本的社会责任感与公信力，同时也能发挥民营资本的创新活力。这种混合所有制的组织形式，在当前文化产权交易各项制度不完善的情况下，能够保持市场的有效监管，减少价格操纵与投机行为。

5.4.2.2 构建内部治理长效机制

贾和亭等（1995）认为，公司法人治理结构就是明确划分股东、董事会、经理人员和监督机构之间各自的权力、责任和利益，形成相互制约的关系，保证公司有效地运作。① 对于我国文化产权交易所来说，构建良好的公司治理结构，能够促进文交所的内部自律监管，从而更好发挥文化产权交易所资源配置的功能。目前，我国文化产权交易所股权过于集中，导致文交所内部治理不佳，以致投机与价格操纵现象频发。因此，需要合理地引入战略性资本，完善股权结构，从而构建内部治理长效机制，促进文化产权交易市场的长远发展，实现文化产业与资本市场的对接。

5.4.3 优化投资者结构

文化产权交易市场作为我国多层次资本市场的重要组成部分，合理的投资者结构是市场走向成熟的标志。一般而言，个人投资者获取信息能力

---

① 贾和亭等．法人治理结构：分权与制衡［M］．福建人民出版社，1995：210.

较为有限，经常会受“羊群效应”的影响，从而使得在以个人投资者为主的交易市场中极易出现投机与价格操纵的现象。与之相反，机构投资者无论是在信息获取上，还是在抗外界干扰上都具有极强的优势，其投资行为更为理性，从而使得机构投资者在一定程度上具有稳定市场的能力。针对我国文化产权交易市场散户比例过高，机构投资者较少的问题，市场组织者必须采取一定的措施来优化投资者结构。首先，要积极培育文化产权领域的投资基金、信托等在内的众多机构投资者，从而增加机构投资者的数量，优化市场交易者的结构。其次，积极引导保险基金、企业年金等以长期投资为主的机构投资者进入文化产权交易市场，增强机构投资者的质量。最后，要明确监管部门，加强对机构投资者的管理，防范机构投资者利用资金、信息等优势操纵交易价格。此外，针对目前投资者还不够成熟的现状，必须加强对投资者的教育，增进投资者对文化产权交易市场的了解，从而引导投资者形成正确的投资理念，减少市场非理性行为。

5.4.4 优化类证券化交易模式

类证券化交易模式是我国文化产权交易市场一项重大的制度创新，这一模式使大众化参与非标准化标的物的交易成为可能，在提高市场活力、推动文化与资本对接方面具有积极的意义。尽管在艺术品份额化与邮币卡电子盘交易过程中存在种种问题（如投机与价格操纵等行为），但是任何制度的创新都存在一个不断完善的过程，如果只看到创新带来的问题，而完全忽视其积极作用或一味加以否定，并不是严谨、科学的态度。因此，对于类证券化交易模式暴露的问题，我们应当思考如何完善这一交易模式。当然，并非所有的文化产权交易都适用这一模式，在推行类证券交易模式前，应当在考虑文化产权标的自身特性的基础上对文化产权标的进行严格的论证，明确其适用性。

5.5 本章小结

本章进一步通过对文化产权交易各环节的广泛调研，系统客观地透析文化产权交易过程中出现的种种问题，围绕实践中典型类型文化产权交易出现的投机与价格操纵问题，揭示其深层次原因，与前面章节共同构成了我国文化产权交易定价机制设计的现实基础。研究发现，我国文化产权交易市场的运行与发展极其不平稳，突出表现为交易环节存在的价格操纵与投机现象。无论是早期艺术品份额化交易的狂热，还是近年来邮币卡等业务的疯狂炒作，都给市场带来巨大冲击，极大地加剧了市场的波动，投资者遭受了重大损失。进一步，本章从文化产权交易市场平台建设、交易组织制度以及产权投资者结构、产权交易标的本身特性等方面剖析文化产权交易市场投机与价格操纵行为的深层次原因。只有深刻系统地把握文化产权交易投机与价格操纵的本质原因及行为机理，才能找到其治理的出路，指出健全文化产权交易所平台、构建内部治理的长效机制以及优化文化产权交易组织形式、投资者结构与类证券化交易模式等方面的治理策略与思路。此外，我们还认为，对文化产权交易进行规范是必要的，但仅仅强调规范，以及依靠行政手段来制止文化产权交易过程中投机与价格操纵行为还不够，必须设计科学合理的定价机制。

第 6 章　文化产权交易的定价机制设计

为了构建一个有效的定价机制，就应该在充分理解文化产权交易的特征、不完全性的具体表现形式，以及交易市场中存在的投机与价格操纵行为选择的基础上，运用合约选择理论，按照各交易主体相互合作逻辑展开机制设计。一个有效的定价机制在很大程度上取决于设计前对文化产权标的本身特征的把握，以及对文化产权交易市场的不完全和交易实践中的投机与价格操纵问题的认识。按照这一分析思路，本章沿着第 2 章产权交易机制与效率分析的逻辑视角，在现有产权理论分析以及前面章节对文化产权交易市场不完全性及实践中投机与价格操纵问题的详细考察基础上，把握文化产权交易的特点，提出“四位一体化”定价机制。文化产权交易科学合理的定价机制涵盖资产评估、进场交易（文化产权交易所）、运行环境和定价模式选取四个部分内容，具体来说，本章着重探讨该定价机制下作为交易定价机制起点的资产评估，作为交易定价机制平台的产权交易市场，作为交易定价机制运行环境的组织制度与法律法规建设，以及作为交易定价机制核心的多重定价方式创新组合，完成文化产权交易定价机制的设计。

6.1　“四位一体化”定价机制的起点：资产评估

6.1.1　文化产权价值评估的影响因素

文化企业股权转让的价格主要取决于文化企业的价值，而影响文化企业价值的因素除了一般的企业价值构成因素外，还有其他特有的因素。只要是企业，其所能创造的经济效益自然是影响其价值最重要的因素，除开这个因素，轻资产性、生产资源无形性也都会影响其评估价值。由于文化企业所生产的产品大多具有非物质性，因此其价值往往具有不确定性：首先，其未来收益只能在投入市场之后才能预估；其次，该产品能够取得收益的年限也无法预计，毕竟有些经典剧本即使在几十年后再进行翻拍也能取得巨大经济效益。文化艺术产品是创作者将灵感和艺术相结合并且通过某一载体表现出来的一种特殊产品，因此其往往具有独创性和收益的不确定性。文化创意产品收益的不确定性表现在有时候某种艺术品能给欣赏者带来极大的效用，但是最终的交易价格却和本身价值大相径庭。众所周知，一件文化艺术品的最终成交价格主要取决于受让者，然而大多数受让者可能并不具备专业知识，只是单纯凭借个人的喜爱来竞价，由此可知，文化创意产品的交易价格除了其自身艺术价值外，还会受到消费者偏好、潜在受让者数量以及其所能带来的效用等众多因素的影响。文化知识产权价值的评估主要是其给受让者创造的价值多少的评估。一般来说，其主要会受到评估方式和一些宏观因素的影响。文化知识产权的本质为无形资产，因此，其评估方式有成本法、市场比较法、收益现值法等，选取不同的方法会产生不同的影响，另外，经济、科技、法律等宏观因素也会直接或间接地影响到其价值。因此，文化产权交易的价值评估的影响因素可总结如下。

6.1.1.1 内在影响因素

文化产权的内在艺术价值是文化产权价值评估的重要影响因素，这也是文化产权学术界一直探讨的重要焦点。我们在对产权的价值进行评估时，需要分别考虑流通前的艺术价值和流通后的实用价值。在文化产权进入市场交易前，其内在价值主要是艺术价值，艺术价值是对精神层面的考量，主要表现为观众对文化艺术品的欣赏和满意程度，在衡量艺术价值时，艺术作品创作者的个人风格、艺术造诣、技术水平，以及艺术作品的外形、大小、材质、品相、主题等因素都会对文化产权的内在价值有一定的影响；文化产权进入流通市场后，文化产权的内在价值评估除了艺术价值外，还增加了实用价值的研究。由于文化产权的特殊性，除了注重文化产权的实用价值之外，还将考察当代文化财产实用性的艺术影响，一旦我们对产权内在价值的评估出现了偏差，那么就会在一定程度上直接影响到最后总价值的评估。除了上述因素外，正常情况下，一件文化创意产品的前期开发会耗费很长时间，但是这中间的制造环节又几乎不存在经济利润，可以说，其所能产生收益的多少只有等到投入市场之后才能进行预估，这就可能会导致市场上文化创意产品的价格大幅度偏离其价值，再加上创意本身是很容易被复制和借鉴的，若被不断地共享，那么不仅不会减损价值，反而可能会增值，因此对于某些使用收益现值法进行价值评估的产权而言，由于创意本身的特殊性。仅仅在评估阶段我们可能无法准确把握其未来的预期收益。①

6.1.1.2 外在影响因素

文化产权的表现形式多种多样，因此不同的文化产权类型有不同的外部特性，不同的外部特性对文化产权的价值评估也会产生不同程度的影响。在微观层面，文化产权的外部特性被划分得十分详细，种类繁多，也有不少学者对其有过研究。但从宏观角度来看，时间属性和空间价值、产业因素、法律因素是影响文化产权价值评估的外部主要影响因素：时间属性是文化产权的历史价值，它从文化产权诞生的那刻就被赋予在文化产权的外部特性上，随着时间的增长，文化产权的历史价值也进一步得到肯定。在不同的时间节点上，人们的认知与审美观、社会的观念与习俗也会不同，时间属性也因此发挥作用，对文化产权的价值评估产生不同的影响。文化产权的空间价值的含义包括两个方面：第一种含义是指文化产权在创造时带有浓烈的地方特色，导致它与其他同类型的文化产权区别开来，这是独特的地理环境赋予文化产权的特性，比如景德镇的陶瓷让它名扬四海，市场普遍认同它的空间价值；第二种含义是指由于不同地区的文化水平、审美观念和风俗习惯不同，因此会对同一文化产权产生不同的评价，使得文化产权在各地区的价格有所差异。空间价值主要强调的重点是地域范围也会对文化产权的价值产生影响。

产业因素主要是因为文化产品或服务的功能大多是为了满足人们的精神需求，随着我国经济的快速增长，这种精神需求的种类也更广，除了文化和艺术需求外，还有投资需求、娱乐需求等。也正是因为这种多样性，文化产业会涉及出版发行、歌舞表演、影视广播、书画艺术品等各个行业，那么每种文化产权的评估指标自然存在差异。比如：歌舞表演主要评估内容的充实性和演员的感染力；书画作品主要评估创作者知名度；而评估出版权和发行权时则需要综合考虑产权的授权方式（独家授权或重复授权）、收益方法（直接售出权利受益或间接出租使用权受益）。法律因素所影响的主要是文化产权中的无形资产，比如文化知识产权、版权等，对于最核心的文化知识产权来说，其价值评估会受到诸如法律剩余保护年限、有关法律条文的变动等法律因素的影响，且这些影响有时会造成很大差异。例如，著作财产权的法律保护期是50年，商标专用权每10年续展维权。

---

① 陈奇佳．艺术品价格构成因素探究［J］．江苏行政学院学报，2016（3）：41-47.

6.1.1.3 市场影响因素

当文化产权作为流通商品进入市场时，尤其是与金融资本相结合进入资本市场后，文化产权交易中出现了“天价文化产权”的现象，这种身价暴涨的文化产权是否还能体现文化产权的真正价值一直是业界争论不休的话题。有观点认为这是一种价格虚高的表现，是通过炒作形成的泡沫；也有观点认为，文化产权之所以价格升高，是因为之前的价值没有被完全发现，当市场认可了文化产权的价值，其价格立刻有了回升。某种程度上，这也证明了文化产权进入流通市场后，其价格不仅由其自身内外部因素决定，也开始受到经济发展水平和市场供求关系的影响。

（1）社会经济发展水平

社会经济发展水平是对文化产权市场价格波动的最直接的宏观变量影响。社会经济水平提高，才有更多的资金可以进入各个流通领域，文化产权交易才能被带动起来。总体来说，宏观经济的表现极大程度地影响了整个市场的走向和价格趋势，文化产权交易市场亦是如此。当下我国文化产业发展日益繁荣，市场有了更多更充足的交易数据，社会经济发展水平和文化产权定价的关系研究也可以从理论研究上升到实证研究，现有的文献和研究成果也表明了经济发展水平对文化产权定价有正向作用。

（2）市场的供求关系

我们知道，文化产权进入市场开始流通，也就是商品的一种形式。不过一般商品的价格与供求关系不能直接套用在文化产权上，文化产权的特性，使得其供求曲线产生了明显的变化。

在市场需求方面，普通商品的需求曲线位于DD位置。就文化产权这种特殊的商品来说，是因为经济得到充分发展和人们物质生活水平得到极大提高，它才得以进入流通领域进行交易。因此，和普通商品相比，文化产权需求曲线的位置处于普通商品需求曲线DD的右上方，为DD1曲线。如果文化产权交易市场有一个合理的定价机制，能为交易双方提高一个良好的交易平台，对文化产权进行客观的评估，披露出更加全面的市场信息，市场对消费者和投资者的吸引力增强，买卖双方可在市场上公开竞价，诚信交易。同时，成熟的交易机制能有效推动文化产权交易市场，刺激消费者的购买欲，市场需求大增，于是文化产权需求曲线从DD1的位置向左下方移动到达曲线DD2的位置，如图6-1所示。

在市场供给方面，SS是一般商品的供给曲线，SS2是文化产权的供给曲线，二者的曲线倾斜方向一致，均向右上方倾斜。这表示，文化产权的供给与价格的关系与一般商品相同，如果某种商品的价格上涨，生产者会提

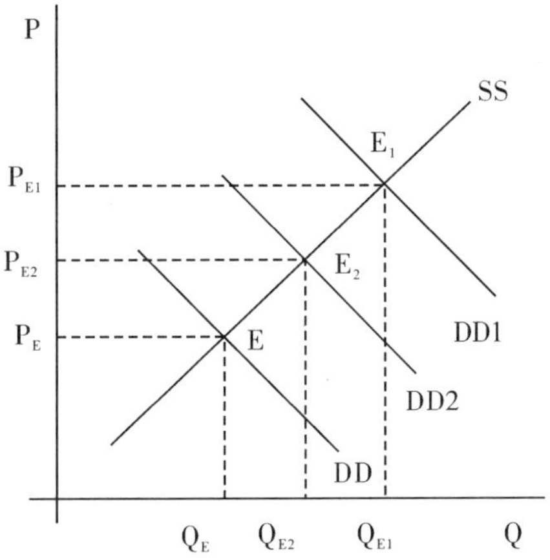

图 6-1　文化产权需求变化图

高商品的产量。换句话说，普通商品和文化产权商品在供给量与各自的价格之间是正相关的关系，价格上升供给也随之上升，所以会出现二者供给曲线均是向右上方倾斜。但和普通商品的生产供给不同的是，文化产权尤其是高质量的文化产权很难进行批量生产，而且生产周期十分漫长，有的文化产权却只有一件产量，因此可以说是举世无双，其供给的弹性非常小。文化产权的产量在一段时期内不会发生太大的变化，供给量不会轻易随着价格上升而增加。因此，文化产权的供给曲线 SS2 比一般商品供给曲线 SS 的斜率大，看上去要更加接近坐标图的数轴。所以，文化产权的均衡点 E_4 的位置高于一般商品的市场均衡点 E_3，说明文化产权和一般商品都达到市场均衡状态时，文化产权的价格高于一般商品，但其产品的产量低于一般商品。也就是说，它们在较高的价位和较低的产量上实现市场均衡，如图 6-2 所示。

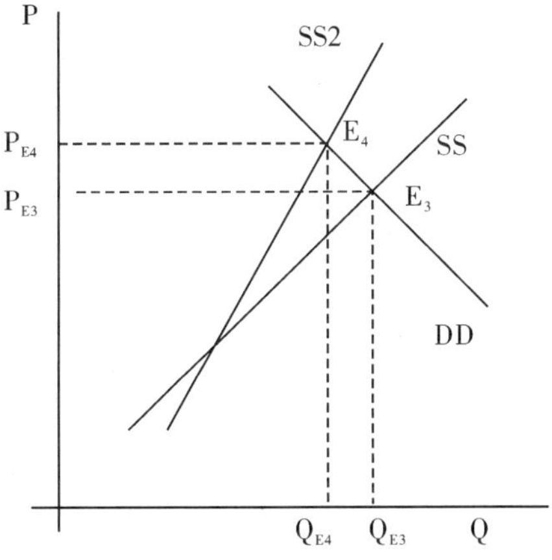

图 6-2　文化产权供给变化图

6.1.1.4 炫耀性消费心理

文化产权的消费必须是在有一定经济实力基础上进行的，所以某种程度上来说，文化产权和奢侈品的性质有些类似。消费者购买投资文化产权，尤其是高端文化产权的时候，往往会带着炫耀性消费的心理，这也导致除了市场供求变化和经济发展水平外，个体消费者也会对文化产权的价格产生一定的影响。

正常情况下，普通商品的需求曲线DD向右下方倾斜，它表示价格和需求是反向变动的关系，如果不断提升商品价格，消费者的需求随之下降，反之亦然。但也会有异常情况发生，比如一些稀缺的高端文化产权出现在市场时，备受欢迎，这些文化产权的需求曲线并不会按照一般的需求曲线向右下方倾斜。换句话说，对于一些价格在不断上涨的文化产权，消费者对其的需求不降反增，使得需求和价格从反向变动关系转变为正向变动关系。发生这种现象后，文化产权的需求曲线发生翻转，从最初的向右下方倾斜变为向左上方倾斜的曲线，即曲线DD4所示，如图6-3所示。

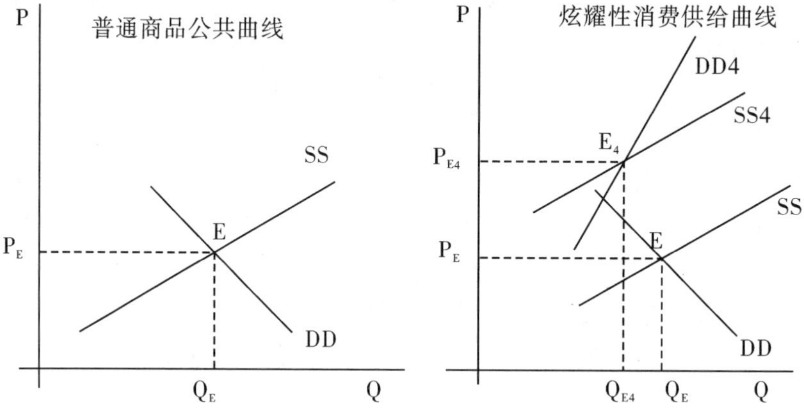

图6-3 炫耀性消费下的文化产权供需变化图

在经济学中，只有低端市场的“吉芬商品”和高端市场的“炫耀商品”会出现需求曲线向右上方倾斜的情况。虽然两者需求曲线的方向相同，但这两种不同商品的消费给消费者带来的效用是完全不同的。根据主流经济学的观点，后者呈现经济效用可以来描述消费者对某种商品的购买意愿和效率。其具体表现包括三个方面：首先，文化财产市场的参与者，特别是消费者和投资者，为了获得文化财产权，成本较高，虽然买方付出了更高的价格，但该文化产权给他带来了非常高的成就感。这就是炫耀性消费的心理，满足感越高，获得的总效用越大。其次，文化产权受市场追捧的程度越高，市场的期望值越高，越愿意购买文化产权以获得更多的展示效果。再次，高端文化产权能带来满足感的原因正是在于其存世稀少，更显得珍贵。文化产权越稀缺，其带给消费者的效用越高，二者是负相关关系。也就是说，只有少数人拥有同一类型的文化产权时，获得这种文化产权的消费者和投资者才会有更大的展示效果。

6.1.2 文化产权价值评估的指标体系构建

6.1.2.1 文化产权价值评估指标体系构建原则

建立合理的价值评估指标体系，可以在多方面表达影响文化财产价格的各种变量。但由于文化产权是一种高度主观的产品，所涉及的评级定价因素种类繁多，需要进行科学的筛选。因此，首先需要确定文化产权价值评估指标体系的原则，为后面的指标体系构建做出正确指导。

（1）指标体系的客观性

客观原则是构建定价指标体系的首要条件。文化产权的定价依旧要建立在客观事实上，根据文化产权的特征，通过数学模型和定量分析，尽可能剔除主观因素的影响，以便指标体系能真实地反映出文化产权的价值影响因素，并用可以衡量的方式来表示。

（2）指标体系的系统性

前文提到了影响文化产权定价的因素比较多，在建立文化产权定价指标体系的时候不能将影响因素单独拆开进行研究和分析，而是要从全局出发，从总体入手，建立一个涵盖各种影响因素的系统性的指标体系。

（3）指标体系的简明性

虽然科学的定价指标应该全面反映影响价格的所有因素，但在实际操作中，把所有影响因素都纳入指标体系中反而会导致该指标体系难以操作。此外指标和指标之间也会有重复的问题，某些指标对文化产权的价格影响微乎其微，可以忽略不计。为了使得指标体系能更好地发挥作用，选择指标时应消除功能相近的指标项，精简优化指标体系，避免重复。

（4）指标体系的可替代性

文化产业的发展还没有达到金融业那般成熟的地步，在数据的收集展示方面还不够全面，有些文化产权交易数据并没有被公开。然而在建立指标体系中，文化产权各项指标的数据是不可或缺的。除文化产权的特殊性外，某些文化产权交易指标的数据是受保护的，不能从外界获得，更是增加了实证处理的难度。因此，在建立文化财产定价指标体系时，应充分考虑文化产权指标，特别是敏感指标的可替代性，使定价过程顺利进行。

6.1.2.2 文化产权价值评估指标的选取

由于文化产权内在因素、文化产权外在因素和市场因素三个方面会对文化产权交易的价格产生影响，在遵守前文指标体系构建原则的基础上，建立文化产权的定价指标体系，该指标体系包括三个一级指标和十六个二级指标的原始定价指标，如表 6-1 所示。

表 6-1 文化产权价值评估的指标体系

目标层	一级指标	二级指标
文化产权价值评估指标体系	内在艺术影响指标	文化产权的制作工艺
		文化产权的主题与思想
		文化产权的所属流派
		文化产权的艺术造诣
		文化产权的表现形式
	外在客观属性指标	文化产权的材质
		文化产权的尺幅的大小
		文化产权的落款
		文化产权创作者的生存状态
		文化产权的创作年代
		文化产权特殊附加值
		文化产权的存世量
文化产权价值评估指标体系	市场竞争力指标	文化产权的交易方式
		文化产权的交易时间
		文化产权的交易区域
		文化产权创作者作品价格走势

内在艺术价值指标通过文化产权领域内的专家进行综合评估打分来评判文化产权自身具有的内在艺术价值。主要包括文化产权的制作工艺、主题与思想、文化产权的所属流派、艺术造诣和表现形式五个方面内容。

外在客观属性指标是对文化产权的外在客观条件进行指标的测量和量化分析。外在属性包括文化产权的材质、文化产权的尺幅的大小、文化产权的落款、创作者的生存状态、文化产权的创作年代、文化产权特殊附加值以及文化产权的存世量七个方面内容。

市场竞争力指标主要研究的是文化产权进入流通市场后的市场表现情况。通过文化产权的交易方式、文化产权的交易时间、文化产权的交易区域以及创作者作品的价格走势四个方面反映。

6.1.3　文化产权交易价值评估方法

价值评估作为产权交易定价的基础，为产权交易最终成交的价格提供了一个具有说服力的依据。以企业资产并购重组为例，资产评估的方法主要包括成本法、市场法和收益法。

6.1.3.1　成本法

企业资产评估的成本法也称资产基础法，是指按照企业重建的思想，根据在评估时点再建一个与被评估企业完全相同或具有相同生产经营能力及获利能力的载体所需要的合理投资额作为被评估企业价值的评估方法。评估的思路是，分别评估企业各组成部分资产的价值，而后通过加总得到总资产的价值。根据对企业资产成本估价方式的不同，成本法又主要包括重置成本法和账面价值法。重置成本法是根据构成企业各种要素资产的重置成本，加总来计算企业价值评估值的一种评估方法。其计算公式为：

$$\text{企业价值}=\sum(\text{企业资产重置成本}-\text{实体性贬值}-\text{功能性贬值}-\text{经济性贬值})=\sum(\text{企业资产重置成本}\times\text{成新率})$$

其中，实体性贬值是指由于使用和自然力作用，其物理性能下降而造成的企业资产价值的减少；功能性贬值是指由于新技术的推广和运用，使得原有资产在技术上明显落后、性能降低而造成其价值的相应减少；经济性贬值是由于资产以外的外部环境（如政治因素、宏观因素）变化而引起的资产价值降低。成新率则是反映评估对象的现行价值与其全新状态重置价值的比率，它可以通过观察法、使用年限法和修复费用法计算得出。

账面价值法是指将企业资产负债表中的资产总额减去负债，也就是所有者权益部分的账面价值作为企业价值评估值的一种企业价值评估方法。其计算公式为：

$$\text{企业价值}=\sum(\text{企业各项资产账面价值}-\text{企业负债})$$

6.1.3.2　市场法

企业资产评估的市场法是指通过市场调查，在市场上选择一个或多个与被评估企业相同或相似的企业作为参照基础，比较分析被评估企业或相似企业的重要指标，在此基础上，修正、调整参照企业的市场价值，从而评估出被评估企业市场价值的评估方法。因此，从市场的角度出发，根据市场情况来评估企业的价值，是市场法的最大特征。由于评估过程中需要指标和参数可以直接从市场获得，因此市场的真实价格能被尽可能地反映出来，评估值也更容易被交易双方接受。正因为如此，市场法在为企业价值评估中被广泛使用。

6.1.3.3 收益法

企业资产评估的收益法是指根据被评估企业整体资产的未来获利能力，估算其未来预期收益，并按适当的折现率将其折现为现值，借以确定被评估企业价值的一种评估方法。收益法的基本估价模型为：

$$V = \sum_{t=1}^{N} \frac{A_t}{\prod_{t=1}^{t}(1 + r_i)}$$

式中，V 表示被评估企业的评估值，A_t 表示被评估企业在第 t 期的收益预测值，N 表示企业预计的持续经营期，r_i 为企业的第 t 期现金流量的折现率。收益法的理论基础是，企业的价值与其未来产生的收益密切相关，收益是企业价值的最终源泉，企业内在价值是其未来收益的现值。显然，使用该方法评估的企业必须是持续经营的。

根据未来收益的表达形式不同，收益法又分为以现金流量为基础的现金流量折现法和以利润为基础的净利润折现法，前者在使用中最为普遍，是我们分析的重点。现金流量折现法在理论基础上更为雄厚，有效市场理论（EMH）、资本资产定价模型（CAPM）、套利模型（APT）等一系列重要的金融理论都被实际运用到技术方法中。例如，对债务成本的估计参照了 MM 定理，考虑了节税收益对资本成本的影响。存在税收的情况下，公司的贷款行为可以通过将贷款利息抵扣税前收入而创造价值。

就评估方法本身而言，每一种评估方法都有其科学合理性的方面，也有其缺陷与不足，其揭示的企业价值内涵也不同，进而会削弱其在特定企业资产评估中的有效性。但我们也可以这样看，这个结果的出现是因为每一种评估方法所侧重的重点与价值标准不同，是分别从一个独特的视角来反映相应的评估价值。

首先，重置成本法是站在投资人的角度，在社会现有的技术水平、现时的价格水平的条件下来分析企业资产的价值构成并进行评估的，该方法主要以资产负债表等财务报表为依据，考虑了通货膨胀、技术水平、市场环境等因素对企业资产价值的影响，但却忽略了企业没有账面价值仍能给企业带来价值增值的无形资产，评估结果与企业创造未来收益的能力大小的相关性不大，并且企业存续的时间越长，这种相关性就越小。换句话说，采用账面价值调整法评估的无论是重置成本还是变卖价值，都不能完整反映企业的现有价值和价值增值。另外，布瑞德特·康纳尔在《公司价值评估》一书中指出，成本法的最大不足是它忽略了组织资本。

其次，市场法隐含的前提是有效市场假说，认为价格在任何时候都能充分、及时、动态地反映全部信息。在一个有效市场上，证券价格与内在价值之间的偏离能够在很短的时间里被充分调整，证券价格不存在无风险套利机会，因而可以认为一个公司股票的市价总值就是该公司的市场价值，未上市公司可以参照大致相同的上市公司来估算自己的价值。虽然市场价值法的产生也是基于证券市场、产权市场的高度发展，但是市场是否达到了“有效市场”的标准还值得商榷，建立在有效市场假说基础上的市场价值法的准确性和合理性也因此受到怀疑。更为重要的是，根据有效市场理论，采用市场价格法评估企业价值，应该采用交易日的市场价格，因为最新的价格容纳了最新的全部信息。而资产市场价格的频繁波动，会影响企业价值评估结果的稳定性。在有效市场上，价格的波动是不可预测的随机运动，市场价值法在计算上主要应用了统计的方法，虽然从实践上来看，数据具有一定的说服力，但并没有其他明确的理论依据。

最后，收益法中常选用的现金流量折现法认为，企业的价值是将今后得到的全部现金流量加以资本还原得到的现在价值的总和。这种估价法注重的是现金流量而不是会计报表的盈利。现金流量不仅涉及目标企业的财务状况、盈利能力，还考虑了目标企业的未来发展前景。这种方法将资产价值与该资产预期未来现金流量的现值联系起来，具有坚实的理论基础，对于企业并购决策具有现实的指导意义。其缺陷表现在：企业未来长期的经营业绩很难估计，评估值对企业终值的大小十分敏感，而终值又很难估计准确，增长率、资金成本率等参数也难以合理确定；该方法不能反映目标企业蕴含的机会和经营灵活性所带来的收益。

因而，每一种评估技术都有其优势的方面，具有服务于某些特定特征企业的价值评估的实际意义。对于我国企业来说，最重要的是要明确并购的目的和掌握每种技术方法的适用环境和特定的对象。根据企业价值内涵特征，分析每种方法的特质和适用性，并依据具体情况，选择与产权交易定价活动相适应的评估方法，是准确确定资产评估价值的前提。

一般来说，文化产权交易的价值评估可以分为文化企业转让股权价值评估、文化产权中无形资产的价值评估以及文化物权的价值评估三种类型，并且每一种都有其特定的评估方法，具体如下：

（1）文化企业转让股权的价值评估方法

一般来说，文化企业转让股权的评估价值就是企业进行转让的挂牌价格，而转让股权的价值评估则主要采用定量的方法，用企业净资产评估值乘以股权转让比例来计算得出。由于文化企业大多不需要数量庞大的固定资产，有些甚至不需要固定办公场所，因此，文化企业大多具有“轻资产”属性，评估其净资产的方法就是上述无形资产评估常用的方法。由于文化企业进行股权转让大多是为了企业未来有更好的发展，因此，在对企业价值进行价值评估时除了常规资产评估所需考量的指标外，还需考虑到有关股权转让的一些潜在的影响因素，如企业职工安置、经营理念契合度等，这些指标虽然不会产生决定性影响，但为了提高结果的精确度，我们也应该给予考量。

（2）文化产权中无形资产的价值评估方法

对于文化企业来说，其核心资产是其所拥有的无形文化资产，因此，企业股权的背后就是以文化资产为主的无形资产股权，转让股权也就是转让与股权相对应的权益和义务，这也可以看作是一种利益分享机制。文化企业的股权转让过去都是在传统的产权交易市场中进行，只不过随着文化产权交易市场的诞生和成熟，文化企业股权又具有很强的特殊性，因此才被归入文化产权的范围内。无形资产作为文化产权最重要的表现形式，其无形化的特征也使得其评估的难度大大增加，如何有效地解决这一难题，已经成为文化市场迫在眉睫的一个重大任务。事实上，针对文化产权中无形资产的价值评估问题，我国在近十年来已经积累了丰富的实践经验并且一直在进行总结。财政部在 2001 年就发布过《资产评估准则——无形资产》且在 2008 年时进行了修订，紧接着中国资产评估协会陆续发表了专利权、著作权、商标权的三项资产评估指导意见，为相关无形资产的评估提供了一定的执行规范，但同时又指出进一步规范和完善文化无形资产的评估，是规范产权交易、加快产业发展的迫切需要。在所有文化产权的标的物中，无形资产占据了绝对的核心地位，而这其中最核心的便是文化知识产权。文化知识产权所涵盖的范围很广，如版权、商标权、广告权等，且这些权利通常又被细分为使用权和所有权。

在实际运用中，对文化产权无形资产的评估也大多使用上述几种无形资产的评估方式，然而，由于无形文化产权所涵盖的产权种类众多，且每类产权的特点也有所不同，因此，我们应该结合其特性来挑选最适合的方法。例如，当我们评估诸如影视作品版权、音像制品产权等市场上流通数量较多的产权时，我们可以采用市场比较法，因为该方法适用于市场上比较常见的产品；而对于使用权、许可权等知识产权而言，则应该使用收益现值法，因为收益现值法是以产权在未来年限所创造收益的现值来确定评估价值的，只是具有一定的主观性。除了上述方法中必要的评估指标外，由于文化产权中无形资产从初创到最终形成往往要经历萌芽、研发、初步形成、产业化等很多阶段，因此，产品所处阶段的不同往往也会影响其未来收益进而影响其评估价值，也应该加入我们的评估指标体系。不仅如此，由于很多使用权可能会被授予给不同的主体，而专享权和共享权所带来的收益相差甚远，因此其被授予的主体数量也应被考虑。①

（3）文化物权的价值评估方法

由于文化物权一般是指具备稀有性、文化性及投资收藏性的一种特殊产权，一般都有很高的投资价值和良好的预期收益，因此是一种同时拥有商品属性和投资属性的文化产权。事实上，大多数文化艺术品本身并没有太大的价值，其价值主要体现在文化创意上，而文化创意指的是创作者将自身艺术灵感和文化融入外在表现形式的一种行为，因此，对文化物权进行评估也是对其文化创意价值的评估，一般采用无形资产价值评估的方法。文化物权的价值评估一般包括两方面：文化内涵价值和文化功能价值。文化内涵价值即对文化资源的感知程度，一般来说，评估指标应包括所使用文化资源的深度、历史价值等。而文化功能价值是指其所包含的文化内涵的表达能够使消费者身心愉悦。

6.1.4 基于未确知测度模型的文化产权价值评估及其应用

6.1.4.1 未确知测度模型的构建

未确知测度理论是一种不确定性理论，其理论常常被用来研究分析现实生活中难以用具体数值来进行测量的事物，目前未确知测度理论被广泛运用在工业、环境和企业绩效评估方面。未确知模型是未确知数学理论发展得出的重要成果，它通过对研究对象进行量化处理并且进行相关的隶属度分析，根据数据来构建多层次的等级区间，同时引入信息熵这一概念来解决未确知测度信息的复杂性与无序性问题，从而保证结果的科学性和客观性。该模型的指标多样化，不但有客观指标，对于一般数学模型无法测

---

① 周晓凤．文化产权交易及其定价研究［D］．中南民族大学，2013.

量的主观指标，未确知模型可以通过专家打分的形式加以测量。针对专家评分的主观指标，可以通过该模型的量化评价体系得出直观的评级数据，解决了主观指标不能量化的问题。此外，该模型对不同的指标采用熵权系数确定权重，使主客观结合，以便评价指标更加合理。

（1）未确知集与可测空间

假设 $U=(x_1, x_2, \cdots, x_n)$ 是整个研究对象，样本研究对象为 F_i（$i=1, 2, \cdots, n$）。则 $F=(F_1, F_2, \cdots, F_n)$ 是样本对象的状态集合，且 F 是一个普通的集合区间。若 $F_i \in F$，那么 F_i（$i=1, 2, \cdots, n$）是描述其中第 i 个研究对象所具备的特征属性，当然 F_i 和 F 同样是普通集合。由 F_i 集合作为组成元素形成的是 F 的全集。此时，E 是由 F 自己构成的所有集合，如果 $\forall A \in E$ 满足 $A-1 \in E$，那么 E 就是由 F 自己构成的全部集合。如果 $\forall A \in E$ 不满足 $A-1 \in E$，那么 E 在封闭区间内进行补集运算。且如果 $A_i \in E\,(i=1, 2, \cdots, k)$ 并满足 $\cup_{i=1}^{k}=E$，也就是说，当 $A_i \in E$ 且 $\cup_{i=1}^{\infty} A_i = E$ 时，由于 E 的所有集合种类都包括在自身集合中，因此我们可以将（F, E）定义为可测空间。

（2）评价等级的有序分割类

根据未确知测度模型的设定，假设 x_1，x_2，…，x_n 是 n 个需要进行综合评级的研究样本，x 表示的是样本向量。使用以 m 个指标 i_1，i_2，…，i_m 的综合指标群来表示研究对象，其中指标 i 是个向量指标，这样就能包括更多的信息。x_{ij} 的定义为样本研究对象 x_i 在评级指标 j 下进行量化的数值。设置 z 个综合等级评判区间 c_1，c_2，…，c_z 作为 x_{ij} 的对应区间，并使用等级向量 c 来表示该区间。将 k 位对样本研究对象进行评级的领域专家定义为 s_1，s_2，…，s_k，专家组向量记为 s。

关于评价等级向量 $c=(c_1, c_2, \cdots, c_z)$，定义如果等级之间满足 $c_1>c_2>\cdots>c_z$ 或者 $c_1<c_2<\cdots<c_z$，那么可以说（c_1，c_2，…，c_z）是等级向量 c 的一个有序分割类。根据各个等级向量之间的隶属度的分类标准，列出隶属度标准矩阵：

$$\begin{array}{c@{}c} \begin{matrix} c_1 & & c_z \end{matrix} & \\ \begin{pmatrix} a_{11} & \cdots & a_{12} \\ \vdots & \ddots & \vdots \\ a_{m1} & \cdots & a_{mz} \end{pmatrix} & \begin{matrix} i_1 \\ \vdots \\ i_m \end{matrix} \end{array} \tag{6-1}$$

其中，a_{jk} 表示 j 个指标取得评价 c_k 的标准，且 $a_{j1}>a_{j2}>\cdots>a_{jz}$ 或 $a_{j1}<a_{j2}<\cdots<a_{jz}$。

（3）单个指标的未确知测度及权重的确定

由于指标评级是一项主观性的判断，所以每位专家对于样本 x_i 在指标 j 上的评价有所不同，造成对于 x_{ij} 的评价等级 c_z 的不同。设：

$$u_{ijz}=\frac{\text{对 } X_{ij} \text{ 评级为 } Cz \text{ 的专家人数}}{\text{总的专家人数 } k} \tag{6-2}$$

式 6-2 表示对样本 x_{ij} 在指标 i_j 上取得 c_z 评级的概率。z 满足以下条件：

①$0 \leqslant u_{ijz} \leqslant 1$

②$u\ (x_{ij} \in U_{z=1}^{z} c_z) = \sum_{z=1}^{z} u\ (x_{ij} \in c_z)$

③$u\ (x_{ij} \in c) = 1$

其中，$i=1, 2, \cdots, n$；$j=1, 2, \cdots, m$；$z=1, 2, \cdots, z$

将 u_{ijz} 称为未确知测度。进一步可以定义：

$$(u_{xij})_{m\times z}=\begin{pmatrix} U_{i11} & \cdots & U_{i1z} \\ \vdots & \ddots & \vdots \\ U_{im1} & \cdots & U_{imz} \end{pmatrix} \tag{6-3}$$

其中，$i=1, 2, \cdots, n$，式 6-3 为对象 x_i 的单指标测度评价矩阵。

定义未确知测度 u_{ijz} 的信息熵为：

$$H_{ij}=-\sum_{z=1}^{z} U_{ijz} \cdot \log U_{ijz} \tag{6-4}$$

$$v_{ij}=1-\frac{H_{ij}}{\log z} \tag{6-5}$$

则

$$w_{ij}=\frac{V_{ij}}{\sum_{j=1}^{m} V_{ij}} \tag{6-6}$$

w_{ij} 表示由信息熵定义的各项指标的权重。由信息熵的性质可知：

①当且仅当 $u_{ij1}=\cdots=u_{ijz}=1/z$ 时，v_{ij} 取到最小值 0；

②当且仅当存在一个 $u_{ijz0}=1$，其余的 $k-1$ 个均为 0 时，v_{ij} 取到最大值 1；

③u_{ijz} 取值越集中，v_{ij} 的值越接近于 1；反之 u_{ijz} 越分散时，v_{ij} 的值越接近于 0。

由上可知，u_{ijz}、v_{ij} 和 w_{ij} 三者是正相关关系。因此，进一步可以定义：

$$w_i=(w_{i1}, w_{i2}, \cdots, w_{im}) \tag{6-7}$$

为指标 $i_1, i_2, \cdots, i_m$ 关于 x_i 的分类权重向量，表示专家对艺术品各属性评价的权重。

(4) 综合等级评价公式

如果关于样本 x_i 的单指标测度评价矩阵和分类权重向量 w_i 已知。那么：

$$P_i = (u_{ijz})_{m\times z}\cdot c = \left(\sum_{z=1}^{z} u_{i1z}\cdot c_z,\ \sum_{z=1}^{z} u_{i2z}\cdot c_z,\ \cdots,\ \sum_{z=1}^{z} u_{imz}\cdot c_z\right) \tag{6-8}$$

其中，$\sum_{z=1}^{z} u_{ijz}\cdot c_z$，表示样本 x_i 在指标 j 下的综合得分，式 6-7 表示样本 x_i 在指标体系 $i=(i_1,\ i_2,\ \cdots,\ i_m)$ 下的综合得分。

将评价向量 P_i 与权重向量 $w_i=(w_{i1},\ \cdots,\ w_{im})$ 的转置，即 w^T 相乘，得到：

$$T_i = P_i\cdot w_i^T = \sum_{j=1}^{m}\sum_{z=1}^{z} w_{ij}\cdot u_{ijz}\cdot c_z \tag{6-9}$$

式 6-9 称为综合评价等级公式。

6.1.4.2 计算公式与相关数据选择

文化产权创作者在市场上进行交易的文化产权的成交价格区间为 $[r,\ q]$。在经济学的研究中，比较不同时期商品价格时，为了使得比较结果更加客观准确，通常会剔除通货膨胀的方法。但文化产权是特殊商品，必须区别对待，考虑到文化产权的交易价格受到多种因素影响，通货膨胀只是其中之一，还有人们认知水平提高，审美观念发生改变，文化产权随时间变化而增值溢价等非经济因素也会对交易价格造成一定的影响，特定情况下影响力高过通货膨胀。随便剔除掉通货膨胀的影响，却没有对其他影响因素做出调整的话，文化产权的价值计算结果肯定有偏差，导致模型的效率不高，因此，不能剔除通货膨胀对文化产权价格的影响。另外，虽然保留了通货膨胀的影响，但是文化产权的成交价格中可能会出现个别的极端价格，若将其放入价格区间内可能会对最终结果造成干扰，所以要剔除成交价极大、极小值，得到具有代表性的成交价格区间 $[\hat{r},\ \hat{q}]$。

(1) 计算公式

将价格区间 $[\hat{r},\ \hat{q}]$ 与等级评价向量 $c=(c_1,\ c_2,\ \cdots,\ c_z)$ 进行一一对应。即 $\hat{r}$ 与 c_1 对应，$\hat{q}$ 与 c_z 对应，以此类推，就可以计算出各评价等级之间的价格差距：

$$g = (\hat{q}-\hat{r})\ /\ (z-1) \tag{6-10}$$

由上可知价格区间的划分与评价空间是相对应的，因此：

$$A_i = \hat{r} + (T_i - 1)\cdot g \tag{6-11}$$

式 6-11 是文化产权的定价公式。该公式反映出文化产权的定价应该以业内专业人士的综合评价为基础，当文化产权进入流通市场后，其价格波动的范围则是以历史成交价格作为参考的。考虑到文化产权交易市场中还存在一些炒作、行情变动、审美转移等情况也会对文化产权价格造成影响，

将 h 定义为影响文化产权价格的随机因素，放入定价公式中，一个更加科学、客观的文化产权定价公式 $\widehat{A}_i$ 就诞生了。

$$\widehat{A}_i = \widehat{r} + [(T_i - 1) \cdot g] + h \tag{6-12}$$

（2）相关数据选择

前文提到过不同类型的文化产权有不同的定价指标体系，本书因为篇幅有限，只能选取一种类型的文化产权进行定价研究，由于文化产权交易市场中，书画类文化产权非常普遍，且交易量比较大，因此将书画类文化产权作为本书的样本，以此建立一个书画类文化产权的定价指标体系并通过案例加以验证。在数据选取上，根据数据的可获得性与易用性的原则，对山东文化产权交易所（下文简称“山东文交所”）的文化产权交易数据进行筛选。基于山东文交所 2011 年 5 月至 2017 年 12 月的文化产权交易数据，通过挂牌文化产权价格以及挂牌文化产权数量两项指标首先确定文化产权创作者样本，进而抽取文化产权样本。山东文交所从 2011 年 5 月成立至 2017 年 12 月，在平台上参与交易的书画类文化产权一共挂牌 1624 件，包括书法作品 1518 件和绘画作品 106 件，有吴传麟、高岱、戴军、孔孟乡、高玉琦等多位艺术家的作品在山东文交所的网站挂牌出售。在山东文交所挂牌的文化产权中以高岱的作品数量较多，且作品尺寸大小不一，文交所对每幅作品给出的报价也各不相同，因此将其选为文化产权创作者样本，并随机抽取《锦瑟》《车架渡江》《寓意》《忠义双全》四部作品进行定价研究。

6.1.4.3 文化产权价值评估的指标优化与评价标准

（1）指标优化

前文有关文化产权价值评估指标的初始框架已经成型。但文化产权种类繁多，不能一统而论，在建立不同类型的文化产权评估指标时，必须对指标进行筛选和优化。由于我们选择的是书画文化产权，因此有必要结合书画类文化产权的特点，对内在艺术价值指标、外在客观属性指标和市场竞争力指标进行调整。

第一，内在艺术影响指标。具体内容包括：①文化产权的主题。在文化产权创造中，正是由于作品的主题和内容的差异，还有其传达出来的思想是令该文化产权区别于其他作品的核心部分。根据文化产权的主题和思想能看出其创作者的智慧劳动、作品的复杂程度和特殊性。通过观看文化产权的主题带来的直观感受是影响价格的重要因素。近年来我国文化产权书画交易市场发展迅猛，根据多年的市场交易数据可以发现，绘画类文化产权的价格普遍高于书法类文化作品。这也说明文化产权的主题和思想作为内在艺术价值的指标得到了市场的支持。②文化产权的精品程度。具有高精品度的文化产权都是由创作者手工制作完成的，无法实现大规模机械化的批量生产。因此，每一种文化财产的精细程度都不可能与普通商品的精细程度相比。在创作文化产权时，艺术家创作技巧，创作环境和艺术地位都会产生影响。因此，完成的文化产权的质量高低不同。一般来说，创造条件的水平高低与最后作品的优良程度是正相关关系。因此，文化产权的优良程度是多种创造条件相结合的结果。文化产权的质量越高，内在艺术价值越大，二者呈正相关关系。③创作者的艺术造诣。艺术家在创作文化产权方面所取得的艺术成就是确定文化产品内在价值的重要因素。文化产权创作者的艺术造诣是其艺术水平的综合体现，创作者的艺术造诣越高，其作品的艺术价值越高。在文化产权进入商品市场之后，创作者的技艺水准不同，同一类型文化产权的价格也随之变化。创作者的艺术造诣可以分为以下三类：第一是水平高超，艺术创作和艺术体验通过了长时间的经验积累，创造出的文化产权具有划时代的意义；第二是水平优秀，拥有良好的技艺，并有独特的创意方法；第三是水平突出，这个级别的创作者年纪较轻，但有很高的天赋和潜力，他们有良好技巧和开放的艺术思维。总的来说，艺术造诣越深的创作者，其创造的文化产权的内在艺术价值也越高，也更容易获得市场的认可。

第二，外在客观属性指标。具体包括：①文化产权的现存量。文化产权的制作方式，工艺的复杂与否，以及创作者的生命长短、思维灵感和生活经历等会对文化产权的存世量必然造成一定的影响。一些高产的创作者有大量的艺术作品，他们的作品数量可能过万，在市场上广为流传。对于一些不追求数量或艺术内容的创作者而言，他们的作品可能只有几十件留存于世。应该指出的是，尽管一些创作者创造的文化产权较少，市场上比较罕见，但由于数量稀少，没有得到市场的广泛认可，没有吸引到买家的兴趣，导致文化产权的市场价值不高。因此，文化产权的存量对价格的影响还需要具体分析，不能简单笼统的一概而论。②文化产权尺幅的大小。对于文化产权，特别是书画文化产权来说，尺幅大小是衡量文化产权文化价值和市场价格水平的重要指标。尤其是对于普通的书画类文化产权来说，作品的大小是常用的参考指标，一般情况下书画作品的版面越大，其市场价格越高。但从实际的交易情况来看，市场对大而美的文化产权的认同程度较高，小而精的文化产权也获得了较好的市场表现。因此，文化产权的规模大小对价格的影响不能简单地认为只是一种线性正相关，其影响可能是十分复杂的。③文化产权的创作时间。文化产权创作的时间远近，直接决定了文化产权的历史价值水平。历史越久远的文化产权价格越高，基本是文化产权交易市场的共识了。这是由文化产权创造的时代决定的，是文化产权的重要时间属性。对于古代遗留下的书画文化产权来说，同一类型的文化产权在其他指标相差无几时，创作年代越早的文化产权具有更高的历史价值，更受市场青睐，价格自然水涨船高。但对于现代书画文化产权来说，创作时间与市场价格的关系并不显著，这是因为现代文化产权的年代太近，没有什么历史积淀，其历史价值可以忽略不计。所以，文化产权的创作时间是一个重要的参考指标，但对不同时期的文化产权定价的影响力有所不同。④文化产权附加值。除了文化产权的存世量、时间属性外，文化产权的保存情况，是否有创作者落款，创作时期的特殊背景都属于文化产权的附加值，它们虽然不能对文化产权的价格起决定性作用，但也会产生一些细微的影响。

第三，市场竞争力指标。在书画类文化产权进入流通领域后，市场会根据其创作者以往的作品成交价格来估算该文化产权的价格。文化产权在流通市场的成交价格是该文化产权在市场受欢迎程度的实时反映，通过多笔文化产权交易数据还可以预估文化产权的市场行情走势。尽管文化产权的交易地点、时间和方式会对价格产生影响，但最能反映文化产权真实价格的还是其创作者的作品价格走势，因此市场竞争力指标中的另外三个二级指标可以忽略不计。综上所述，我们列出文化产权的优化指标，如表 6-2 所示。

表 6-2　书画类文化产权定价指标体系

目标层	一级指标	二级指标
文化产权交易定价的指标体系	内在艺术影响指标	文化产权的主题与思想 i_1
		文化产权的精品程度 i_2
		文化产权创造者的艺术造诣 i_3
	外在客观属性指标	文化产权的尺幅大小 i_4
		文化产权的创造年代 i_5
		文化产权特殊附加值 i_6
		文化产权的存世量 i_7
	市场竞争力指标	文化产权创作者市场价格走势 i_8

（2）指标评价标准

首先对文化产权的评价指标做一个明确的划分，将评价标准从低到高分为差、较差、合格、较好、很好、精彩、非凡一共七个等级，用评价向量表示为：

$$C=\{(-\infty,0],(0,1],(1,2],(2,3],(3,4],(4,5],(5,+\infty)\}$$

一般情况下，艺术家在一段时间的创作水平都是稳定的，虽然可能会随着时间的增长逐步提高，但短期内不会出现水平突飞猛进或者一落千丈的情况。所以这里假设文化产权创作者的发挥是固定的。在对样本文化产权进行打分评价的时候，很少会出现差或者非凡的极端评价，所以模型可以假设评价区间会集中在较差（0，1］到精彩（4，5］的范围之内。由此得到文化产权指标的评级标准矩阵为：

$$C=\begin{pmatrix}(0,1] & \cdots & (4,5]\\ \vdots & \ddots & \vdots\\ (0,1] & \cdots & (4,5]\end{pmatrix}\begin{matrix}i_1\\ \vdots\\ i_7\end{matrix}$$

（列标：c_1 … c_5）

虽然评级标准矩阵排除了极端评价向量，但是考虑到文化产权创作的不确定性，不能百分百确定不会出现惊世骇俗或者惨不忍睹的艺术作品，根据墨菲定律，再小概率的事件，只要有发生的可能性，就一定会发生。所以，在评价区间的参数选择上还是保留了（$-\infty$，0］和（5，$+\infty$）两个评价区间，分别指代创作者的技艺水平的两个极端。

6.1.4.4 文化产权价值评估模型的应用

（1）文化产权样本的综合评级

根据前面我们的数据选择，将样本高岱的四幅文化产权交给12位业内专家进行综合评分的量化分析，计算各个指标的单测度数值，得到该标的物样本的单测度计算结果矩阵表，如表6-3所示：

表6-3 艺术品文化产权样本的单指标计算结果矩阵表

样本	标准/指标	P_1	P_2	P_3	P_4	P_5	P_6	P_7
x_1	c_1	0.25	0.08	0.17	0.00	0.17	0.17	0.00
	c_2	0.33	0.25	0.42	0.25	0.17	0.42	0.50
	c_3	0.25	0.42	0.33	0.33	0.42	0.33	0.42
	c_4	0.17	0.25	0.08	0.42	0.17	0.08	0.08
	c_5	0.00	0.00	0.00	0.00	0.08	0.00	0.00

续　表

样本	标准/指标	P_1	P_2	P_3	P_4	P_5	P_6	P_7
x_2	c_1	0. 00	0. 08	0. 08	0. 25	0. 17	0. 00	0. 00
	c_2	0. 17	0. 17	0. 25	0. 42	0. 08	0. 33	0. 08
	c_3	0. 25	0. 42	0. 33	0. 25	0. 42	0. 42	0. 50
	c_4	0. 42	0. 25	0. 33	0. 08	0. 25	0. 25	0. 33
	c_5	0. 17	0. 08	0. 00	0. 00	0. 08	0. 00	0. 08
x_3	c_1	0. 25	0. 08	0. 17	0. 08	0. 17	0. 17	0. 08
	c_2	0. 25	0. 17	0. 08	0. 25	0. 08	0. 33	0. 42
	c_3	0. 33	0. 33	0. 25	0. 33	0. 17	0. 33	0. 42
	c_4	0. 17	0. 42	0. 50	0. 33	0. 58	0. 17	0. 08
	c_5	0. 00	0. 00	0. 00	0. 00	0. 00	0. 00	0. 00
x_4	c_1	0. 08	0. 08	0. 17	0. 00	0. 17	0. 08	0. 08
	c_2	0. 17	0. 17	0. 33	0. 08	0. 25	0. 17	025
	c_3	0. 17	0. 50	0. 33	0. 08	0. 42	0. 33	0. 42
	c_4	0. 42	0. 25	0. 17	0. 75	0. 17	0. 33	0. 25
	c_5	0. 17	0. 00	0. 00	0. 08	0. 00	0. 08	0. 00

通过上表可以清晰地看到四个样本在不同指标上的评价情况，每一个分数叫作单指标测度。仔细观察每个单指标测度就会发现四个样本的在同样的指标上的得分不一样，这也说明四幅样本之间存在差异，各样本的特点已经凸显。

在样本 x_1 中，各指标测度的最高值会主要集中在合格 c_2 和较好 c_3 两个评价标准中，表现合格 c_2 的指标有 4 个，分别是文化产权的主题 i_1、艺术造诣 i_3、附加值 i_6 和存世量 i_7；表现较好 c_3 的指标有 2 个，分别是艺术表现力 i_2 和创作年代 i_5；表现很好的 c_4 指标集中值则只有 1 个，即尺幅大小 i_4。纵观样本 x_1 的指标测度集中值可以初步推断，计算结果显示，所选样本 x_1 的计算综合评级推测会维持在计算区间合格的 c_2 以及较好的 c_3 之间。此外，结算结果还显示，在所选样本 x_2 里，样本计算结果显示，各指标计算测度出来的最高集中数值是保持在较好标准 c_3 与标准很好 c_4 的区间上将成为大概率事件，比样本 x_1 的单项指标评价标准高出一个区间，所以样本 x_2 有高的概率在最后的综合评价中分数高过样本 x_1。同样，观察样本 x_3 和 x_4 的单指标测度分布就会发现，样本 x_1 和 x_3，x_2 和 x_4 的情况比较相似。现在还不能说明样本 x_2 与 x_4 在最终的综合评级得分一定会超过样本 x_1 和 x_3，只能说有很大概率超过。由于单一指标的集中价值分布只是影响评级的一个因素，样本的得分向量、指标向量和指标权重同样对我们计算的终极评价量化结果产生明显的影响。由此看来，样本的单指标测量矩阵集中值最重要的价值在于能够明显地展示该指标的量化标准分布，而对所选样本的综合评级分没有显著含义，样本的最终数值结果还需要更深入的计算才可能获得。

为了使指标得分更加客观，需要分别把每个样本的单指标测度矩阵单独拿出来，与指标向量相乘，进行进一步的量化分析，根据公式计算样本文化产权 x_1 各个指标的得分向量：

$$P_1=(u_{1jz})_{7\times5}\cdot C^T=\begin{pmatrix}u_{i11}&\cdots&u_{i1z}\\ \vdots&\ddots&\vdots\\ u_{im1}&\cdots&u_{imz}\end{pmatrix}\begin{pmatrix}c_1\\ \vdots\\ c_z\end{pmatrix}$$

$$=\begin{Bmatrix}0.25&0.33&0.25&0.17&0\\ 0.08&0.25&0.42&0.25&0\\ 0.17&0.42&0.33&0.08&0\\ 0&0.25&0.33&0.42&0\\ 0.17&0.17&0.42&0.17&0.08\\ 0.17&0.42&0.33&0.08&0\\ 0&0.50&0.42&0.08&0\end{Bmatrix}\cdot\begin{pmatrix}1\\2\\3\\4\\5\end{pmatrix}$$

$$=(2.34\ 2.84\ 2.32\ 3.17\ 2.85\ 2.32\ 2.58)^T$$

在样本 x_1 的得分向量中，最高指标得分为 i_4 指标的 3.17 分，最低指标得分则为指标 i_3 和 i_6 的 2.32 分。与之前的单指标测度矩阵相比，之前得分最高的两个标准区 c_3 和 c_2 在得分向量中的分值没有 c_4 区间高，明明在单指数测度矩阵中只有一个集中值落在 c_4 区间，然而进一步量化后结果却发生了改变。这表明集中指标测度更能反映出文化产权整体的评价等级，而单一指标则更侧重于文化产权单个属性的评价。

依次计算出其他三个样本的指标得分向量，如下表所示：

表 6-4　样本各指标分向量表

样本 x	P_1	P_2	P_3	P_4	P_5	P_6	P_7
x_1	2.34	2.84	2.32	3.17	2.85	2.32	2.58
x_2	3.62	3.08	2.86	2.16	2.99	2.92	3.38

续 表

样本 x	P_1	P_2	P_3	P_4	P_5	P_6	P_7
x_3	2.42	3.09	3.08	2.89	3.16	2.50	2.50
x_4	3.42	2.92	2.50	3.83	2.58	3.17	2.83

现在虽然已经知道了每个样本的得分向量，但不可以直接将各个指标的得分相加得出样本的综合评价。要想得到更加客观的文化产权的综合评价，需要计算出各个指标所占的权重后再进行加权平均计算才能得出结果。如何才能确定指标的权重呢？这时需要引进熵权系数来衡量权重。

根据各样本的单测度矩阵和信息熵公式 $H_{ij} = -\sum_{z=1}^{z} u_{ijz} \cdot \log u_{ijz}$，计算各样本的信息熵值。如下表所示：

表 6-5 样本指标信息熵值表

样本 x	H_1	H_2	H_3	H_4	H_5	H_6	H_7
x_1	0.59	0.55	0.54	0.47	0.42	0.40	0.40
x_2	0.57	0.62	0.56	0.55	0.62	0.47	0.48
x_3	0.59	0.54	0.52	0.56	0.49	0.58	0.49
x_4	0.64	0.52	0.58	0.36	0.57	0.62	0.55

在信息熵的矩阵中，指标反映出的信息数量多少反映为信息熵数值的大小，二者存在着反向变动关系。一般情况下，不同样本相同指标之间信息熵的值是不同的。信息熵数值越大表示该指标反映的信息越少，反之，数值越小则表明的信息越多。

再根据公式 $v_{ij} = 1 - \frac{H_{ij}}{\log z}$，得到各样品的 v_{ij} 矩阵为：

$$v_{1j} = (0.16 \quad 0.21 \quad 0.23 \quad 0.33 \quad 0.40 \quad 0.43 \quad 0.43)$$
$$v_{2j} = (0.18 \quad 0.11 \quad 0.20 \quad 0.21 \quad 0.11 \quad 0.32 \quad 0.31)$$
$$v_{3j} = (0.16 \quad 0.23 \quad 0.26 \quad 0.20 \quad 0.30 \quad 0.17 \quad 0.30)$$
$$v_{4j} = (0.08 \quad 0.26 \quad 0.17 \quad 0.48 \quad 0.18 \quad 0.11 \quad 0.21)$$

矩阵 v_{ij} 的作用是连接信息熵与熵权，只是起到衔接作用的中间变量，方便后期的计算，对结果并没有产生影响。按照公式 $w_{ij} = \frac{V_{ij}}{\sum_{j=1}^{m} V_{ij}}$，得到各个样本的熵权系数 W 的矩阵表为：

表 6-6　样本熵权系数矩阵表

样本 x	W_1	W_2	W_3	W_4	W_5	W_6	W_7
x_1	0.07	0.10	0.11	0.15	0.18	0.20	0.20
x_2	0.13	0.08	0.14	0.15	0.08	0.22	0.22
x_3	0.10	0.14	0.16	0.12	0.19	0.10	0.19
x_4	0.05	0.17	0.11	0.32	0.12	0.07	0.14

根据样本艺术品各个指标的重要程度我们设定熵权系数来代表权数，根据不同评级因子在综合评级中产生作用的大小进行划分，从而给出一个经过调整的更加合理的评级。通过对信息熵的数学处理，可以排除多项不确定性因素的干扰，得到的熵权系数就是指标的权重。与专家赋值的指标权重相比，熵权系数更加准确和客观，因为它消除了专家赋值所具有的主观性。

通过表 6-6 可以发现，四个样本的大多数指标权重都在 0.1 到 0.2 之间，总体上来说分布比较均匀，说明每个指标都对文化产权的价格有所影响，指标体系是有用的。

在得到各个指标的权重后，将指标权重转置矩阵与得分向量相乘，得到各个样本文化产权的综合评级，即：

$$T_i = p_i \cdot w_i^T$$

$$= \left(\sum_{z=1}^{z} u_{i1z} \cdot c_z,\ \sum_{z=1}^{z} u_{i2z} \cdot c_z,\ \cdots,\ \sum_{z=1}^{z} u_{imz} \cdot c_z\right)\ (w_{i1},\ w_{i2},\ \cdots, w_{im})^T$$

$$= (2.67 \quad 3.01 \quad 2.84 \quad 3.10)$$

最后四个样本的综合评级得分分别为 2.67、3.01、2.84 和 3.10，说明样本 x_1 和样本 x_3 的评价等级为较好（2，3]，而样本 x_2 和样本 x_4 的评价等级为很好（3，4]。这与之前在单指标测度矩阵时预测的结果是一致的。

（2）文化产权样本价值评估模型的应用

仍然在指标 i_8 “文化产权创作者市场价格走势”的数据选取上，以山东文交所的书画类文化产权交易数据作为研究对象。创作者高岱在山东文交所网上交易平台挂牌的文化产权一共有 36 幅，文交所根据作品尺幅的大小，将最大的 3 幅作品标价为 8000 元/幅，中等大小的 8 幅作品标价为 4200 元/幅，尺幅较小的 12 幅作品标价为 2800 元/幅，尺幅最小的 13 幅作品标价为 1500 元/幅。由于绝大部分作品价格都在 1500 元至 4200 元这个区间，8000 元/幅的作品仅占挂牌文化产权总数的 8.3%，且价格远远高于交易定价的活跃区间，所以应该剔除这 3 幅价格过高、数量较少的文化产权，降低异常值对定价模型的干扰。经过调整后的高岱作品在山东文交所交易平台的价格区间为：(1500，4200)。

在确定价格组距 g 时，由式 6-10 可得：

$$g = (\hat{q} - \hat{r}) / (z-1) = (4200-1500) / (5-1) = 675$$

故 $g=675$ 为调整后的价格组距。

根据上述条件，由式 6-11 得出由未确知测度模型评估的样本文化产权价格为：

$$A_1 = \hat{r} + (T_1 - 1) \cdot g = 1500 + (2.67-1) \times 675 = 2627.25$$

$$A_2 = \hat{r} + (T_2 - 1) \cdot g = 1500 + (3.01-1) \times 675 = 2856.75$$

$$A_3 = \hat{r} + (T_3 - 1) \cdot g = 1500 + (2.84-1) \times 675 = 2742$$

$$A_4 = \hat{r} + (T_4 - 1) \cdot g = 1500 + (3.10-1) \times 675 = 2917.5$$

表 6-7　样本文化产权定价评估表

样本 x	模型综合评级	模型估计价格（元）	文交所成交价（元）	误差率（%）
x_1	2.70	2627.25	2800	-6.16
x_2	3.22	2856.75	2800	2.02
x_3	2.84	2742	2800	-2.07
x_4	3.10	2917.5	2800	4.20

将模型估价与文交所的实际成交价作对比，可以发现样本 x_1 和 x_3 的价格被高估，样本 x_2 和 x_4 的价格被低估。虽然模型的估价与实际的成交价相比有高估或低估的情况发生，但是评估价格与实际成交价格的差额并不大，该笔文化产权交易既符合了市场规律也体现了文化产权的价值。

6.1.5　资本评估的实质及在文化产权交易定价中的定位

文化产权的内在价值具有特殊性，实践中多文化产权交易的定价时常出现交易价格低于或高于，甚至大大低于或高于资产评估结果的事实，给交易双方带来困惑。为此，在交易前交易双方会聘请专业的评估人员根据其多年的经验和专业知识来为标的资产进行估价以供决策者们参考，引导投资者们做出更为理性的投资决策。由此可以看出，价值评估是文化产权交易过程中的一个环节，已经成为国内众多评估机构的一项重要业务。然而，必须正视文化产权价值评估行业存在的问题，其中一个较为突出的问题就是应该如何对文化产权评估行业进行合理定位，即如何正确回答评估价格在文化产权交易中发挥什么作用这一问题。

在过去很多国有企业产权交易失败的例子中我们发现，当时对国有企业价值的股权转让价值进行评估时，很多都是直接按照评估价格来进行折股或者决策的，因此一度出现了一种虽不由政府定价但是与政府定价几乎无差的一种中介机构定价机制。① 也正是由于这种机制的出现，赋予了当时的资产评估机构一种超越交易双方的定价权，表面上看是提高了资产评估机构的权威性，但事实上在发展的同时也大大加大了机构的责任和风险，给行业的信用带来了很大的影响。另外，这种模糊和颠覆资产评估价格作用的做法不仅剥夺了交易双方当事人自主决策的权力，还大大提高了大众对资产评估工作的期望值，甚者还出现了很多国企和上市公司的管理层有意或恶意地对外表明其决策行为完全是根据评估的价格所决定，以将其本来应该承担的决策责任转嫁到资产评估机构等中介机构上。为此，我们将从文化产权价值评估的实质和文化产权价值评估在产权交易中的定位两个方面来论证文化产权交易定价的起点——资产评估的重要性。

6.1.5.1 资产评估的实质

随着改革开放的不断深入，各种经济活动和经济行为日益复杂。在资产及产权交易等经济活动中，需要聘请独立的第三方对资产及权利的价值发表专业意见。这个第三方正是资产评估业，它是以资产价值鉴证为核心内容的专业咨询服务行业，是市场经济和技术进步引起社会分工的必然结果，而资产的评估值就是评估机构和评估师对被评估资产在模拟条件约束下基准日成交价格的专业判断。因此，评估结果是为资产交易和产权转让提供资产的现时价值。

资产评估具有如下主要特点：①现实性。它是指以评估基准日为时间参照，并按这一时点的资产实际状况对资产进行的估算。现实性要求资产评估值是一个“时点”概念，并且能够反映出资产的实际状况，这就要求资产评估工作必须要适应被评估资产不断变化的实际情况，选取某一时点进行科学的评估。②市场性。资产评估以模拟市场条件为依据，充分考虑市场的一般规律。价格不仅取决于资产本身的状况，更取决于交易市场供求双方的现实约束。这一特点要求资产评估服务于交易市场，但无法决定最终的交易结果。因此，最终交易价格高于或低于资产评估价格的事实并

---

① 江平．正确认识并充分发挥资产评估在市场经济的作用［J］．中国资产评估，2004（3）：13-14.

不能作为评判评估得失的依据。③预测性。这可以从企业的本质来理解。企业不过是创造收益的经济机构，潜在受让方对企业资产的特定用途决定的未来预期收益以适当的贴现率贴现后即得到资产对受让方的价值，受让方合理的行为假定是以此价值为上限并结合特定产权交易市场竞争状况提供相应的受让条件，最大化其利润。也就是说，潜在受让方只有当确认有利可图才会有动力积极参与竞价。因此，倘若待转让标的未来没有潜能和效益，资产就会无人问津，评估值当然也就不存在。④咨询性。咨询性指资产评估结论是为资产相关业务提供专业化的估价意见，从而为产权出让方和潜在受让方提供参考依据，而最终交易价格是资产在交易过程中由供求双方所确定的实际成交价格，它一定程度上反映了市场对相应产权的认同与接受。从这点来看，评估结果对交易各方并不具有强制性，最终交易结果同样并不简单取决于评估价格。

资产评估的特点决定了资产评估值是资产的评估价格而非资产的价值。从劳动价值论的角度也可以印证资产评估值应是资产的价格这一结论。事实上，我们实务中说的评估值大多也指评估价格。既然资产评估值是资产的价格，那么作为市场最为灵敏的经济变量之一的价格，它是由市场供求状况决定的。对于具体的标的产权，潜在受让方越多，竞争越激烈，交易价格就越高，更容易出现高价转让（高于评估价格）；反之，容易出现低价转让（低于评估价格）。

经典的教科书在分析市场如何达到均衡（完全市场下）时，假定存在一个瓦尔拉斯“拍卖人”，该“拍卖人”的任务是寻找并确定能使市场供求一致的均衡价格。他寻找均衡价格的方法如下：随意报出一组价格，当某个市场的需求大于供给时，就提高价格，反之，则降低价格。可以看出，即使在这种情况下，交易价格仍被假定为通过“拍卖人”的“试探过程”来达到，而不是一蹴而就。实际上，瓦尔拉斯“拍卖人”是虚拟看不见的，其实质正如市场中“无形的手”的作用。一般而言，市场经济利用“无形的手”对资源进行合理配置，它对公开交易的资产、产权等也有其自身的价格发现机制。但在国企产权交易过程中，资产价值的影响因素非常复杂，而且有关交易各方信息不对称，在交易前是无法获得交易各方尤其是潜在受让方对交易对象的偏好程度和相应的受让行为（特别是出价行为）。因此，完全依靠市场难以产生一个客观、正确的价格，国企产权转让的市场价格发现机制失灵。在这种情况下，需要专业评估机构和评估师根据相关专业知识和经验为相关交易方提供资产评估服务，供他们决策时参考。资产评估的这一作用也正如瓦尔拉斯“拍卖人”第一次报价的作用，当然这个报价是遵循一定的评估方法和程序得出的。至于随后的“试探过程”乃至最终交易结果则由市场供求双方的现实约束和相应的行为假定决定。

6.1.5.2 文化产权价值评估的实质

要想了解文化产权价值评估的实质，我们就必须要清楚资产评估的实质是什么，毕竟文化产权价值评估也是属于资产评估的一部分，而要想知道资产评估的实质，我们就必须要知道资产评估业是如何起源的。在市场不完全的情况下，交易双方不能从现有市场中得到交易所需的全部信息，也就是说买卖双方基本上都只对标的资产的历史价格有所了解而对现行的价格信息知之甚少，再加上产权交易具有专一性和低频性，因此仅仅了解其历史价格并不能作为其最终交易价格的决定性参考依据，在这种情况下，双方就不得不寻找一个独立的第三方机构用双方都认可的流程和方法来确定一个参考价格，这就是资产评估业产生的根本原因，这个原因也充分表明了资产评估的实质所在。

在对资产评估的实质有了一定的理论基础后，我们通过将其与大量文化产权价值评估的实例进行结合和分析，总结出文化产权的价值评估主要具有如下特点：①现实性：该评估是以评估基准日为时间参照，仅仅以这一时点的文化产权的实际状况来对产权价值进行估算。②市场性：文化产权价值评估以模拟的市场条件为依据，参考的是一般市场规律，但是最终的交易价格并不仅仅取决于资产本身，还取决于市场的供求关系等市场因素，因此文化产权的最终交易价格是高于或低于产权评估价格的这个事实并不能作为评判价值评估正确与否的依据。③预测性：文化产权的潜在受让方会对产权的预期收益以适当的贴现率进行折现后来得到产权的转让能够给其带来的价值，只有当潜在受让方确认自己有利可图时才会有积极参与竞价的动力，因此，假如产权的受让方认为标的资产在未来并没有潜在收益或者收益甚低，那么评估价值当然也就不存在任何意义。④咨询性：咨询性是指文化产权的价值评估只是为了给产权交易的双方提供参考依据，最终的交易价格还是要靠双方进行博弈，从这点来看，文化产权价值评估的结果对产权交易双方并不具有强制性。[①] 综上所述，文化产权价值评估的实质决定了评估价格只是给交易双方提供的一个参考价格而并非最终交易成功后的文化产权的实际市场价值。

---

① 熊广勤，刘庆玉．国企产权交易中的资产评估、转让价格与资产流失［J］．经济问题探索，2008（3）：87-90.

6.1.5.3 资产价值评估在文化产权交易中的定位

通过前文我们知道，在文化产权交易的过程中，要想得到正确的交易价格，我们首先便需要对文化产权交易的对象进行科学的评估，这个评估值就是文化产权的评估价格。通过大量的案例分析我们发现，即使一个文化产权的评估价格是十分客观和准确的，但是仍然会与最终的成交价格相差甚远，出现这一现象的原因到底是什么，我们需要通过价值评估在文化产权交易中的重要性以及局限性来解释。我们认为，文化的核心是产权，产权的核心是定价，而对产权的价值进行评估作为文化产权交易定价机制的第一步，会对后续的竞价以及最终的顺利成交起到至关重要的作用。

文化产权交易市场是个非完全市场，交易双方通常只了解交易标的历史价格信息，而缺少当前的价格信息，再加上文化产权交易的专一性和低频性，使得历史价格难以作为交易价格确定的依据，因此交易双方才需要这样一个专业的第三方机构来用双方都认可的方式来进行评估，从而提供一个合理的参考价格。当然，评估方法的选择多样性带来评估结果的差异性。

根据我们调研到的数据，目前实践中广泛运用的文化产权评估方法难以权衡交易双方对不同交易标的主观评价及其在交易中的相互作用，单纯的运用普通的评估体系获得的价格存在很大局限性，它至多只能作为一个参考价格，参考程度也没有确切的标准（文化企业国有产权评估值规定不能低于90%）。① 可以说，文化产权价值评估在文化产权交易中的重要性和局限性决定了文化产权的交易始于价值评估，但不可能止于价值评估，确切地说，价值评估是文化产权交易的起点，最终的成交价格还是主要取决于文化产权供求双方的现实约束和相应的行为假定。

由此看来，文化产权交易合理的价格形成机制取决是两点：一是有一个相对准确的评估价格，并以此作为后续定价的起点；二是设计合理的定价模式。事实上，它们之间存在密切关系，相对准确的评价价格是后续定价的基础，可以为产权交易的后续价格搜寻过程减轻压力，而后续定价环节则是评估环节的延续，直至产生一个正确的交易价格。本节我们主要探讨前者，后者将在后续章节论证。对于前者，如果产权的出让方在交易前并没有进行资产评估或者得到的是一个粗糙的评估结果，那么该产权以偏离其价值的价格被交易就可能成为大概率事件，导致资源的无效配置和出

---

① 熊广勤，刘庆玉．国企产权交易中的资产评估、转让价格与资产流失［J］．经济问题探索，2008（3）：87-90.

让方利益的受损。由此可知，在文化产权挂牌交易前，聘请专业的评估人员以其专业知识和经验对标的资产进行价值评估，并将评估结果文化产权交易定价的起点和重要参考值，是一个必不可少的流程。而我们构建的基于熵权系数的未确知测度模型是对文化艺术品产权价值评估的一个尝试，从评估价值和交易结果来看，具有较好的评估效果。

将资产评估定位于文化产权交易定价机制的起点，具有重要意义：一是有利于文化产权交易双方更加深入地了解到产权的真实价值和预期收益，可以大大提高投资者的信心；二是可以推动文化产权进行组合交易和定价，有助于各文化要素的流动；三是可以引领投资者进行理性投资。目前，我国文化产权交易标的知名度和传播范围在很大程度上就决定了产权的价值，而对产权的价值进行合理评估后的评估结果可以对投资者的判断进行合理引导，帮助投资者正确地选择价值最大化的产品。

6.1.6 本部分小结

本节从文化产权的内在、外在和市场供求等方面分析了影响文化产权价值评估的因素，以此为基础构建了文化产权价值评估的指标体系。同时，以基于熵权系数的未确知测度模型作为文化产权价值评估的数学模型，结合文化产权价格的特点，推导文化产权价值评估的公式，以山东文化产权交易所的书画类文化产权为例，对该类样本文化产权交易价值进行合理评估，并与文化产权交易所实际成交价格对比，证实了该模型具有较好的评估效果，是对文化产权交易价值评估的一个尝试。同时，我们还应该认识到，价值评估只是文化产权交易定价机制的起点，是后续交易定价的参考价值。

6.2 “四位一体化”定价机制的平台：健全的文化产权交易市场

6.2.1 健全文化产权交易市场的必要性

文化产权交易市场作为我国多层次资本市场的重要组成部分，从其诞生之初，就被赋予了振兴文化产业、实现文化繁荣的光荣使命。然而近年来我国文化产权交易市场存在着市场机制不完善、法律规章制度不健全、监管部门缺失等一系列问题，使得市场在实际运行中出现了信息不完全、信息不对称、垄断、交易者串通合谋等市场机制失灵的状况，并由此引发了文化产权的交易定价扭曲、道德风险以及产权买卖纠纷等一系列问题，对文化产业的正常发展起到了严重的阻碍作用。因此，建立健全文化产权交易市场是消除交易市场中的不完全性、建立公平合理的定价机制、推动文化产业发展不可或缺的平台保障。

6.2.1.1 化解交易信息的不透明

信息的不透明主要取决于交易者自身及交易流程的机制设计，而市场组织者一般难以对交易者进行改变，但通过建立健全文化产权交易市场可以改善原有的交易流程机制以及信息披露制度，从而在交易规则上有效化解交易双方信息不透明的问题。具体而言，交易者的逐利性、个人认知能力的有限性、信息披露制度的不完善性等都会在一定程度上影响交易信息的不透明性。通常交易者的逐利性是文化产权交易的前提保障，而个人认知能力的有限性则取决于个人自身的知识结构、生活阅历、文化程度等各种因素，同时这些因素在短时间内一般难以通过有效的学习等方式得到根本改变，因而在文化产权交易市场中，组织者难以通过改变交易者自身的方式来消除交易信息的不透明。但根据国有产权交易的相关经验，交易信息的不透明性可以通过健全交易市场的体制机制，完善信息披露制度等方式来进行化解。① 主要原因在于：交易者作为逐利者，一般不会轻易透漏自己的真实想法，但市场组织者通过设计一套充分考虑交易方这一逐利心理的流程机制和信息披露制度，可以迫使交易者在交易中表达自己真实的想法，从而可以有效消除交易双方之间的信息不对称问题。此外，在文化产权交易市场中，通过建立一套完善的交易流程，可以使交易者在相关中介机构以及专家的指导下对文化产权形成一个全面且客观的认识，有效消除由于交易者自身认知能力的有限性而引起信息不完全的问题。因而，通过建立健全文化产权交易市场可以有效化解文化产权交易中所存在的信息不透明的问题。

6.2.1.2 减少串通合谋的发生

串通合谋的发生主要源于文化产权交易市场中的委托代理关系。信息

---

① 汪海．拍卖理论在国企产权交易中的应用研究［D］．华中科技大学，2008：123.

经济学相关研究表明，委托代理问题最有效的解决方案是在监督成本与监督收益之间获取一个最大化的利益。根据国有企业转让相关经验，产权交易市场的完善可以在一定程度上降低对代理方的监督成本，使产权所有者获取更大的利益，因而建立健全文化产权交易市场可以大大减少交易者之间串通合谋行为的发生。通常情况下，文化产权交易主体的利益不一致性以及交易者的逐利性所形成的委托代理关系决定了文化产权交易市场中买卖双方串通合谋的发生。在文化产权交易市场中交易者作为文化产权所有者的代理方，通过买卖文化产权的劳动来从雇佣者手中获取佣金报酬，所有者作为产权的真实交易者，通过交易文化产权来获取利益。这些事实决定了交易市场难以通过改变交易者来化解交易主体的利益不一致以及交易者逐利性的特点。但通过设计完善的交易体制机制则可以有效减少交易双方串通合谋的发生。如：在文化产权交易中，市场组织者可以建立一套具有专门识别能力的交易系统对交易者是否为代理方进行识别，并在此基础上设立专门的监督管理代理方的交易定价机制。此外，针对文化产权所有者不明晰的情形，文化产权交易市场则可借鉴国有产权交易拍卖定价机制。因而在文化产权交易市场上，组织者可以通过建立交易识别系统、交易监督管理系统以及类似于国有产权交易拍卖的定价机制等方式来减少文化产权交易市场串通合谋行为的发生。

6.2.1.3 弱化垄断对市场的危害

与其他市场中的垄断不同，文化产权交易市场的垄断作为一种由资源分布不合理、体制机制存在障碍、个人认知有限等各种因素所造就的产物，一般在短时间内难以通过传统的法律制度约束、政府行政干预等手段得到根本性的改变。但通过文化产权交易市场的机制创新及市场的宣传推广等方式则可弱化垄断对市场所造成的危害。具体而言，垄断主要是指卖方对所交易的产品具有独家生产和销售的权利，一般按照产生的原因可以分为行政垄断、自然垄断和资源垄断。① 与其他交易市场不同，文化产权交易市场中的垄断不仅指传统的卖方垄断，还包括买方垄断，其中无论是卖方垄断，还是买方垄断，其产生的原因主要在于资源过于集中或个人认知能力的有限性所引起的交易者数量较少，同时这也决定了市场组织者无法通过改变交易者来消除文化产权交易市场中所存在的垄断。根据其他市场相关经验，可以通过建立健全交易机制、完善定价机制等方式来消除由交易者数量过少所引起的垄断。如针对卖方市场的垄断，可以通过权益分拆、份

---

① 高鸿业．西方经济学（第六版）［M］．中国人民大学出版社，2015：186.

额化交易的方式来弱化卖方垄断对市场所造成的危害；针对买方市场的垄断，文化产权交易市场可以加大宣传推广，扩大文化产权影响力，吸引更多市场参与者进场交易，从而弱化买方垄断对市场造成的危害。因而在文化产权交易市场中，市场组织者可以通过交易体制机制创新、完善交易市场宣传推广的职能等来弱化由交易者数量过少而引起的市场垄断行为。

6.2.1.4 引导公平合理的定价及交易

文化产权定价的合理性、交易的公平性主要取决于市场运行机制是否有效以及交易程序是否完备，其中市场运行机制的有效性要求市场体系机制必须符合文化产权交易主体的逐利性、交易客体的多样性、中介服务机构的不成熟性等各种市场特征，而交易程序的完备性则要求交易程序的设计必须充分结合各种不同文化产权的特征属性，考虑交易中所存在的交易者过少、信息不透明等复杂性问题，从而有效发挥市场在资源配置中的决定性作用。而文化产权交易市场的建立健全是以充分结合文化企业股权及债权的难以评估性、文化项目产权的风险收益不匹配性、文化物权的难以认知性、文化知识产权的复杂性等为前提条件，以当前市场中所存在的实际状况为基础依据，并针对现实中存在的文化产权交易难题及不同种类文化产权的特征设计出不同的交易程序和交易方案。因而从未来的发展方向来看，文化产权交易市场的建立健全可以有效引导文化产权进行公平合理的定价及交易。

综上，在建立健全文化产权交易市场的过程中，市场组织者通过建立有效的市场运行机制、完善的信息披露制度可以有效化解交易中存在的交易信息不完全、交易信息不对称的问题，减少交易者串通合谋行为的发生。同时通过对交易体制的创新及文化产权交易的宣传推广，可以弱化垄断对文化产权交易市场所造成的危害，引导公平合理的定价及交易。因而建立健全文化产权交易市场对于推动文化产权交易的发展具有现实性意义。

6.2.2 健全文化产权交易市场的创新思路

随着我国各项改革的推进，在新常态环境下，产权市场的建设更需要放眼未来，用创新的视野来完善现有的不足。产权进场交易可以实现交易市场的信息集聚、价格发现、融资渠道和中介服务等基本功能（赵书波，2010）。党的十八届三中全会发布的《中共中央关于全面深化改革若干重大问题的决定》指出要建设统一开放、竞争有序的市场体系，发挥市场在资源配置中的决定性作用，这为建立健全文化产权交易市场提供了指引明灯。

6.2.2.1　结合各类文化产权交易的特点，制定完善的交易定价机制

科学完善的交易定价机制是促成有效交易的基础，是解决市场不完全性的方法之一。在制定交易定价机制时，要把握以下原则：通过交易合约的创新安排和交易定价方式的改进，让各个利益主体都有一定的主动选择权，从而揭示交易者对交易对象的真实评价，在此基础上得出一个让各方都能满意的交易价格。为此，在定价机制的具体设计时，要充分运用博弈论等相关原理，在充分考虑卖方的利益关注点的基础上，了解其交易的诉求，再由交易机构引入第三方评估主体，并设计一定的评估约束机制，由评估方根据实际情况对文化产权进行客观评价。在评估价值的基础上，通过交易市场引入买方进行招投标、竞争性谈判、协商等方式对文化产权进行定价，从而让各个交易主体都有一定的主动权，揭示交易主体对交易对象的真实评价，达成一个让双方都能满意的交易价格。此外，组织者要考虑客观实际情况，针对不同类型产权在实际交易中的特征属性，设计不同的交易定价机制，从而满足市场发展要求。

6.2.2.2　从形式和内容两方面健全交易市场的信息披露机制

文化产权交易市场出现不完全性的主要原因在于没有建立完善的信息披露制度和市场定价机制，因而要想缓解文化产权交易市场中的不完全性，首先要尽早制定统一的文化产权交易市场信息披露格式与标准，在形式上保证信息披露的规范化。在建立信息披露制度时，要考虑到文化产权的属性、产权交易者的认知能力及利益诉求，制定合理的信息披露机制，让交易双方能够真正做到信息共享，从而减少交易成本，达成互惠的交易。其次，产权出让方通过交易所公布的有关交易对象信息内容要确保全面、及时与准确，从而有效地规范出让方和受让方的交易行为，为交易各方选择理性行为提供依据。

6.2.2.3　加强法律体系和监管部门的建设，实施文化产权交易的全进程、动态监管模式，建立文化产权交易事前、事中和事后全过程动态监管体系

文化产权交易市场作为一种文化产权交易的服务平台，为产权的交易提供登记、鉴定、交易以及综合服务等支持。为了加强对交易者的监管，国家应该出台相关法律制度，使文化产权在实际交易过程中有法可依。不同地区的文化产权交易市场应进行联合，结合当前交易中所出现的实际问题，统一制定交易规则，并严禁朝令夕改，从而树立市场权威性。此外，交易市场应该加强自律管理，各个地区的交易市场可以组成自律协会，并

制定自律规章制度，从而加强对文化产权交易市场的监管。特别地，健全有效的监管无疑是改善交易市场的不完全性的重要举措。为此，监管机构督促转让方在文化产权进场挂牌时，向潜在受让方披露交易对象相关的详细信息，包括交易对象的财务信息、非财务信息以及评估机构出具的评估信息，并申明可能的交易风险；在交易环节时，要及时披露潜在受让方对交易对象的出价、可能的异常交易行为及其处理办法；在交易完成时，向交易各方及时披露交易结果，并对交易的合规性进行鉴定。通过这样一个全进程、动态式监管，能更好地保障产权转让的公平、公正与公开，最大限度地缓解交易市场的不完全性及其带来的各种负面效应。

6.2.2.4 大力培育具有权威性的中介结构，并根据市场需要进行创新

中介机构一方面是指文化产权的代理方，帮助文化产权的交易者进行交易的机构，另一方面是指为交易的达成提供服务的机构，如文化产权资产评估机构、律师事务所、会计师事务所等。中介代理机构可以在一定程度上吸引买卖双方来参与文化产权的交易，从而可以在一定程度上缓解由文化产权属性所带来的交易主体的不完全性。因而文化产权交易市场要想取得长足的发展，必须要有中介代理机构的支持。同时中介代理机构要根据当前文化产权交易的实际问题情况，进行一些体制机制及代理方式等方面的创新，满足文化产权交易市场的实际发展需要。同时文化产权中介评估机构要根据不同文化产权的特征属性选择合适的评估方法对文化产权进行价值评估，为文化产权交易价格的确定提供一定的基础。同时可以突破现有评估体系，根据文化产权的独特性进行文化产权的评估方法创新。会计师事务所、律师事务所等其他中介机构要根据文化产权的独特属性，制定适合文化产权交易的服务模式，从而更好地服务于文化产权交易。

6.2.2.5 丰富文化产权交易品种，扩大文化产权市场的影响力

文化产业的振兴必先以扩大文化产权交易市场规模为前提条件，而扩大文化产权交易市场规模必须要以丰富文化产权交易品种为依托。为此，各个地方文化产权交易所要根据当地经济发展水平、文化资源可利用程度、文化资源禀赋及当地文化产权交易的实际情况，引入适合进行市场交易的文化产权，增加文化产权交易品种，从而扩大文化产权市场的影响力，振兴文化产业。

6.2.2.6 根据未来发展需要，加强文化产权交易市场的人才队伍建设

与国际市场相接轨、向更多涉及文化产业的多元化迈进是文化产权交易市场未来发展的方向。而人才作为社会经济发展的最宝贵资源，它决定

了文化产权交易市场国际化、多元化前进的步伐。一般而言，市场需要专业的评估人员为文化产权的交易提供客观公正的定价评估，娴熟的技术人才保障市场电子化交易的高效运转，权威的行业专家为交易者提供投资咨询服务，优秀的管理人员制定公平规范的交易制度。为此，根据未来市场发展需要，加强对复合型人才队伍的培养建设已成为当前我国文化产权市场的迫切任务。

6.3 “四位一体化”定价机制的组织保障：严密的文化产权交易制度与监管法规

总的来说，当前我国文化产权交易市场定价的组织制度不够健全，相关监管法律法规立法不足，具体表现在：①缺乏一个统一性、标准化的市场体系与运行规则，整个市场完全没有规范化。在信息披露、价格评估、产权经纪等方面仍然处于混乱状态，这些情况阻碍了文化产权交易市场的进步。文化产权交易市场在宏观层面的法律法规的配套建设不够完善，虽然国家已经出台了一些关于文化产权交易的指导意见，但尚未形成完整的法律体系，没有法律划定的界限，文化产权市场制度没有明确的边界，一些交易行为游走在法律边缘地带。②微观层面的价格评估、交易监管和信息披露等制度不完善，导致文化产权交易市场的风险极大，投资者对文化产权项目的信心和热情逐渐流失，再加上市场信息披露较少，买卖双方难以准确地做出判断，文化产权交易进程缓慢。③文化产权交易所也缺乏标准的定价交易机制。目前，我国文交所的交易模式和定价机制都是各家自行建立的，没有在业内形成一个标准的定价机制以供参考。在没有统一的定价主体、定价标准和方法的情况下，同一文化产权在不同的文化产权交易所可能会产生不同的定价，这必然会引起整个文化产权交易市场的混乱。只有具备一个严密的交易制度和法律法规，文化产权交易的定价机制才能达到高效运行。根据前文的分析以及我们对全国主要文化产权交易所运行情况的调研，认为应该重点从如下几个方面加强文化产权交易的组织制度建设，制定更为严密可行的产权交易法律法规和监管措施。

6.3.1　完善文化产权交易规则和退出机制

文化产权交易市场乱象丛生在很大程度上与交易规则的设计与退出机制不完善有着重要的关系。比如“T+0”与连续竞价等交易规则的不合理，造成了艺术品份额化与邮币卡电子盘价格的剧烈波动。因此，必须进一步完善相应的交易规则，在考虑市场流动性与风险基础上，完善“T+0”、涨停板等交易规则。对于因退市机制不完善而造成市场混乱，加剧市场风险等问题，必须制定合理的退出机制。此外，参与文化产权交易对投资者自身的素质与能力具有较高的要求，投资者参与文化产权交易应具备更全面的专业知识与投资能力。因此，文化产权交易市场必须制定合理的投资者准入门槛。具体操作可以借鉴证券市场的经验，制定统一投资者市场准入标准，比如在资产规模、风险承受能力以及投资经验等方面制定具体的要求，通过规则的完善使得文化产权交易市场的投资者结构更加合理，降低市场的非理性行为，从而使文化产权交易市场成为一个真正的投资市场。

6.3.2　强化文化产权交易市场相关法律法规的建设力度

有法可依、有法必依是文化产权交易市场健康发展的重要保证，健康有序的文化产权交易市场离不开健全的产权交易法。随着我国文化产权交易市场的发展，与之配套的法律体系必不可少。目前，我国并没有出台专门法律，主要依靠行政手段对文化产权交易进行规范。历史的经验教训证明：法律的缺失，完全依靠市场的自律，很有可能带来市场秩序的混乱，产生道德风险。这将极大损害文化产权交易市场的健康发展，甚至会影响国民经济的持续发展。因此，为了构建规范有序的文化产权交易市场，相关部门急需出台专门的法律法规对文化产权交易加以规范。在具体的操作上，在梳理现阶段我国文化产权交易市场所使用的《民法》《物权法》《文物保护法》等基础上，进一步整合完善相关法律规章体系，为文化产权交易活动与市场监管提供法律依据。① 此外，可以借鉴证券市场的做法，在文化产权交易的各个环节中，充分考虑运营主体、投资者、市场稳定等各个因素，为文化产权交易配备相应的法律法规，并随着文化产权交易市场的

---

① 李彬，潘爱玲．文化产权交易中心：中国情境下的定位、异象与创新［J］．贵州社会科学，2015（7）：115-121.

发展而相应的完善。同时，相关部门应该在法律法规的基础上，制定文化产权交易市场管理办法，然后文化产权交易所据此进一步制定相应的自律性规则。通过这种自上而下的方式，构架文化产权交易市场法律制度体系。

6.3.3 建立风险防控与分担机制

在文化产权交易的过程中，投资者往往面临着较大的风险。这种风险既来源于法律政策方面，也来源于文化产权交易的各个环节。从目前国内大多文交所来看，主要涵盖了产权价格评估风险、与交易相关的资金风险，以及产权合理有序运行的相关政策性风险和产权交易的模式与设计风险等。因此，必须建立健全风险防控与分担机制以规避文化产权交易过程中面临的各种风险。首先，文化产权交易所必须加强对交易各个环节的管理，以控制运行不规范导致的风险。其次，与担保、保险、银行等金融机构开展深度合作，建立多层次的风险防控与分担机制，分担或防范文化产权交易风险。中央宣传部、中国人民银行等九部委于2010年3月19日联合发布的《关于金融支持文化产业振兴和发展繁荣的指导意见》中明确提出，加快培育和发展文化产业保险市场，提高保险在文化产业中的覆盖面和渗透度，有效分散文化产业的项目运作风险。通过建立风险防控与分担机制，在一定程度上能够防范与分散文化产权交易过程的市场风险与政策性风险，从而最大限度地保障投资者的利益，这对于文化产权交易市场的持续健康发展有着重要作用。

6.3.4 创新和完善监管机制

6.3.4.1 完善外部监管

首先，设立统一监管机构。外部的监管缺位，监管主体的不明确，可以说造成早期文化产权交易市场混乱，价格操纵和投机，道德风险频发的重要原因之一，在很大程度上制约了文化产权交易市场的健康发展。因此，目前亟须从国家层面成立统一的监管机构，将全国范围的文化产权交易所进行统一的监管，提高市场监管效率。具体操作可以借鉴证监会的组织框架，成立总的监管部门，然后依次成立下属派出机构。其次，大力完善第三方监管机制。会计事务所、审计评估、新闻媒体等第三方监督机构对文化产权交易市场的有序发展起着重要的作用。如此一来，国家主体监管履行监管职责，独立的第三方相关的交易组织发挥监督功能，从而形成完善的外部监管机制。外部监管体系的完善将有利于抑制市场中的投机与价格操纵行为，促进文化产权交易市场健康有序的发展。

6.3.4.2 加强内部监管

文化产权交易市场平稳有序的运行，既需要发挥外部监管的作用，也需要内部监管的配合。对于文化产权交易市场而言，行业自律不仅能够促进外部监管效率，同时还可以通过制定行业自律规则约束市场主体的行为，加强自身监管，弥补外部监管的不足。因此，我国可以在现有自律组织的基础上进一步提高其会员覆盖面，使其真正成为全国性权威的行业自律机构。该自律机构通过制定行业规范、市场参与主体的准入制度以及奖惩制度等，加强市场的协同，明确市场参与主体的权利与义务，使文化产权交易市场更加的规范。此外，该自律机构还可以通过召开行业会议收集市场信息，了解市场动态，及时向监管部门反馈，这极大地加强了文化产权交易市场的监管效率。

6.3.5 健全信息披露制度

文化产权交易的覆盖面广，文化产权形式具有多样性，文化产权交易市场上的信息复杂繁多、真假难辨，为确保文化产权交易双方的合法权益，需要文化产权交易所建立信息共享资源系统和健全信息披露机制。首先，文化产权交易平台在登记挂牌文化产权时，要严格检查转让方提供的信息，辨别真假后及时发布到交易平台的网站上，以供投资者查阅。另外行业权威机构发布的项目评估信息也应该及时向市场参与者展出。其次，各家文化产权交易所要互相交流，建立一个信息共享资源系统，全方位地发布交易市场的各种客观信息。让交易者在一家文化产权交易所就能知晓这个文化产权交易市场的全部信息，避免因为信息不对称而造成的损失。最后，将文化产权交易对文化产权的资产评估和定价过程进行披露，提高市场交易的透明度，在信息披露机制足够完善的条件下进行的资产评估价格更加合理且容易被买卖双方接受。

6.3.6 完善文化产权交易市场服务机制

6.3.6.1 增强市场服务主体公信力与明确其法律责任

提供权威专业的投资咨询、评估鉴定、金融服务等中介服务是文化产权交易市场功能所在，它需要一系列提供产权界定、咨询策划、审计评估，特别是产权经纪代理等专业性服务的组织机构。① 目前，我国文化产权交易市场上权威的中介服务机构还不是很多，服务质量有待提高。首先，必须完善中介服务机构的准入标准，使更专业的服务机构为市场提供服务，改变中介服务机构良莠不齐的现状，增强中介服务机构的公信力。其次，加强中介服务机构的资质的动态考核，促使中介服务机构不断完善自己，从而提高中介服务机构的服务能力与服务质量。最后，明确中介服务机构的法律责任。明确中介服务机构特别是评估鉴定机构的法律责任，一方面有利于中介服务机构增强服务机构的责任意识，约束中介服务机构的行为，另一方面这也有利于对中介服务机构监管。这样在一定程度上能够防止价格操纵等道德风险的产生。

6.3.6.2 建立健全专业人才培育机制

由于文化产权的特殊性，无论是投资咨询，还是鉴定评估都需要相对专业的人才，他们既要对文化产业、文化艺术与文化发展的规律具有较深的认识，也必须具备金融与市场开发等专业知识。人才缺乏也是导致中介服务能力与质量不高的原因之一，因此，完善文化产权市场服务机制必须建立健全的文化产权专业人才培育机制：首先，建立完善的人才培养机制。对从事文化产权交易的工作人员定期进行培训，加强对文化与金融等专业知识学习，加深他们对文化产权交易的认识。其次，建立健全的人才考核机制，定期对文化产权交易的相关知识进行考核，比如通过专业考试等方式进行考核。此外，积极与高校等第三方教育机构合作开展人才培养，为文化产权交易市场进行人才储备。通过以上一系列的举措，提高市场服务主体的服务能力与质量。

6.4 “四位一体化”定价机制的具体设计

在现阶段，我国文化产权交易的定价方式主要有四种：协议转让、招投标、拍卖和竞价，它们都有各自的优缺点。协议转让和招投标定价方式有利于实现交易中的非价格因素，而拍卖和竞价定价方式则在纯价格竞争

---

① 周正兵．我国文化产权交易市场发展问题研究［J］．中国出版，2011（17）：25-28.

中具有优势，有利于获得一个高价，但难以满足交易中的非价格因素。前文的分析我们发现，文化产权具有特殊性，一些交易标的（如文化企业国有产权、附加约束条件的版权等）不仅追求一个高的交易价格，还存在诸如企业职工安置就业、地方税收、买方实力以及转让后对标的物经营规划等非价格因素的满足。因此，一般意义上的“四选一”定价机制无法满足文化产权交易的非价格因素，或难以全部满足其他现实的需求，而通过这四种定价方式的创新组合与合理安排形成的“四位一体化”定价机制可以实现价格和非价格两方面的要求，该机制根据市场的竞争程度依次推进交易的环节，在交易的前期环节通过协议转让和（或）招投标方式满足文化产权交易中可能存在的各种非价格因素，保障非价格因素利益主体的合法权益；同时，依据市场对文化产权的关注度和潜在需求程度推进交易环节，直至进入竞争性环节，选取拍卖和竞价机制的逐步引入吸引更多的潜在投资者在健全的文化产权交易市场和严密的组织制度与法律法规环境下，通过激烈竞争向机制设计者披露其对交易对象的真实估价，最终获得一个更高的交易价格，实现文化产权交易的有效进行。

6.4.1 文化产权交易定价方式的类别

在不同的定价方式下，交易结果是不一样的。对于不同类型的文化产权，市场的反映不一，选择不同的交易方式与定价机制，会产生不同的交易成本。产权交易定价机制的选择必将影响到交易效率及至影响资源最终的配置效率。目前，我国文化产权交易实践中采用的定价方式主要有协议转让、招投标、拍卖和竞价四种。

6.4.1.1 协议转让

协议转让一般是在交易主体比较单一，而交易对象所关联的交易目标较为复杂，需要多方协商沟通进行的交易方式。纳什（Nash，1950）对协商谈判问题族 $B=\{(S,c)\}$ 提出了解的形式概念：

$$F: B \rightarrow R^n$$

根据这一概念定义，对于任意一个 $(S,c)\in B$，可以得到 $F(S,c)$ 属于 S 中的元素之一，我们就可以推断出 F 构成了协议问题 B 的一个清晰解，如此认为 $F(S,c)$ 成为特定协议问题 (S,c) 的一个明确解。因此，通过各种方式找到符合 F 的特征，使 F 拥有确定性是研究者始终关心的论题。纳什首先证明，如果形式解 F 满足：①帕累托最优性；②不相关选择独立性；③正线性变换独立性；④对称性，则称协议谈判问题族 B 的解 F 有唯一确定的形式且为纳什乘积的极大点。假设 $S=(u_1, u_2)$ 为协议谈判双方的受益，则符合上述条件的解为帕累托最优曲线上满足 $\max[(u_1-d_1)(u_2-d_2)]$ 的效用。

特别地，对于文化产权交易中的协议转让定价方式，其用意是指通过文化产权交易双方的充分协商和沟通，最后确定交易条款，一般交易条款涵盖价格条款、非价格条款等。协议转让可以采取“一对一”的谈判形式，也可以采取“一对多”的形式，采用“一对多”的形式对产权出让方更有利，有利于充分调动更多的潜在买方。相对于其他定价方式，协议转让具有如下优点：一是可以满足文化产权交易过程中可能涉及的综合因素，如企业发展、收购后的就业提供情况等非价格因素；二是出让方通过小范围内搜寻可能的意向方，采取渐进性和协商性的谈判方式使得其提出的综合交易条件（价格条件和非价格条件）与潜在买方的分歧逐步降低，最后达成交易。当然，由于协商转让过程的不公开，可能导致潜在的受让方失去竞价的机会，极易出现“暗箱操作”和“内幕交易”（王永恒，2011）。由此看来，协议转让对象必然存在一些比较复杂的非价格因素，并且它们难以货币化或价格化。

6.4.1.2　招投标

招投标转让是以招标、投标形式，它通过一定范围内公开购买信息，邀请投标人在规定的时间内递交标书，而由评标委员会根据事先设置的标准对所有参与竞标者的标书进行评标并转让产权的定价方式。如果交易标的具有特殊条件和要求，招投标方式在满足有效竞争的同时能够满足交易的特殊要求。在追求利润最大化的条件下，各投标人为了成功竞标展开竞争，竞相提供投标文件，提高了产权交易的效率（王永恒，2011；杨莉，2009）。当然，由于招投标转让方式信息透明度、信息扩散度以及投标方的资格限制问题，招投标交易给价格的有效形成带来不利（符邵强，2006）。由此看来，招投标交易机制的高效性表现在对估价困难的标的，在投标的过程中能发现市场真实与合理的价格。招投标涵盖公开招标和邀请招标两种形式，前者可以降低交易过程中人为因素的干扰。后者指产权出让方根据自己的需要，有选择地向社会或几个特定的投资者发出招标邀请的行为。显然，选择性招标由于出让方对预受让方选择拥有较大的主动权，竞争的程度会下降，它实质上是一种设置了门槛的招标转让方式。此外，招标方还可以通过对投标方的资格预审，了解投标方的经济经营情况，确定招投标的具体转让调节，增加转让交易的成功率。相对于仅采用单目标评价体系而言，招投标方式通过制定多元化的评价体系，多方面考虑交易目的，更能体现多目标评价的适用性。

6.4.1.3 拍卖

拍卖是买卖双方通过特定交易所在公开公平的环境下，买方以价格竞争为主，以价高者得为原则的一种交易方式。拍卖作为一种市场交易机制，能保证价格的公开性和交易的透明性，通过买卖双方的博弈，拍卖的结果大多都是有效的，要想使拍卖更好地在现实生活中应用，就必须对最优拍卖机制进行研究。在拍卖中拍卖规则都是公开的，因此拍卖分为拍卖者的拍卖规则制定阶段和竞拍者的竞拍阶段，这两阶段构成了最优拍卖机制的设计过程。最优拍卖机制设计的目的是从拍卖者角度出发，为拍卖者获得更多的收益。交易主体需求的不同就会产生不同的交易机制，具体项目的博弈结果的基础来自具体的交易机制。因此，在对交易机制进行设计的时候必须考虑交易主体之间的利益冲突，按照市场原则，公平地体现交易主体的需求。

根据维克里的私人收益等价定理，在独立私人假设条件下，无论拍卖者采取英式拍卖，第一价格密封拍卖，第二价格密封拍卖，还是采取荷式拍卖，最后的期望收益都是相同的。在这四种经典拍卖中，英式拍卖属于增价拍卖，竞标者的出价只准高不准低，到一段时间内无人出价则出价最高者胜出，所有竞拍者都知道最高出价的数额，出价信息是公开的。相反，荷式拍卖是一种减价拍卖，拍卖师在开场时喊出拍卖品潜在的最高价格，逐渐递减，直到有一个人出来应价，应价价格即为成交价格。当两个人同时喊价时，则这这两个竞标者进入增价拍卖，出价高者胜。第一和第二价格密封拍卖则和上两种拍卖不同，竞标者向拍卖师密封投递自己的竞价，竞标者只知道自己的价格却不知道其他竞标者的报价。在收集完报价后，拍卖师按照报价价格的高低次序，依次公布报价，并公布赢得拍品的竞标者。第一价格和第二价格密封拍卖的胜者都是报价最高的竞标者，但胜者支付的对价不同，第一价格密封拍卖需要胜者支付最高报价即自己的报价，但第二价格只需要胜者支付次高的报价而不是自己的报价。

从竞标者的角度分析，英式拍卖和第二价格密封拍卖虽然在过程中存在差别，但竞标者会选择相同的竞价策略。在英式拍卖中，只要竞标者对拍品的估价高于当前报价，那么竞拍者就会参与拍卖，最后竞标者或者是在拍价超过估价时退出，或者是在拍品低于或等于估价时获得拍品。类似的，第二价格密封拍卖中竞标者只能依据自己的估价函数进行估价，以理性人角度来看，他的出价不可能高于自己的估价，为了提高获胜概率，竞标者只能以自己的真实估价为限赢得拍卖。因此在英式拍卖和第二价格密封拍卖中，竞标者都会以自己的真实估价进行投标。对于荷式拍卖和第一价格密封拍卖，竞标者如若胜出，支付的价格就是自己的报价。因此竞标者在竞价过程中面临着抉择，如果报价过低，竞标者成功的概率便会下降但是竞拍成功给其带来的收益则会上升；如果报价过高，竞标者成功的概率便会增加但是收益会下降。无论规则如何，竞标者的最终目标都是期望收益的最大化，因为在这两种交易下竞标者的支付函数和得到的均衡结果是一样的，因此荷式拍卖和第一价格密封拍卖在实质上是相同的。

6.4.1.4 竞价

竞价交易通常指在第三方的组织下，转让方与受让方通过竞价交易系统，经过对标的物信息披露、要约发布、受让方自主变动交易价格，首先按照“价格优先”原则达成交易合同。要判断这种交易机制是否有利于发现买主和发现价格的功能，是否充分体现公开、公平和公正的交易原则，在满足前两个条件的基础上是否尽可能的简单、快速、高效以及交易成本低廉。事实上，竞价转让在内容、结果、形式等范围内比较接近于拍卖方式。基于交易事项的复杂性、转让标的后续的持续发展，交易方式的选取以及不断创新是重要的一步。总体来说，竞价转让机制不受地域和空间的影响。相较于招投标、拍卖、协议转让交易方式，竞价转让方式下受让方不需要到固定的交易场所进行交易，通过网络电子竞价交易系统，省时省力，提高交易效率。

6.4.2 产权交易方式的创新组合与安排——“四位一体化”定价机制的设计

上一节我们对文化产权交易常用的四种定价方式进行了分析，那么，这四种定价方式哪一种更符合文化产权交易的现实要求，或者说一个科学合理的文化产权交易定价机制应该是如何的呢？不少研究者认为，协议转让、招投标定价方式由于缺乏公开性和透明度，在信息不对称的情况下，很容易出现低估贱卖、暗箱操作等问题，而拍卖、竞价方式由于在相对公开和透明的场景下进行，并遵循价高者得的市场竞争原则，充分发挥了市场对资源配置的决定性作用，据此推断认为，拍卖方式与竞价方式比其他两种定价方式更具优势，应该成为文化产权交易定价过程的首选（宋林等，2006）。[①] 然而，这一论断要成立的话，至少需要如下两个假定成立：①文化产权交易的所有主体都仅追求转让收益，转让的唯一目的是获得一个最

① 宋林等．国有产权交易中协议转让与拍卖的效率分析［J］．学术交流，2006（8）：110-115.

高的经济效益，而不考虑其他社会目标；②文化产权交易涉及的因素均可以货币化，产权的价值都可以用当下的货币度量，因此在研究交易的收益分析时，只考虑交易价格就可以了。然而，本书第 4.3.3 节分析的有关文化版权、艺术品交易以及文化企业国有产权交易等大多存在或多或少的非价格因素，对交易结果产生了重要影响，这表明上述某些假定存在质疑。也就是说，仅追求收益目标的文化产权转让，难免过于理想化。对于实践中大量的文化企业国有产权，其转让的目标除了要获得经济收益外，还需考虑交易后企业所能提供的就业、税收等非价格因素，这些都会影响交易的定价效率，前文已经部分给出了这个答案。

合理的定价机制既要充分发挥市场竞争机制的基础性作用，同时还要借助“看得见的手”规范市场，治理市场失灵问题。由此看来，对于文化产权交易的定价，我们不能简单地回答哪种定价模式更适合。通过协议转让或招投标定价方式可以满足文化产权交易过程中的非价格因素索求，但由于交易的非公开、不透明性，交易过程很容易产生暗箱操作，滋生交易的投机与价格操纵。而选择拍卖或竞价方式虽然可以吸引更多的投资者参与交易，从而产生一个交易高价，但却又可能由于未征集到足够的投资者，导致交易市场缺乏竞争，由此难以保障非价格因素利益主体的合法权益。因此，“四选一”定价机制（或四者必选其一的定价机制）显然无法同时满足文化产权交易的多元化需求。基于文化产权交易的特征、交易市场的不完全性以及交易中的投机与价格操纵等现实情况，文化产权交易具有创新性的机制设计在于，将这四种定价方式进行创新组合，根据文化产权交易市场的竞争结构，以此推进产权交易的过程并选择各个阶段合适的定价，从而融合在一起形成一种“四位一体化”的定价机制。该机制既充分利用市场在资源配置中的决定性作用，又通过机制设计安排，尽可能增强卖方对交易标的多维度的市场竞争，保护产权所有人的多维合法权益，探寻文化产权的真正价值。在该机制下，协议转让、招投标、拍卖以及竞价四种定价方式本质上是一个交易标的在不同阶段选择的定价方式，交易能推进到哪个阶段取决于投资者对交易标的多维竞争结果，具体来说：

在文化产权交易的第一阶段，根据财政部关于中央文化企业国有产权必须进场交易的规定①，拟转让的国有文化产权必须首先向交易所提出委托

① 财政部颁布的《中央文化企业国有产权交易操作规则》（财文字〔2013〕6 号）明确规定，中央文化企业产权交易必须在文交所进行。而事实上，其他非国有文化产权目前也多在文交所或文化艺术品交易中心进行，本书也限指在交易所进行的文化产权交易。

申请挂牌，同时公开披露该文化产权的基本情况，包括资产评估报告、鉴定报告、当年产权交易对象的各项财务指标以及对潜在受让人的基本要求，文交所对提交的资料进行审核，进场披露信息的目的是向社会征集潜在受让方。如果该阶段只征集到一个有意向的潜在受让方，则选用协议转让方式完成该产权的交易。此时，由文化产权的出让方与这个唯一的潜在受让方在资产评估的基础上协商最后的交易价格与其他非价格条款，并签订产权交易合同，完成交易。需要强调的是，如果说资产评估是文化产权交易定价的起点的话，那么协商谈判则构成了文化产权交易必不可少的第一环，因为通过该环节多方、双向的充分协商和沟通，可以大大降低之前交易双方的信息不对称（information asymmetry），也为可能的后续竞价环节提供了基础。

在文化产权交易的第二阶段，若通过第一阶段的广泛征集，产生了多个潜在受让方，则潜在受让方采用招投标方式进行交易，潜在受让方提供的标书核心内容应该包括交易价格以及其他诸如对出让方要求的非价格索求的满足指标（例如文化产权转让后对社会产生的影响、文化产权后期的经营、处置与保存等因素），由文交所聘请的专家根据各指标权重打分。产权交易的价格因素和非价格因素指标的权重由转让方的利益主体根据各自利益协商形成并设置一个及格线，参与招投标的受让方只有过了这个及格线才有可能入围后续环节。当然，如果专家的评审结果只有一个潜在意向人达到及格线，则此意向人中标，并按照标书的各项条款成交。如果评审结果显示有两个或两个以上的意向人达到及格线，则进入后续的第三阶段。

在文化产权交易的第三阶段，若通过第二阶段的招投标仍然产生了两个或两个以上潜在受让方达到及格线，则进入公开市场的拍卖和竞价交易阶段。显然，此时进入了纯价格竞争，而事实上，这其实是在通过第一阶段和第二阶段的综合竞争（覆盖价格和非价格因素的竞争）难分胜负的情况，将文化产权交易的价格因素单独拿出来竞价，采用“价高者得”的原则确定最后真正的受让人。

6.4.3 “四位一体化”定价机制的评价

前面我们的分析发现，在文化产权交易过程中，由于市场的不完全性以及交易行为的投机与价格操纵行为，导致交易标的价格激烈波动，最终损害产权交易的各类主体。总结我国文化产权交易近十年的运行经验与教训，文化产权交易的种种问题的症结在于市场缺乏一个合理的定价机制，只有设计出满足文化产权交易的特点，充分理解文化产权交易市场的特征，把握文化产权交易各环节需要解决的关键问题，在满足文化产权非价格因素基础上形成正确的成交价格，文化产权交易的其他问题都将迎刃而解，这是文化产权交易的“牛鼻子”。相反，倘若产权交易采用的定价方式有误，交易价格激烈波动而远离其内在价值，不是互利的交易无法发生，就是造成交易主体的资产损失。文化产权交易的特殊性、市场的不完全性以及交易实践中出现的投机与价格操纵行为，决定了我国文化产权交易应该采用“四位一体化”的交易定价机制。该机制不同于一般交易市场上的定价模式，它是现有几种定价模式与我国文化产权交易的实践相结合而形成的创新组合模式，根据交易对象的特征以及交易市场的竞争程度，充分利用协议转让、招投标、拍卖以及竞价四种方式各自的优点，进行创新组合而成，满足了文化产权出让主体客观存在的价格和非价格因素，追求非价格约束条件下的目标最大化；此外，从上面我们对该定价机制的实施流程来看，该机制的执行过程逻辑严密、环环相扣，既实现文化产权正确定价，合理交易的目的，也尽可能实现了产权交易的各类交易主体的合法诉求，达到各交易主体尊重市场资源配置的主体性选择作用。因此，“四位一体化”定价机制成为文化产权交易的必然选择。

在国外有关产权交易与并购研究文献中，定价方式多是选择协议转让、密封招投标、拍卖或电子竞价等的某一种，是四选一的定价模式。然而，前文有关文化产权交易的理论与实践分析表明，这一交易模式无法满足文化产权交易的现实需求。事实上，对于特定的文化产权交易，现有的单一定价方式存在明显局限性。这是因为，虽然交易主体间的协议转让或招投标交易方式可以较好地满足产权主体的非价格收益，但却难以最大限度地获得现时的转让收益。同样，对于拍卖定价模式，从理论上而言，充分的市场竞争使得它更可能获得高的现时转让收益，但却难以达到文化产权转让过程中普遍存在非价格因素（如转让期限、买方的实力以及买方对产权交易标的未来的规划等）诉求，这在诸如版权交易、文化企业国有产权交易中是普遍存在的现实问题。正如康晓熙（2016）在研究版权转让中明确提出，文化版权转让的机制设计不仅要考虑转让成交价格，还需要关注版权转让期限等非价格因素及其对交易结果的效应。① 此外，我们提出的定价机制可以更好地实现交易双方的信息沟通。意向买方对待交易的版权了解

---

① 康晓熙．附加转让期限约束的版权拍卖机制研究［D］．中南财经政法大学，2016：24.

更加充分，同样版权的出让方也更加了解买方的情况。该机制在进入正式的拍卖阶段之前，通过首先进场公示，征集尽可能多的意向买方。需要强调的是，协商谈判必须是交易的第一步，因为通过该阶段多方、双向的沟通可以降低交易双方的信息不对称，这样可以提升后期进入拍卖阶段的意向买方的质量，吸引更多有实力的异质战略投资者参与版权拍卖，也可以减少由于前期信息沟通导致的不必要的交易纠纷。

值得注意的是，现实中还有不少的文化产权交易并未考虑或充分考虑非价格因素。以文化知识产权中的版权转让为例，转让并未采用附加约束的拍卖机制或者与之具有一定等价性的得分拍卖机制，而是要么采用单一价格的版权拍卖，要么采用协议转让的方式。导致这一结果的主要原因是版权创作者在版权转让过程中的谈判地位不利，或创作者自身对转让期限问题的重视程度不够，致使版权创造者没能兼顾转让的现时收益和版权回收产生的未来收益；或者由于交易市场的不完全性、交易组织制度不健全，未充分引入市场竞争机制吸引足够多的潜在投资者（尤其是对版权感兴趣的战略投资者），以及交易过程可能无意或有意地设定了一个过高的门槛（如附加的非价格因素过于苛刻、不合理），甚至可能的合谋、投机与价格操纵等违规操作，最终导致在交易所公开征集阶段只产生一个投资者，于是可选择交易的方式只有协议转让。因此，在版权转让的过程中，相关部门或交易主体必须加强监管，加大对交易标的宣传的力度，排除那些人为设定的不合理限制，充分利用交易所平台公开征集尽可能多的潜在受让方，尤其是吸引对版权感兴趣的有实力的战略投资者参与版权拍卖。只有吸引到足够多的投资者参与交易，才能让交易机制推进的阶段更多，在保障非价格因素目标基础上实现一个高的交易价格。

需要说明的是，本书我们提出的“四位一体化”定价机制虽然是针对非价格约束条件下的文化产权交易而提出，但我们认为，这一分析思路及该思路下提出的转让模式与机制设计对于产权交易市场上的其他交易客体，尤其是对于那些非价格诉求较为强烈的产权转让，如公共资源产权交易、农村土地承包经营权流转、碳排放交易等也具有一定的参考价值与启发意义，由此构成了非价格约束条件下产权交易定价机制的理性选择。从这一点来看，我们提出的“四位一体化”定价机制不仅具有一定的创新性，还具一定的普适性。

6.5 本章小结

本章在充分理解和把握前面章节有关文化产权交易市场不完全性的具体表现及其对产权转让定价的影响，以及文化产权交易市场的投机与价格操纵行为等现实基础上，运用合约选择理论，按照各交易主体相互合作逻辑展开机制设计，在进场转让其他环节规范运作的情况下，提出了一种具有中国特色的“四位一体化”的定价机制。

首先，分析了资产评估的实质及其在产权交易中的定位，认为资值评估是文化产权交易定价机制的起点，也是“四位一体化”定价机制的起点，对文化产权交易的定价具有重要的参考价值。特别地，我们构建了基于熵权系数的未确知测度模型作为文化产权价值评估的数学模型，结合文化产权价格的特点，推导出了文化产权价值评估的公式，并以山东文化产权交易所的书画类文化产权为例，对该类样本文化产权交易价值进行合理评估，通过与文化产权交易所实际成交价格对比，证实了该模型具有较好的评估效果，是对文化产权交易价值评估的一个尝试，构成了文化产权交易定价机制设计的重要内容。

其次，分析了健全文化产权交易市场的必要性与创新总体思路。分析认为，一个健全的文化产权交易市场，以及一个严密的交易制度、信息披露与监管法规，它们共同构成了文化产权交易定价机制有效运行的平台环境需求和组织保障。一方面，建立健全文化产权交易市场是消除交易市场中的不完全性、建立公平合理的定价机制、推动文化产业发展不可或缺的平台保障。另一方面，只有具备一个严密的交易制度和法律法规，文化产权交易的定价机制才能达到高效运行。因此，文化产权交易的定价机制既要充分发挥市场竞争机制的基础性作用，同时还要借助“看得见的手”规范市场，治理市场失灵问题。

第三，在文化产权交易定价方式选择与创新组合方面，通过对我国文化产权交易实践中采用的协议转让、招投标、拍卖和竞价四种主流定价方式进行比较分析发现，它们各有优缺点及适用条件，我们不能简单地回答哪种定价方式更适合。协议转让或招投标定价方式可以满足文化产权交易过程中的非价格因素索求，但由于交易的非公开、不透明性，交易过程很容易产生暗箱操作，滋生交易的投机与价格操纵；而选择拍卖或竞价方式虽然可以吸引更多的投资者参与交易，从而产生一个交易高价，但却又无法满足交易中的非价格因素（如转让期限、买方的实力以及买方对产权交易标的未来的规划等）诉求，或可能由于未征集到足够的投资者，导致交易市场缺乏竞争，由此难以保障非价格因素利益主体的合法权益。因此，“四选一”定价机制（或四者必选其一的定价机制）显然无法同时满足文化产权交易的多元化需求。符合国情的创造在于，将这四种交易定价方式结合成一种“四位一体化”的交易定价机制。在该机制下，协议转让、招投标、拍卖和竞价这四种主流定价方式不是独立的、相互排斥的，而是具有前后的继起性，是一个交易系列在三个阶段分别采用的交易方式，这个交易系列具体推进到哪个阶段（选择相应的定价方式），取决于交易的竞争程度，竞争程度越激烈，推进的阶段越多，而且这种竞争既包括价格竞争，也包括非价格竞争，它是一个相对有效的模式。

显然，我们提出的“四位一体化”定价机制不同于一般交易市场上的定价方式，它是现有几种定价方式与我国文化产权交易的实践相结合而形成的创新组合模式，根据交易对象的特征以及交易市场的竞争程度，充分利用协议转让、招投标、拍卖以及竞价四种方式各自的优点，进行创新组合而成，满足了文化产权出让主体客观存在的价格和非价格因素，追求非价格约束条件下的目标最大化。此外，从该定价机制的实施流程来看，该机制的执行过程逻辑严密、环环相扣，既实现文化产权正确定价，合理交易的目的，也尽可能实现文化产权交易的各类交易主体的合法诉求，达到各交易主体尊重市场资源配置的主体性选择作用。因此，“四位一体化”定价机制成为文化产权交易的必然选择。

第 7 章　附加转让期限约束的版权拍卖机制——“四位一体化”定价机制的应用

从产权交易的权属来看，文化产权交易是对“文化相关物”即文化物权、股权、知识产权等利用市场平台进行重新分配的活动（赵书波，2010）。而从文化产权交易的实践来看，交易的品种也主要集中在文化物权、文化企业股权、文化知识产权等。前文我们主要围绕文化艺术品产权、文化企业国有产权的定价问题展开分析，它们分别属于文化物权和文化股权。本章我们围绕作为文化知识产权最重要的部分——版权展开分析，探究其定价机制问题。

版权的交易价格如何形成，是文化产权交易定价的重要内容之一，但如同前文分析的结果，由于版权具有一定的特殊性，因此其定价相较于普通商品来说会更复杂。首先，版权流通市场存在不完全性，交易机制与监管法规不合理，对版权的定价无同质性商品交易可供参考，且由于文化成果是人们智慧的结晶，很难准确评判出其内在价值，因此在交易定价的过程中易出现价格操纵行为从而引起市场震荡；其次，版权的开发周期通常较长，从最初的创意到最终形成商业化的文化产品这一过程中存在着许多影响版权价格的不确定因素。

在所有的不确定因素中，最重要的一个因素在于买卖双方所约定的版权转让期限，它不仅会影响到版权到期时双方的利益调整，还会关系到有效期内投资者的风险程度。因此，对于版权转让交易的定价来说，不能仅仅只关注成交价，还必须保证买卖双方的利益。为此，本章运用拍卖理论的最新成果，在对版权交易与转让期限进行界定的基础上，结合版权交易结果的影响因素，引入版权转让期限因素，探讨了一种附加转让期限约束的拍卖机制，该机制充分融合了“四位一体化”定价机制的内涵与思想，是“四位一体化”定价机制在版权转让中的一种实现形式，案例分析证实了该机制的有效性。

7.1 版权交易的内涵及其转让期限约束

7.1.1 版权交易的内涵与特殊性

要想更清楚地分析版权交易的定价过程，首先就需要明确版权交易的内涵以及范围。通常来说，版权交易就是以版权为交易对象的经济行为，是版权所有者将作品所包含的部分或全部财产权以一定方式有偿转让的法律行为。伴随着文化产业的快速发展，版权交易的形式也越来越多样化，版权作为文化产权的核心内容，其交易自身具有一定的特殊性，主要体现在以下三个方面：

第一，版权交易主体的多样性。版权不同于普通的知识产权，其权利的取得无须通过相关管理部门，即在作品完成时刻就自动归属于创作者，在版权的实际交易过程中，版权主体的确认是版权交易的基础。第二，版权交易客体的价值具有不确定性。版权作为一种智慧结晶，通常具有独创性和无形性，市场上很难找到替代品，因此很难对其价值进行准确评估。不仅如此，版权在作品被制作完成之前，作为一种无形资产，其可以被应用到多个领域且随着应用范围的增加，版权的价值也会随之发生相应变化，即版权的经济寿命也是不确定的，这些均会使得版权的估值存在一定的不确定性。第三，版权所包含的权利范围十分广泛。版权产业包含的范围涉及图书期刊、音乐唱片、影视广播、工艺美术、软件程序等产业，并不仅仅局限于图书出版和报刊业。仅就一部文学作品而言，创作者就可以将出版权、改编权等权利有偿转让给出版单位，而将摄制权等转让给影视公司。因此，我国《著作权法》规定，版权转让的种类和范围必须在转让合同中明确指出，版权交易的特殊性也体现在此，即版权交易并非简单的一对一买卖关系，交易双方必须明确哪些权利是法律许可范围内的可以与权利人脱离的，哪些是不可转让的人身权利。

7.1.2 版权交易的估价及转让期限约束

由于版权交易的客体为无形资产，因此对其价值的评估通常采用无形资产的评估方法即成本法、收益法和市场法三种。使用成本法对版权进行估值需要投资者对作品从开始创作到最终形成以及进行转让期间产生的成本总和进行评估，即开发或重置该版权所需的全部费用。在得到历史成本后，将其以一定的折现率进行折现即可得到该版权的重置成本。版权作为一种无形资产，市场具有极大的不确定性，因此其历史成本很难准确计量，使用成本法进行价值评估具有一定的难度。收益法则是以版权的经济价值作为评价对象，来计算其未来收益总和的现值。该方法的评估结果除了会受到买卖双方收益分配方式影响外，由于版权的经济寿命很难进行预判，因此仅通过收益法进行估值的风险不确定性较高。而通过市场法所得到的交易价格相对来说会最为贴近真实价格，市场法的交易方式主要分为协议转让、招投标拍卖和多方竞价三种，而这三种方式的买卖双方分别是一对一、一对多和多对多。多方竞价还处于缓慢发展的阶段，典型代表是近年各地所建立的版权交易平台，这种竞价方式的前提是市场上有足够多同类或同质的替代品进行对比，然而版权的客体却通常具有独创性。协议转让虽然可以给投资者提供更详细的信息作为参考，但是由于交易过程非公开，交易结果往往取决于交易双方的谈判地位和信息的对称性。比较而言，拍卖方式能够提供一个公开化的交易平台，竞价过程和结果也维持了较为公平的竞争环境，可以更合理地保护买卖双方的利益。

事实上，无论使用哪一种方法对版权进行估值，其价格都会与版权的转让期限有关。对于创作者来说，若版权拍卖成功，其所衍生出的产品价值会给自身带来极大的“软效益”。[①] 从长期来看，若这种“软效益”对创作者有着很强的吸引力，则期限越长越好；若创作者并不在意“软效益”，更期望通过竞价获取收益则转让期限约束并不能发挥太大作用。对于版权拍卖的竞标者来说，签约版权期限的长短则意味着风险的大小，经验丰富者在谈判过程中会利用所购版权的期限来控制风险，但期限过长，创作者的出价也会更高。

有学者曾表明，版权是一种发展中的权利。从18世纪的复制翻印权到现在多样化的版权权利形式可知，若版权以不附加期限的方式一次性卖出，则显然是不公平的买卖行为：投资者支付对价过低，则创作者无法享受未来新权利可能产生的收益；支付对价过高，那么在保护期内版权可能不会衍生出新权利使投资者获取额外收益，总而言之，卖绝版权的方式会限制版权未来的可能性，是不合理的。例如，很多网络文学版权在被制作成影

---

① 作品在传播过程中不断加诸在创作者身上的荣誉和资信。

视音像作品时经常发生转让权利纷争情况，给版权利益相关方尤其是制作者带来负面冲击。事实上，剖析版权权益之争的背后可以发现，这一争论与影视作品版权拍摄制作的不确定性以及版权转让合同期限设置的不合理性有着极大的联系。

不仅如此，版权转让的期限问题还会影响到转让期内投资者的风险承担问题。对于创作者而言，作品的诞生极其不易，其价值是难以准确计量的，尤其对于优秀作品来说，创作者会对其后续的衍生价值抱有极高的期待。若将版权所拥有的权利一次性卖断转让，则在信息传播如此迅速的今天，即使版权衍生出的新权利或者版权以其他的方式实现了巨额收益，原始创作者也无法得到应该享有的报酬。因此，版权的定价交易不同于普通商品，并不能仅仅只关注价格，还应该将转让期限作为一个重要的限制因素以保证各方利益。

7.2 版权拍卖机制设计的基本分析框架

本节将基于维克里的收益等价定理，选择拍卖实践中最常见的两种拍卖方式：英式拍卖和第一价格密封拍卖，建立一个基本的单属性分析框架，在此基础上，重点分析竞标者均衡竞价策略的形成过程，以及版权拍卖交易双方的博弈行为，以便为后文进一步探讨附加期限属性的机制设计提供思路。

7.2.1 基本假设条件

假设1：交易双方都是风险中性的，不考虑版权拍卖中的非价格属性。

假设2：作为经济者，交易双方都是理性的。该假设表明拍卖方和竞标者都只关心自己的收益获得，拍卖方和每个竞标者都是根据理性的客观分析做出决策，使自身的收益最大化，而不会让自己遭受损失。

假设3：竞标者之间为非合作博弈，卖方代理人无道德腐败问题，即每个竞拍者之间的相互关系都属于竞争关系，不存在买方合谋和卖方代理人的寻租腐败行为。

假设4：竞拍者 i 对拍卖版权的估价为 v_i，v_i 为竞拍者的私人信息，每个竞拍者的估价 v_i 之间相互独立，且服从 $[0, \bar{v}]$ 上的均匀分布。

在本节的基本分析模型中，我们暂且假设市场中只有两个理性的竞拍者 v_i（v_1，v_2），F_i 代表投资者 i 估价的分布函数，f_i 代表投资者 i 估价分布的密度函数，可以分别表示为：

$$F_i = P_r(v_i \leqslant x) = \frac{x}{\bar{v}}$$

$$f_i(x) = F'_i(x) = \frac{1}{\bar{v}}$$

假设版权拍卖中的竞拍者 i 出价为 b_i，那么竞标者的利润函数为

$$\pi_i = (v_i - b_i) \cdot P_r(wins)$$

其中，$P_r(wins)$ 表示竞拍者 i 在版权拍卖中的获胜概率，竞标者会根据自己的估价决定投标价格，实现最大化的期望收益。这一章节中将选取两种最常见的拍卖方式，分析竞拍者在英式拍卖和第一价格密封拍卖机制下的均衡策略，同时比较版权拍卖方获得的期望收益。在不同的拍卖机制下，竞拍者有不同的投标策略，版权拍卖方获得的转让价格可能也会不同，在不考虑卖方设置最低保留价和买方合谋的条件下，竞标者的最优化行为如何形成。

7.2.2　基本分析框架下的英式拍卖

英式拍卖又被称作增价拍卖，在只有两个竞标者的版权拍卖中，随着主持人出价的不断递增，直到其中一个竞标者宣布放弃，最后剩下的另一个竞拍者就获胜，版权拍卖的转让价格为第一个竞标者退出拍卖时的价格。版权拍卖方可以获得的收益函数为：

$$R_S^E = \min(b_1,\ b_2) \tag{7-1}$$

拍卖者的收益为竞标者中出价较低的那一个，而竞标者的收益函数，以投标者 1 为例，他的利润函数可以表示为：

$$\pi_1(b_1,\ b_2,\ v_1) = \begin{Bmatrix} v_1 - b_1, & if\ b_1 > b_2 \\ 0, & if\ b_1 < b_2 \end{Bmatrix} \tag{7-2}$$

从式 7-2 中可以看出，竞标者以自己的估价 v_1 为限，报出低于估价的区间内的任何价格，一旦价格上升到 v_1，竞标者将退出本次拍卖。只要竞价小于 v_1，竞标者仍然是有利可寻的，为了探讨竞标者的最优出价策略，我们考虑三种情况下竞标者 1 的利润函数曲线的变化，分别设 $b_1 = v_1$，$b_1 = v_1 - \varepsilon$，$b_1 = v_1 + \varepsilon$，其中 $\varepsilon > 0$，对应图 7-1（a），（b），（c）中的情况，图中的

粗线条代表利润，竞标者1的利润变化曲线如图7-1所示。

图7-1（a）中可以看出，当 $b_1 = v_1$，$b_2 = 0$ 时利润函数 π_1 达到最大，竞标者1的利润函数随着 b_2 的增加逐渐减少，当竞标者2的报价大于 v_1，竞标者1退出拍卖，利润为0。

类似的，图7-1（b）中 b_2 逐渐增加到 $v_1 - \varepsilon$ 时，竞标者2获胜，竞标者1利润变为0，图7-1（c）中 b_2 在 $(v_1,\ v_1 + \varepsilon)$ 的区间中移动时，竞标者1的利润为负。从三个图形上可以很清楚地看出，在不同报价策略的假设条件下，无论竞标者2的报价如何变化，只有图7-1（a）中的利润函数是最大的，因此竞标者1的最优报价应该是自己的真实估价 v_1，则他的弱占优策略为：

$$b_1 = v_1 \tag{7-3}$$

根据两个竞标者的竞价策略，他们各自以自己的真实估价出价，那么当竞标者1的估价大于竞标者2的估价时，即 $v_1 > v_2$ 时，则有 $b_1 = v_1 > v_2 = b_2$，竞标者1总能获胜，版权拍卖方可以获得较高的转让价格，从而实现版权拍卖定价的有效配置，说明英式拍卖得到的结果是有效率的。

进一步地，我们可以计算出英式拍卖下版权拍卖方可以获得的期望效益：

$$ER_S^E = E[\min(b_1,\ b_2)] = E[\min(v_1,\ v_2)] \tag{7-4}$$

设 $\varphi = \min(v_1,\ v_2)$，由前面的假设条件，$v_1$，$v_2$ 相互独立且服从 $[0,\ \bar{v}]$ 上的均匀分布，则 φ 的分布函数和密度函数分别为：

$$F_\varphi(x) = 1 - [1 - F_{v_1}(x)][1 - F_{v_2}(x)] = 1 - \left(1 - \frac{x}{\bar{v}}\right)^2 \tag{7-5}$$

$$f_\varphi(x) = -2\left(1 - \frac{x}{\bar{v}}\right)\left(-\frac{1}{\bar{v}}\right) = \frac{2}{\bar{v}}\left(1 - \frac{x}{\bar{v}}\right) \tag{7-6}$$

根据式7-6，可以计算出拍卖方的期望收益为：

$$ER_S^E = \int_0^{\bar{v}} x \cdot f_\varphi(x)\,dx = \int_0^{\bar{v}} x \cdot \frac{2}{\bar{v}}\left(1 - \frac{x}{\bar{v}}\right)dx = \frac{1}{3}\bar{v} \tag{7-7}$$

从分析过程中我们看到，在英式拍卖中，竞标者以自己的真实估价作为占优策略，接受任何低于估价的竞标价格，而真实估价较高的竞标者总是能够取得拍卖的胜利，说明英式拍卖的定价机制是有效率的。当竞标者的估价相互独立且服从 $[0,\ \bar{v}]$ 上的均匀分布时，拍卖方能够获得的期望收益为 $\frac{1}{3}\bar{v}$。

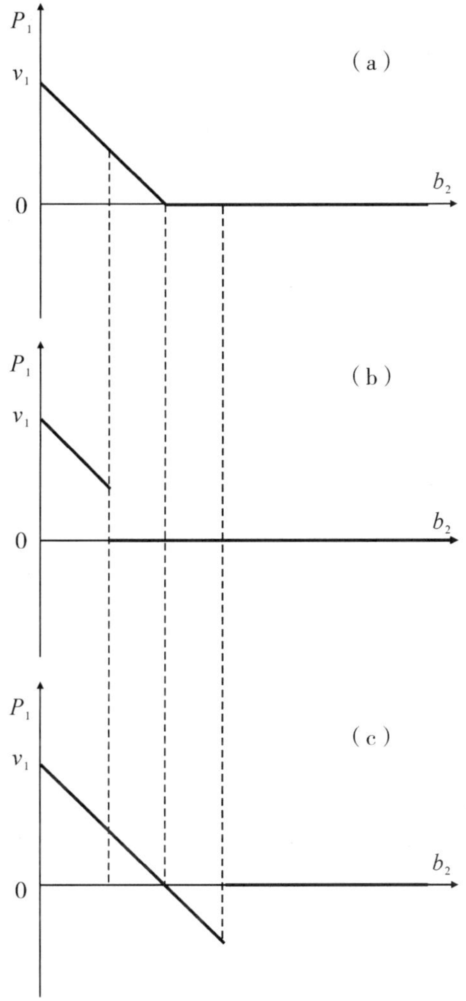

注：(a) $b_1 = v_1$；(b) $b_1 = v_1 - \varepsilon$；(c) $b_1 = v_1 + \varepsilon$

图 7-1　三种情形下的利润变化

7.2.3　基本分析框架下的第一价格密封拍卖

对比上一节的英式拍卖，在第一价格密封拍卖中，竞标者不公开报出自己的竞价，而是以密封的形式将报价交给拍卖主持人，由主持人宣布报价最高者，即为版权拍卖的获胜者，并且以自己的密封报价支付给拍卖者来取得版权。于是，版权拍卖方在第一价格密封拍卖中的收益函数可以表示为：

$$R_S^F = \max(b_1,\ b_2) \tag{7-8}$$

类似的，要比较第一价格密封拍卖和英式拍卖中拍卖方取得的期望收益，首先需要确定竞标者的均衡投标策略，当竞标者以自己的估价作为密封报价，他能够获得的利润为0，因此竞标者同样以估价为限进行投标，竞标者1的利润函数直接可以得到：

$$\pi_1(b_1,\ x) = \Pr(wins) \cdot (v_1 - x)$$

$\Pr(wins)$ 依然表示竞标者1获胜的概率，由于假设中关于竞标者是对称的，因此竞标者1和竞标者2的均衡策略不作区分，竞标者1的支付价格为 $b(v_1) = x$，进一步计算有：

$$\begin{aligned}\Pr(wins) &= \Pr(b_2 < x) = \Pr[b(v_2) < x] \\ &= \Pr[v_2 < b^{-1}(x)] \\ &= G[b^{-1}(x)] \end{aligned} \qquad (7\text{-}9)$$

其中，$b^{-1}(x)$ 是 $b(x)$ 的反函数，$b^{-1}(b_2) = v_2$，竞标者1获胜的概率设为 $G(v_1)$，将式7-9代入竞标者1的利润函数中得到：

$$\pi_1(b_1,\ x) = G[b^{-1}(x)] \cdot (v_1 - x) \qquad (7\text{-}10)$$

竞标者的出价均是为了自身收益最大化的目的，对式7-10求一阶导数：

$$\left.\frac{\partial\ \pi_1(b_1,\ x)}{\partial\ x}\right|_{x=b(v_1)} = \frac{g(v_1)}{b'(v_1)}[v_1 - b(v_1)] - G(v_1) = 0 \qquad (7\text{-}11)$$

$g(v_1)$ 为 $G(v_1)$ 的导数，由利润函数取得最大值的必要条件，令一阶导数等于0并移项转换得到：

$$g(v_1) \cdot [v_1 - b(v_1)] = b'(v_1) \cdot G(v_1)$$

$$b'(v_1) \cdot G(v_1) + b(v_1) \cdot g(v_1) = g(v_1) \cdot v_1 \qquad (7\text{-}12)$$

从式7-12很明显看出：$\dfrac{d[b(v_1) \cdot G(v_1)]}{dv_1} = g(v_1) \cdot v_1$

进一步化简 $$b(v_1) \cdot G(v_1) = \int_0^{v_1} t \cdot g(t)dt$$

最终 $$b(v_1) = \frac{1}{G(v_1)} \int_0^{v_1} t \cdot g(t)dt \qquad (7\text{-}13)$$

这个就是竞标者1的均衡竞价策略，与英式拍卖相比，竞标者1在第一价格密封拍卖中的这一均衡策略显然不等于自己的真实估价。我们知道，在英式拍卖中，若竞标者1获胜，则他需要支付的价格为竞标者2退出拍卖时的报价，由于他们各自以自己的真实估价竞价，因此，竞标者1需要支付的价格为竞标者2的估价 v_2，获胜条件为 $v_2 < v_1$，竞标者1此时支付价格的

条件期望为：

$$E_{p_1}^{E}(v_2 < v_1 | v_2) = \frac{1}{G(v_1)} \int_0^{v_1} t \cdot g(t) dt \qquad (7-14)$$

式 7-14 也可以看作是竞标者 1 获胜条件下竞标者 2 估价的分布值，而式 7-13 得到的结果恰好与式 7-14 相同，表明第一价格密封拍卖中竞标者 1 的均衡竞价策略并非以自己的真实估价出价，而是以自己获胜为前提，依据了解到的竞标者 2 估价的平均分布值作为投标策略。这一行为可以理解为：在第一价格密封拍卖中，竞标者的竞价越高，相应的胜出概率也会越大，但与此同时利润也会降低；想要增加利润，则必须降低自己的密封报价，则相应的获胜概率也会降低。如果竞标者采取类似英式拍卖的方式，使用自己的真实估价作为报价，那么所获利润就为零，因此竞标者选择的竞价策略必定会低于自己的真实估价，像式 7-13 的结果那样，竞标者 1 根据自己在拍卖中所能得到的私人信息来预估竞标者 2 的估价，将 v_2 的条件期望值作为投标策略，条件为 $v_2 < v_1$。

根据以上分析过程可知，由于第一价格密封拍卖中每个竞标者均使用相同的竞价策略，以竞标者 2 为例，当他知道竞标者 1 将采用平均股价作为竞价策略后，为了确保自己的胜利，他将刻意隐瞒部分信息使得自身估价表面看起来不高。因此，每个竞标者均会依据自身对其他竞争者的估价预测来出价，而竞价策略的出发点就是在取得拍卖胜利的同时，保证自身能够获取一定的利润，于是每个竞标者都会在一定程度上掩饰自身的真实估价，从而提高自身的获胜概率。因此第一价格密封拍卖中最终取得的均衡结果，取决于每个竞标者对自己真实估价所包含私人信息的遮蔽程度，这也是决定哪个竞标者会最终获胜的关键所在。

由于 v_1、v_2 服从区间 $[0, \bar{v}]$ 上的均匀分布，那么可以知道英式拍卖中在满足获胜条件 $v_2 < v_1$ 的情况下，竞标者 1 的支付价格为 $E_{p_1}^{E}(v_2 < v_1 | v_2) = \frac{1}{2}v_1$，那么根据式 7-13 和式 7-14 的结果，可以得到在第一价格密封拍卖模型中，竞标者 1 的均衡竞价策略的解为：

$$b(v_1) = E_{p_1}^{E}(v_2 < v_1 | v_2) = \frac{1}{2}v_1 \qquad (7-15)$$

综合上文分析可知，竞标者 1 在第一价格密封拍卖中的出价远低于自己的真实估价，遮蔽程度达到 50%。本节得到的结果是由两个对称竞标者的平均估价分布计算得到的，只是为了说明竞标者在第一价格密封拍卖中如何得到自身的竞价策略，且他们的出价都会在一定程度上选择遮蔽自己的真实估价。

为了证明上文得到的式 7-13 是竞标者 1 在第一价格密封拍卖中的最优竞价策略，我们现在假设竞标者 1 最终的出价为 $\tilde{x}$ 而不是 x，且有 $b(y)=\tilde{x}$，得到竞标者 1 的利润函数为：

$$\begin{aligned}\pi_1(b_1,\ \tilde{x}) &= G[b^{-1}(\tilde{x})]\cdot(v_1-\tilde{x})\\ &= G(y)[v_1-b(y)] = G(y)\cdot v_1 - G(y)\cdot b(y)\end{aligned}$$

将式 7-13 的结果代入，并且将积分进行分部转化，进一步计算得到：

$$\begin{aligned}\pi_1(b_1,\ \tilde{x}) &= G(y)\cdot v_1 - \int_0^y tg(t)dt\\ &= G(y)(v_1-y) + \int_0^y G(t)dt \qquad (7\text{-}16)\end{aligned}$$

竞标者 1 的最终竞价若为 $\tilde{x}=b(y)$，则 y 存在两种情况，一种是 $y<v_1$，另一种是 $y>v_1$，我们还是像英式拍卖中使用图形来证明竞标者 1 的最优策略如何确定，图 7-2（a）中为第一种情况 $y<v_1$，图 7-2（b）为第二种情况 $y>v_1$。

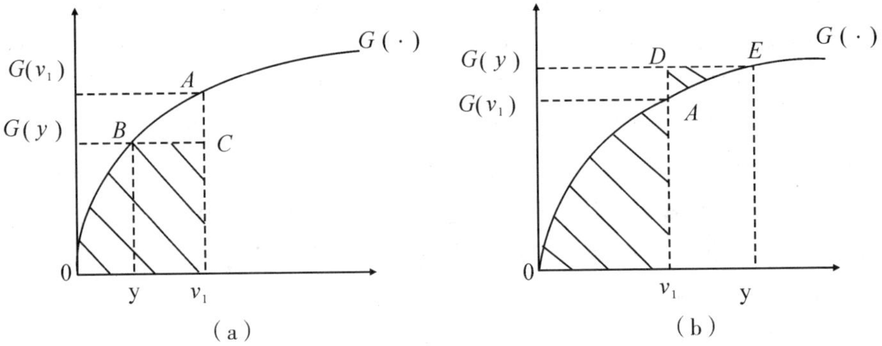

注：(a) $y>v_1$；(b) $y<v_1$

图 7-2　利润函数

如图 7-2 所示，在第一种情况中，竞标者 1 的利润函数可以用图形中的阴影部分的面积来表示，由式 7-16 的表达式可知，利润函数为图形 $0By$ 和 BCv_1y 的面积之和，若投标者将出价从 $b(y)$ 提高到 $b(v_1)$，则他可以获得增加的利润 ABC 的面积，此时提高出价是有利的；与此同时，在图 7-2（b）的情况下，投标者 1 获得的利润为图形 $0v_1A$ 与 ADE 的面积之差，此时若竞标者将出价由 $b(y)$ 逐渐降低到 $b(v_1)$，可以增加面积为 ADE 的那一部分利润，这对竞标者来说同样是有利可图的。由于竞标者都是理性经济人，

他们的竞标策略都是为了使自己的期望收益最大化，因此在第一价格密封拍卖假设的基本模型推论中，竞标者 1 最终选择的竞标策略为 $x = b(v_1) = E_{p_1}^{E}(v_2 < v_1 | v_2)$。

由此，竞标者 1 的竞价策略得到的结果为式 7 - 15 中那样，有 $b(v_1) = E_{p_1}^{E}(v_2 < v_1 | v_2) = \frac{1}{2}v_1$，其假设条件是竞标者 2 的估价小于竞标者 1 的估价，即 $v_2 < v_1$ 则会有 $b(v_2) < b(v_1)$，表示在第一价格密封拍卖中，估价较高的竞标者将会赢得拍卖，同英式拍卖中得到的结论一样，拍卖者总是能将拍卖标的以较高的价格转让出去，从而获得较高的收益，说明第一价格密封拍卖的均衡竞价结果也是有效率的。

确定了竞标者的均衡竞价策略，可以计算出拍卖者获得的期望收益，根据之前的推导可知，当竞标者 1 在拍卖中获胜的时候，即 $v_2 < v_1$，他需要支付的期望价格为：

$$G(v_1) \cdot b(v_1) = G(v_1) \cdot E_{p_1}^{E}(v_2 < v_1 | v_2) \tag{7-17}$$

由第二节中的模型基本假设，拍卖中存在的两个投资者对称，那么当竞标者 2 获胜的时候，他的期望支付与竞标者 1 相等，由此可以推导出拍卖者可以获得的期望收益：

$$ER_S^F = 2 \cdot G(v_1) \cdot E_{p_1}^{E}(v_2 < v_1 | v_2) \tag{7-18}$$

从式 7-18 可以看出，这一结果与英式拍卖中拍卖者得到的期望收益并没有不同，都是在一方获胜的条件概率下发生的获胜竞标者的期望支付的总和。要进一步确认这个结果，我们用另一种方法进行具体的计算过程：

将式 7-15 的均衡竞价策略的结果代入式 7-8 中，则拍卖者的期望收益公式变成：

$$ER_S^F = E\{\max[b_1(v_1), b_2(v_2)]\} = E[\max(\frac{1}{2}v_1, \frac{1}{2}v_2)]$$
$$= \frac{1}{2}E[\max(v_1, v_2)] \tag{7-19}$$

同样地，设 $\lambda = \max(v_1, v_2)$，由于 v_1，v_2 相互独立，且服从区间 $[0, \bar{v}]$ 上的均匀分布，则 λ 的分布函数和密度函数分别为：

$$F_\lambda(x) = F_{v_1}(x) \cdot F_{v_2}(x) = (\frac{x}{\bar{v}})^2 \tag{7-20}$$

$$f_\lambda(x) = F'_\lambda(x) = 2\frac{x}{\bar{v}^2} \tag{7-21}$$

进一步地，拍卖者的期望收益可以得到：

$$ER_S^F = \frac{1}{2}E(\lambda) = \frac{1}{2}\int_0^{\bar{v}} xf_\lambda(x)dx = \frac{1}{2}\int_0^{\bar{v}} x \cdot 2\frac{x}{\bar{v}^2}dx$$

$$= \frac{1}{\bar{v}^2} \cdot \frac{1}{3}x^3 \Big|_0^{\bar{v}} = \frac{1}{3}\bar{v} \tag{7-22}$$

以上结果验证了关于式 7-18 的说法，即拍卖者在英式拍卖和第一价格密封拍卖中所能获得的期望收益是相同的，尽管在第一价格密封拍卖中竞标者的均衡出价策略为 $b^F(v) = \frac{1}{2}v$，相比英式拍卖中的均衡策略 $b^E(v) = v$ 更低，竞标者根据自己的投标价格进行实际支付，因此均会选择遮蔽自己的真实估价，但是拍卖者最终所能获得的期望收益却并未受到影响，这也证明了等价收益定理，即版权拍卖方能够在英式拍卖和第一价格密封拍卖中获得的期望收益是相等的。

对于这一结论可做如下解释：在英式拍卖中，每个竞标者都根据自己的真实估价出价，拍卖者却无法得知每个竞标者的出价，因此在这种方式下价格竞争是在所有参与者均知晓的情况下进行，最高估价竞标者能够随时根据竞价情况来决定是否退出拍卖。在信息不对称的情况下，竞标者能够根据自身对实际估价信息的了解程度来获得超额收益，英式拍卖的性质也决定了最高估价竞标者的最终支付金额为最后退出拍卖竞标者的报价，因此这部分信息租金将归最终获胜的竞标者所有。第一价格密封拍卖的实质为拍卖者对版权实行价格歧视销售，虽然竞标者会遮蔽自己的真实估价，但最终也是由最高出价竞标者获得所拍卖的版权，从而收获一部分消费者剩余作为补偿。综合以上信息租金和价格歧视两种因素来看，只要版权投资者的估计符合相互对称的独立私人假设，那么无论是在第一价格密封拍卖定价机制中还是在英式拍卖定价机制中，拍卖者所获得的期望收益都是相同的。

7.3 附加转让期限约束的版权拍卖机制设计

现实中的版权拥有者在转让合同的签订过程中往往处于弱势地位，而期限作为影响版权拍卖竞价的重要因素，如果能在拍卖中作为附加约束条件提出，无疑可提高版权拥有者的要价能力。本节参考 Frutos，Pechlivanos（2005）和汪海、张卫东（2007）的思路，设计出一种附加合同转让期限约束的拍卖定价机制。详细来看，本节在前文第一密封价格拍卖模型框架的基础上，宽松了竞标者风险中性的假设，引入版权转让现时收益和到期回收可能产生的未来收益等双重目标，通过设置竞标者的成本参数和拍卖者的效用函数，让拍卖方能够权衡对版权拍卖不同维度属性的偏好，然后根据效用最大化函数选择出最优期限；最后仔细分析了拍卖者对版权拍卖不同维度属性的偏好与最优期限间的关系，为最大程度保障创作者在拍卖过程中的合法权益提供了一种选择。

7.3.1　模型及其假设条件

本节假设拍卖者是风险中性的，而竞标者则是风险规避的。卖方有一个完整且不可分割的作品版权亟待拍卖，在开始竞价前卖方需要告知自己对即将要与中标者签订合同期限的最低标准，并假设该期限属性为 q，这就类似于两阶段拍卖机制中的第一得分拍卖评分规则，即投标者在最低标准的基础上依据自身对卖方所转让版权的估价来进行投标。

假设投标者的人数为 n，每个投标者均代表不同实力水平的出版单位。假设竞标者购买同级别作者作品版权所能获得的利润为该行业内公开的平均水平 g，那么竞标者的出价则将主要取决于对版权的估价与总成本间的差额。在拍卖正式开始前，拍卖者会选择一个最低的期限标准 q，通常对拍卖者来说，期限越长就意味着所转让版权权利的时间越长，拍价也就越高，而对竞标者而言，期限越长就代表着初期成本越高，尽管延长版权期限对于竞标者是有利的，但也会对竞拍出价存在抑制影响，比如投标价格相应上涨以及竞标者需承担各种不确定风险等。因此，竞标者的竞价策略为在拍卖方要求的最低期限基础上选择使自身估价最高的投标期限。假设各出版商均为理性的投资者，当竞标者的成本大于自身估价时，出版单位会自动退出拍卖，反之则会参与拍卖。竞标者对版权的估价由版权的利润和成本两个因素共同决定，而利用版权转让获得利润的过程中产生的成本则取决于竞标者的私人信息。设 v 为竞标者的成本参数，该参数指在合同履行期间，版权竞拍获胜者处置版权所产生的成本（如制作成本、营销成本等），与版权拍价无关。θ 是每个竞标者的私人信息，在区间 $[\underline{\theta}, \bar{\theta}]$ 相互独立且其分布函数为 $F(\theta)$，$F(\underline{\theta}) = 0$，$F(\bar{\theta}) = 1$，概率密度函数为 $f(\theta)$，满足 $f(\theta) > 0$，且连续可微。竞标者的成本函数为 $c(q, \theta)$，函数关于 q 和 θ 均单调递增，其中在成本固定的条件下，q 关于成本参数 θ 严格递减。竞标者

对版权的实际估价 v 由平均收益 g 和成本 c 共同决定，估价函数为 $v = g - c(q, \theta)$ 。投标价格为 $b(x)$ ，拍卖的均衡模型仍采用对称的贝叶斯纳什均衡模型。

竞标者的效用函数具体可表示为：

$$U_B = [v(q, \theta) - b(x)]^{\sigma} \tag{7-23}$$

由于投标者是风险规避型，将效用函数设为极大化道格拉斯效用函数的形式 $U = v - b$ ，其中 σ 代表投标者对收益的重视程度和对赢得拍卖概率的重视程度的权重比。当 $\sigma > 1$，投标者比起获胜概率更重视投标收益，当 $\sigma = 1$ ，投标者对获胜概率和投标收益同样看重；当 $0 < \sigma < 1$，表明投标者更重视赢得拍卖，此时效用函数是凹函数，因此可以看作是风险规避型投资者。

版权拍卖方的效用函数记为如下形式：

$$U_s = U_b + U_q = \alpha b + (1 - \alpha) q \tag{7-24}$$

其中 $0 \leqslant \alpha \leqslant 1$，卖方的效用函数由竞标者的投标出价和合同期限共同决定，同时假设买卖双方对于两个属性的偏好是相互独立的，对卖方来说，每个属性的效用函数是递增的，其边际效用是非递增的。

7.3.2 版权投标者的均衡策略

在本节假设的二维属性拍卖模型中，投标者面临着如何投标来使自身期望效用最大化的问题。在上述假设条件下，价格属性和期限属性对买卖双方都是相互偏好独立的，也就是说投标者选择的期限属性与价格属性独立，期限属性 q 只取决于投标者自己对版权的估价和私人成本。假设投标者都是理性的，为了确定最优期限属性，投标者会将其最优期限 q 设为引理 1 中的值。

引理 1：效用函数和成本参数给定的条件下，投标者只根据自己的成本参数选择使自身估价函数最大的最优期限属性：

$$q_B(\theta) = \arg_q \max [g - c(q, \theta)] \tag{7-25}$$

通过选定引理 1 中最优的期限值 q 来确定对拍卖版权的估价，再通过第一价格密封拍卖的均衡策略选择投标价格 b ，进而将二维属性的拍卖模型转化成为单属性的第一价格密封拍卖。该引理对公开拍卖和密封拍卖的条件都能成立，具体证明参考 Che（1993）①。

① Che Y-K. Design competition through multidimensional auctions［J］. The RAND Journal of Economics，1993：668-680.

在确定的最优期限属性 $q_B(\theta)$ 下，投标者的估价在该期限属性值下达到极大，因此有：

$$v(\theta) = \max_q [g - c(q, \theta)] = g - c(q_B, \theta) \tag{7-26}$$

根据包络定理，有：

$$\frac{\partial v(\theta)}{\partial \theta} = - c_\theta(q_\theta, \theta) < 0 \tag{7-27}$$

显然投标者的成本函数关于成本参数 θ 和期限属性 q 都是递增的，因此最终实际估价函数 $v(\theta)$ 关于 θ 是单调递减的，且满足 $v \in [v^*, \bar{v}]$，由 θ 服从函数为 $F(\theta)$ 的分布可以得到 $v(\theta)$ 的分布函数，设 $v(\theta)$ 的分布函数 $H(v)$，$v(\theta)$ 的反函数为 $\varphi(v)$，则有 $H(v) = 1 - F[\varphi(v)]$。

定理1：将二维属性的风险规避型竞标者均衡策略转化为单属性拍卖模型后，考虑带有风险规避型效用函数的投标者的第一价格密封拍卖模型，则

(i) 投标者的贝叶斯纳什均衡投标策略组合为 $[q_B(\theta), b(v)]$，其中价格属性投标策略为：

$$b(v) = v(\theta) - \int_\theta^{\bar{\theta}} c_\theta(q_\theta, \theta) \left[\frac{1 - F(y)}{1 - F(\theta)}\right]^{\frac{n-1}{\sigma}} dy, \quad v \geqslant v^* \tag{7-28}$$

(ii) 均衡的投标价格关于成本参数递减，关于风险规避程度递增，同时当投标者参与人数趋近于无穷大，其投标价格策略趋近于真实估价。而投标期限通过成本函数对投标价格产生抑制影响，即 q_B 增加，最终使得 $b(v)$ 减少。

(iii) 投标者参与人数不变的情况下，预期收益与风险规避系数和成本参数都呈反向变动。

证明：(i) 由第一价格密封拍卖模型中的投标者 i 对称性考虑投标者的价格属性策略，假设其他投标者都采用相同的投标策略函数 $[b(\cdot), q_B(\theta_j)]$。为简化设投标者 i 的估价为 v，报价策略为 $b(x)$，则他的期望效用为：

$$\begin{aligned} EU_B &= [v - b(x)]^\sigma \times \Pr[win \mid b(x)] \\ &= [v - b(x)]^\sigma \times H^{n-1}(x) = \{[v - b(x)] \times H^{\frac{n-1}{\sigma}}(x)\}^\sigma \end{aligned} \tag{7-29}$$

在第一价格密封拍卖模型的假设下报价策略函数 $b(x)$ 关于估价是递增的，贝叶斯均衡的条件为当 $x = v$ 时期望效用获得极大值，设 $EU_{BS} = [v - b(x)] \times H^{\frac{n-1}{\sigma}}(x)$，因此有：

$$\frac{\partial EU_{BS}}{\partial x} = - b'(x) H^{\frac{n-1}{\sigma}}(x) + [v - b(x)] \times [H^{\frac{n-1}{\sigma}}(x)]' \tag{7-30}$$

投标者的期望效用在 $x = v$ 时等于0，进而由式7-30求出：

$$b'(v) = [v - b(v)] \times \frac{[H^{\frac{n-1}{\sigma}}(x)]'}{H^{\frac{n-1}{\sigma}}(x)} \qquad (7-31)$$

价格属性投标策略的初始边界条件为 $b(0)=0$，$b(v)=v$，对解式7-31微分方程得到投标价格策略的解：

$$b(v) = v - \int_{v^*}^{v}\left[\frac{H(t)}{H(v)}\right]^{\frac{n-1}{\sigma}} dt = v - \int_{v^*}^{v}\left[\frac{H[v(y)]}{H[v(\theta)]}\right]^{\frac{n-1}{\sigma}} d[v(y)]$$

$$= v(\theta) - \int_{\bar{\theta}}^{\theta}\left[\frac{1-F(y)}{1-F(\theta)}\right]^{\frac{n-1}{\sigma}} v'(y)\,dy$$

$$= v(\theta) - \int_{\theta}^{\bar{\theta}} c_{\theta}(q_B,\ \theta)\left[\frac{1-F(y)}{1-F(\theta)}\right]^{\frac{n-1}{\sigma}} dy$$

因此定理1（i）得证，$[q_B(\theta),\ b(v)]$ 为投标者 i 的最优均衡策略投标组合。

（ii）由求出的最优均衡价格策略：

$$\frac{\partial b}{\partial \theta} = -c_{\theta}(q_B,\ \theta) - \frac{\partial W_1}{\partial \theta}W_2 - \frac{\partial W_2}{\partial \theta}W_1$$

$$= -\frac{c_{\theta\theta}(q_B,\ \theta) + [1-F(\theta)]^{\frac{n-1}{\sigma}-1}}{[1-F(\theta)]^{\frac{2(n-1)}{\sigma}}}\int_{\theta}^{\bar{\theta}}[1-F(y)]^{\frac{n-1}{\sigma}}dy < 0$$

这里令 $W_1 = \dfrac{c_{\theta}(q_B,\ \theta)}{[1-F(\theta)]^{\frac{n-1}{\sigma}}}$，$W_2 = \int_{\theta}^{\bar{\theta}}[1-F(y)]^{\frac{n-1}{\sigma}}dy$

由式7-28可以看出，$\dfrac{1-F(y)}{1-F(\theta)}$ 在 y 的区 $[\theta,\ \bar{\theta}]$ 间始终小于1，因此 $\left[\dfrac{1-F(y)}{1-F(\theta)}\right]^{\frac{n-1}{\sigma}}$ 关于 σ 递增，当投标者的风险规避程度上升，即 σ 下降；又 $c_{\theta\theta}(q_B,\ \theta) + [1-F(\theta)]^{\frac{n-1}{\sigma}-1} > 0$，使得 $b(v)$ 上升，因此最优均衡价格策略 $b(v)$ 是关于风险规避程度 σ 的减函数，且关于成本参数 θ 递减。同时，注意到当投标者人数趋近于无穷大的时候，式7-28中的积分部分趋近于0，从而使得最优均衡价格趋近于投标者的真实估价，这点结论与Patrick等（2011）中的结论也是一致的。

显然有，$\dfrac{\partial b}{\partial q} = v_q - \int_{\theta}^{\bar{\theta}} c_{q\theta}(q_B,\ \theta)\left[\dfrac{1-F(y)}{1-F(\theta)}\right]^{\frac{n-1}{\sigma}} < 0$，可以看出 q_B 对竞标者的出价 $b(v)$ 有抑制影响。

（iii）由式 7-28 和式 7-29 可以看出，投标者的预期收益为：

$$E\pi[v,\ b(v)] = \int_{v^*}^{v} \left[\frac{H(t)}{H(v)}\right]^{\frac{n-1}{\sigma}} dt \times H^{n-1}(v)\ \ , v \geqslant v^*$$

显然，估价函数关于成本参数 θ 递减，成本上升的时候等式右边积分区间减小，从而预期收益减少。在投标者参与人数不变的情况下，当风险规避程度上升，预期收益增加，运用（ii）中的方法同理可以得到预期收益是关于 σ 的增函数，即预期收益与成本参数和风险规避系数都呈反向变动。定理 1 证毕。

从式 7-29，显然能看出 $b'(v) > 0$，均衡投标策略中的价格属性关于估价函数严格递增，即投标者对版权的估价越高，则越有可能拍出较高的价格。由定理 1 的结论（ii）中可以看出，从版权拍卖者的角度来说，应想方设法地吸引更多的出版单位参与到拍卖中，比如在拍卖前大力宣传等，使得拍价提高来接近投标者的估价。与此同时，投标期限的选择对出价有着抑制影响，即要想延长期限就需要相应地提高出价，因为期限对竞标价格产生的复杂影响是通过成本函数和估价函数发生的，其中成本函数关于期限递增而估价函数则递减，由于本书假设投标者对于期限和价格属性的投标相互独立，因此均衡价格策略的模型是在引理 1 确定期限属性的基础上建立起来的。

另外需要注意的是在结论（iii）中，投标者开出的价格策略与自身成本参数以及风险厌恶程度息息相关。成本参数偏高会导致预期收益偏低，当版权拍卖者在拍卖前开出的期限过高时，投标者所面临的风险就会加大，或者说当出版单位缺乏成本竞争优势时，会导致竞标者出价降低，使得投标者可能无法赢得拍卖。除此之外，对风险的厌恶程度过高还会使得投标者抬高报价来获得版权。

7.3.3　版权拍卖者的期望效用

在研究了版权投标者（以出版单位为例）如何选择最优均衡投标组合策略后，本节还有必要从版权拍卖者的角度出发，研究在价格属性和期限属性两个维度上，拍卖者如何选择自己的属性偏好系数 α 和期限标准来最使自身的期望效用最大化。若系数过高，则代表拍卖者可能太过在意当前的利益，期限属性的附加约束对参与竞标的出版单位不会有太大影响，可大致等同于放弃了这一选择权；若系数过低，单纯从拍卖第一价格获胜的规则来看，拍卖结果的选择对拍卖者来说并不一定最优，因为版权拥有者在价格方面的选择空间可能过窄。由此可知，设置一个合理的系数 α ，对版权拍卖者实现自身效用价值最大化至关重要。

定理 2：（i）拍卖者的期望效用 EU_S 由属性偏好 α 、竞标者均衡策略 $b(v)$ 及提出的期限偏好共同决定，且关于成本参数递减。

（ii）当 $\alpha \in [0, 1]$ ，最优期限值 q^* 在 $\left[0, \int_{\theta}^{\bar{\theta}} M_\theta d\theta + M_0\right]$ 的范围内变动，其中 $M(\theta) = \int_{\theta}^{\bar{\theta}} F^n(\theta)(q_B)_\theta d\theta$, $M_0 = q^* - \int_{\theta}^{\bar{\theta}} M_\theta d\theta$ ；

（iii）最优期限值 q^* 在一定范围内与偏好系数 α^* 呈反向变动，且存在唯一的 α^* ，使得关于属性偏好的边际效用变化值相同。

证明：（i）由前文的假设可知，版权拍卖者的期望效用为：

$$
\begin{aligned}
EU_S &= EU_b + EU_q \\
&= \alpha n \int_{v^*}^{v} b(v) H^{n-1}(v) h(v) dv + (1-\alpha) n \int_{\underline{\theta}}^{\bar{\theta}} q_B(\theta) F^{n-1}(\theta) f(\theta) d\theta \\
&= \alpha n \int_{v^*}^{v} \left\{ v - \int_{v^*}^{v} \left[\frac{H(t)}{H(v)}\right]^{\frac{n-1}{\sigma}} dt \right\} H^{n-1}(v) h(v) dv \\
&\quad + (1-\alpha) n \int_{\underline{\theta}}^{\bar{\theta}} q_B(\theta) F^{n-1}(\theta) f(\theta) d\theta
\end{aligned}
\tag{7-32}
$$

定理 1 中的结论（ii）说明，$b(v)$ 关于成本参数 θ 是递减的，$q_B(\theta)$ 同样关于 θ 递减，因此等式右边的两个积分部分显然都关于 θ 递减，即 $\partial EU_b / \partial \theta < 0$，同时 $\partial EU_q / \partial \theta < 0$，则 $\partial EU_s / \partial \theta < 0$，版权拍卖者的期望效用关于 θ 递减。成本参数 θ 的变动导致拍卖者的期望效用反向变化并不奇怪，正如它的上升同样会导致版权投标者的预期收益减少一样，因此更深一层的问题是，拍卖者的属性偏好 α 如何影响最大效用，最优期限标准如何根据偏好指定，以及期望效用与投标单位的风险态度之间有什么联系，是这一节需要重点讨论的。

（ii）首先讨论 $\alpha = 1$ 的情况，此时表明版权拍卖者只重视出卖版权所获得的拍卖收益，对收回版权后可能获得的发展空间和收益前景并不看好，不指望在未来仍能以版权获得收益，此时期望效用做如下变换，

$$
EU_s = n \int_{v^*}^{v} b(v) H^{n-1}(v) h(v) dv = b(v) - \int_{v^*}^{v} H^n(v) dv
$$

这里积分，

$$
\begin{aligned}
&\int_{v^*}^{v} b(v) H^{n-1}(v) h(v) dv \\
&= b(v) H^n(v) \Big|_{v^*}^{\bar{v}} - \int_{v^*}^{v} H^n(v) d[b(v) H^{n-1}(v)]
\end{aligned}
$$

$$= b(v) - \int_{v^*}^{v} b'(v) H'(v) dv - (n-1) \int_{v^*}^{v} b(v) H^{n-1}(v) h(v) dv$$

因此可以求得 EU_S 对 q 的一阶导数：

$$\frac{\partial\ EU_S}{\partial\ q} = b'(q) - v'(q) = \frac{-c_{\theta q}(q_B,\ \theta)}{[1-F(\theta)]^{\frac{n-1}{\sigma}}} \int_{\underline{\theta}}^{\bar{\theta}} [1-F(y)]^{\frac{n-1}{\sigma}} dy \leqslant 0$$

由此得到，拍卖者在期望效用取最大值时 $q^* = 0$。潜在的解释为拍卖开始前，版权拍卖方对期限做出的附加约束不具有置信力，即代表拍卖者的真实效用与之前宣布的效用偏好存在偏差，对期限属性的约束力已失效。竞标者的均衡策略将不再依赖于成本参数的分布函数，而是完全取决于获得该版权后的预期利润，二维属性的投标组合将变成一维的价格竞争。

当 $\alpha = 0$ 时，表明拍卖者只重视版权在转让后所带来的“软效益”，即随着版权衍生权利创作出作品的传播时间变久，创作者自身的职业声誉也会随之流传，毋庸置疑会对未来创作生涯产生有利影响。拍卖者的期望效用为：

$$EU_S = n\int_{\underline{\theta}}^{\bar{\theta}} q_B(\theta) F^{n-1}(\theta) f(\theta) d\theta$$

$$= q_B(\theta) F^n(\theta) \Big|_{\underline{\theta}}^{\bar{\theta}} - \int_{\underline{\theta}}^{\bar{\theta}} F^n(\theta) (q_B)_{\theta} d\theta$$

$$= q_B(\theta) - \int_{\underline{\theta}}^{\bar{\theta}} F^n(\theta) (q_B)_{\theta} d\theta$$

令 $\int_{\underline{\theta}}^{\bar{\theta}} F^n(\theta) (q_B)_{\theta} d\theta = M(\theta)$，那么 $\frac{\partial\ EU_S}{\partial\ q} = 1 - \frac{\partial\ M(\theta)}{\partial\ q}$；

当 $\frac{\partial\ EU_S}{\partial\ q} = 0$ 时，$q^* = \int_{\underline{\theta}}^{\bar{\theta}} M_{\theta} d\theta + M_0$，其中 $M_0 > -\int_{\underline{\theta}}^{\bar{\theta}} M_{\theta} d\theta > 0$ 为常数。

此时使拍卖者获得最大期望效用的最优期限标准 $q^* = \int_{\underline{\theta}}^{\bar{\theta}} M_{\theta} d\theta + M_0$，无论版权拍卖最终归属于谁，获胜的竞标者都需要在拍卖者要求的期限约束条件内与之签订合同，因此对竞标者自身的实力水平和在行业内的竞争成本有较高的要求。而 $\frac{\partial\ q^*}{\partial\ \theta} = M_{\theta} \leqslant 0$，即最优合同期限 q 关于成本参数 θ 递减，从潜在竞标者的角度来看，其成本参数的差异化程度越小，拍卖者可能要价的期限标准越高，在 $\alpha = 0$ 的情况下，参与拍卖的竞标者越多，越能缩小竞争者之间的成本差异，因此拍卖者如果在拍卖前采取适当措施提高作品的推广度，吸引更多异质性较大的竞标者来参与拍卖，能够获得的期限要价可能就越高。

当$0 < \alpha < 1$，拍卖者将在赢得拍卖的价格收益和签订合同的期限标准两个目标之间进行权衡，根据拍卖者的效用函数形式可以得出，拍卖者关于价格和期限属性的偏好均独立且递增，在获得的效用一定的前提下，价格收益的增加必然导致期限属性的减少，根据效用最大化原则，当拍卖者关于两种属性的边际效用相等时，能够得到关于期限属性的最优解q^*。期望效用关于q的导数为：

$$\frac{\partial EU_S}{\partial q} = \alpha\left\{\frac{-c_{\theta q}(q_B, \theta)}{[1-F(\theta)]^{\frac{n-1}{\sigma}}}\int_{\underline{\theta}}^{\bar{\theta}}[1-F(y)]^{\frac{n-1}{\sigma}}dy\right\} + (1-\alpha)\left[q_B(\theta) - \int_{\underline{\theta}}^{\bar{\theta}}F^n(\theta)(q_B)_\theta d\theta\right]$$

由$\frac{\partial EU_S}{\partial q} = 0$可得到，

$$\alpha\left\{\frac{-c_{\theta q}(q_B, \theta)}{[1-F(\theta)]^{\frac{n-1}{\sigma}}}\int_{\underline{\theta}}^{\bar{\theta}}[1-F(y)]^{\frac{n-1}{\sigma}}dy\right\} + (1-\alpha)\left[q_B(\theta) - \int_{\underline{\theta}}^{\bar{\theta}}F^n(\theta)(q_B)_\theta d\theta\right] = 0$$

使此式成立的q值即为q^*；此时$M(\theta) = \int_{\underline{\theta}}^{\bar{\theta}}F^n(\theta)(q_B)_\theta d\theta$。

（iii）这里设

$$N(q^*, \alpha) = \alpha\left\{\frac{-c_{\theta q}(q_B, \theta)}{[1-F(\theta)]^{\frac{n-1}{\sigma}}}\int_{\underline{\theta}}^{\bar{\theta}}[1-F(y)]^{\frac{n-1}{\sigma}}dy\right\} + (1-\alpha)\left[q_B(\theta) - \int_{\underline{\theta}}^{\bar{\theta}}F^n(\theta)(q_B)_\theta d\theta\right]$$

由隐函数定理，$\frac{\partial N(q^*, \alpha)}{\partial \alpha} + \frac{\partial N(q^*, \alpha)}{\partial q^*}\frac{\partial q^*}{\partial \alpha} = 0$，满足$c_{\theta q}(q^*, \theta) = 0$

$$\frac{\partial q^*}{\partial \alpha} = -\frac{\partial N(q^*, \alpha)}{\partial \alpha} \Big/ \frac{\partial N(q^*, \alpha)}{\partial q^*}$$

$$= \left[q_B(\theta) - \int_{\underline{\theta}}^{\bar{\theta}}F^n(\theta)(q_B)_\theta \mathrm{d}\theta\right] \Big/ (1-\alpha)\left[1 - \frac{\partial M(\theta)}{\partial q^*}\right]$$

已知q_B满足$q_B > 0$，$(q_B)_\theta > 0$且$(q_B)_{\theta\theta} > 0$，可以求得$\int_{\underline{\theta}}^{\bar{\theta}}F^n(\theta)(q_B)_\theta \mathrm{d}\theta$且$\frac{\partial M(\theta)}{\partial q^*} = \frac{q_\theta^*(\bar{\theta})}{q_\theta^*(\theta)} > 1$，所以$\frac{\partial q^*}{\partial \alpha} < 0$。证毕。

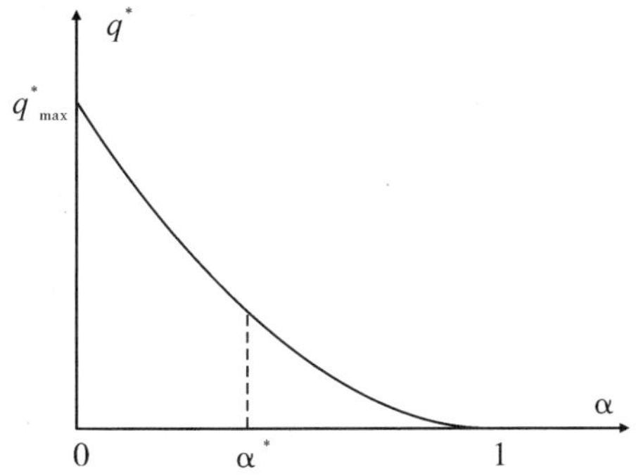

图 7-3 最优合同期限与偏好权重的变动关系

图 7-3 展示了最优合同期限与偏好权重之间的变动关系。α 值实际上代表了拍卖者对价格属性和期限属性之间偏好的不对称性，当 $\alpha=1$ 时，$q^*=0$；当 α 在从 1 逐渐向 α^* 靠近时，q^* 的值逐渐增大，表明拍卖者对版权的属性偏好逐渐向期限偏移；当 $\alpha=\alpha^*$，此时最优期限值的变化导致 EU_b^* 和 EU_q^* 的边际效用变化值相等；当 α 减小到小于 α^* 的时候，表明拍卖者对于期限的偏好已十分重视，此时期限属性引起的不对称性占据主导，拍卖者的期望效用对于转让期限的变动值十分敏感，哪怕是期限值的轻微变动也会对均衡策略和交易结果产生较大影响，直至 α 减小到 0，q^* 的值也随之上升到最大。定理 2 中的（iii）说明，当拍卖者对期限属性的偏好程度增加，会在一定程度上抑制竞标单位的价格均衡策略，此时拍卖者应该提高合同期限约束标准，来弥补从价格收益上减少的期望效用，避免遭受损失。

7.3.4 案例分析

本文所提出的附加转让期限约束的拍卖机制在实践中也会经常运用，下面本节将以央视广告位的招投标拍卖为例进行分析。作为央视品牌的衍生品之一，央视广告位的价值与央视的品牌价值和市场地位密切相关，长期以来都是全球各商家的必争资源。对于央视广告位招标拍卖中所涉及的数据可以运用本文的理论模型予以解释，表 7-1 给出了 1995 年到 2013 年间央视广告位招标的中标金额及年增长率的相关数据。

表 7-1 1995—2013 年央视广告位中标金额及年增长率①

年份	中标金额（亿元）	年增长率（%）
1995	3.3	—
1996	10.6	221.21
1997	23	116.98
1998	28	21.74
1999	26.8	-4.29
2000	19.2	-28.36
2001	21.55	12.24
2002	26.16	21.39
2003	33.1465	26.71
2004	44.1157	33.09
2005	52.48	18.96
2006	58.69	11.83
2007	67.95	15.78
2008	80.2861	18.16
2009	92.5627	15.29
2010	109.6645	18.48
2011	126.687	15.52
2012	142.57	12.54
2013	158.8134	11.39

表 7-1 的数据表明央视广告位招标总额一直在快速增长，从 2005 年开始，招标总额已经处于高位水平，但仍保持了较为稳定的增速，2005 年到 2011 年的年增长率分别达到 18.96%、11.83%、15.78%、18.16%、15.29%、18.48%和 15.52%，平均年增长率为 16.29%，2012 年后增长率逐渐下滑，截至 2013 年增长率为 11.39%。

图 7-4 和图 7-5 分别给出了央视广告位拍卖中标金额和相应年增长率

① 李光斗. 解密 2013 央视广告招标［J］. 走向世界，2013（36）.

的曲线变化形态。图 7-4 中广告位中标金额呈现出近乎线性增长的状态，这一增长表明央视作为国民品牌乃至全球品牌，其品牌实力毋庸置疑。而图 7-5 给出的中标金额年增长率变化趋势却给出了一个强烈对比，除了 2001 年到 2004 年增长率逐年递增，2005 年以后的增长率呈现逐渐放缓，维持在一个较为稳定的平行状态，在 2012 年后增长率逐渐下滑，这也是央视从 2014 年开始选择不再公开发布广告位中标总额的原因。

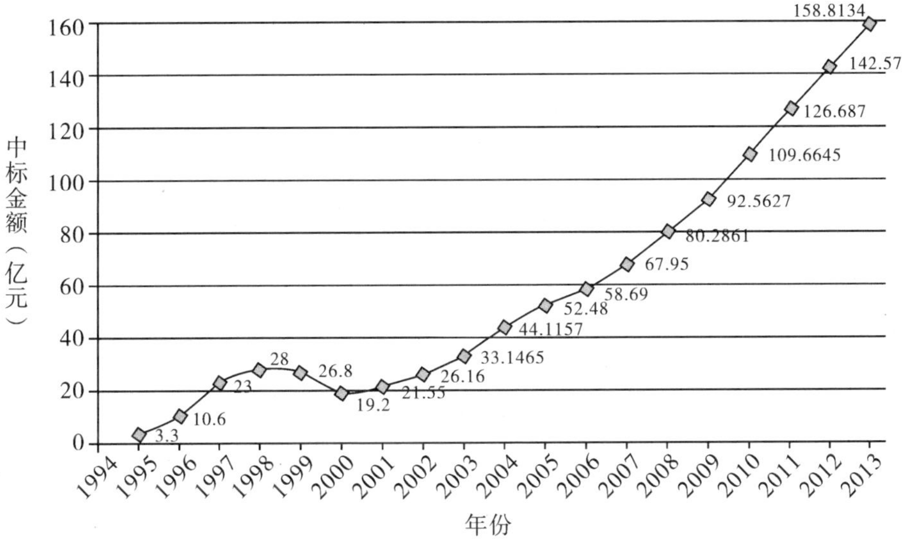

图 7-4　央视广告位拍卖中标金额变化

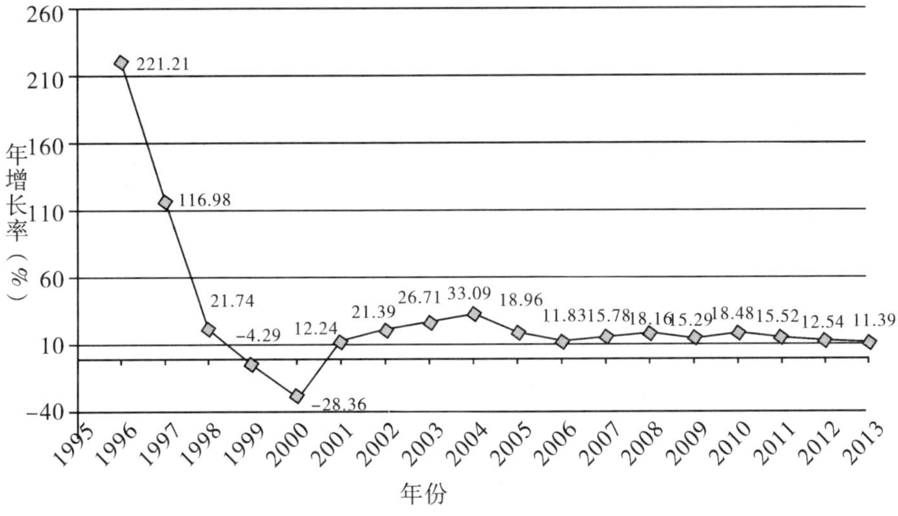

图 7-5　央视广告位拍卖中标金额年增长率变化

综合以上数据可以看出，央视广告位拍卖的期限设置是以一年为单位，即每年进行公开的招投标过程，因此可以看作是附加转让期限约束的拍卖机制。央视广告位拍卖中标总额的长期增长是源于央视大品牌的发展，除了品牌的历史地位外，不断创新的节目也为央视广告积累了越来越多不同年龄段的观众，促进了广告平台的发展。除此之外，央视在电视频道以及稀缺资源市场中的垄断地位，使得全球许多实力雄厚的厂商也期望能够通过央视广告这一平台进行强有力的宣传。也正因如此，央视广告位的招标收入曾出现过爆发性的线性倍数增长，从第一届招投标拍卖开始，到2013年公布的数据期间招标收入增长了50倍，虽然近几年因为几大地方台的竞争和挑战而增速有所放缓，但总体上仍趋于稳定的波动区间内。

结合本节提出的附加期限约束模型，每年的电视频道、网络平台和新媒体形式的广告招标卖方市场空间广阔，作为众多电视媒体中的广告位拍卖者之一，央视给自己设置的招标期限十分短暂，一年一度的广告位拍卖仍然吸引了许多厂商品牌前来竞标，这充分说明拍卖者为自身设置的招标期限长短在很大程度上取决于自身的谈判地位。尽管电视媒体的广告市场规模仍在增长，但实际却面临着来自互联网媒体广告市场的巨大冲击，这也表明了近几年来央视品牌的规模效应正在受到影响，因此以每年度为节点的广告位拍卖期限设置虽然在过去广告市场大规模增长的时期使得广告位招标金额不断增加，为央视创造份额最大的收入来源，但却无法再像过去那样维持高速的增长率。

接下来以中超联赛转播版权的招投标案例与央视广告位招投标拍卖进行对比，来说明附加期限约束拍卖在具体实践中的应用价值。2015年9月初，中超公司在网上发布了关于“征集2016—2020年中超联赛电视公共信号制作及版权合作伙伴”的公告，在这场招标中有八家公司参与了竞标，根据中超公司在招标公告中提出的要求，版权的竞标价格起点为每年3亿元，购买资金要逐年递增，对于竞标者的资质方面，中超公司要求参与竞标者具有至少三年或以上且独立制作、完成两百场次以上的国际足球比赛电视转播经验等。在通过资质审核的四家公司中，广东电视台报价17.5亿元，五星体育和中视体育分别报价43亿元和40亿元，而最终体奥动力公司以最高价80亿元的竞标价格成为本次中超联赛转播版权招标项目的获胜者。

中超联赛最初在1994—2003年期间叫作中国足球甲级A组联赛，到2004年才变成中国超级足球职业联赛，属于在中国大陆地区级别最高的职业足球联赛项目。自中国足球顶级联赛转播权出售以来，其转播版权价格曾经历过一段长时间的低谷，早在2000年1月初，广电新闻出版总局出台了关于《国家广播电影电视总局关于加强体育比赛电视报道和转播管理工作的通知》，根据这条通知，在我国境内的电视转播权统一由中央电视台负责谈判与购买，其他各电视台不得直接购买，其目的也正是为了保护央视的垄断地位和权益。如今，中超公司以天价在多家公司竞标中成交转播版权这一事件无疑会引起巨大轰动，因为80亿元的成交价格对中超公司来说，大大超乎了原本预期值，表7-2给出了从1994年至2020年中超联赛的版权交易历史概览。

表7-2 1994—2020年中超联赛转播版权交易历史概览

年份	中超（甲A）联赛转播版权转让价格及交易内容
1994—1998年	央视每年花费56万元，每转播一场比赛，以相应2分钟广告费作价
1999—2001年	央视花费1100万元，全国独家首播3年78场比赛，每场均价14万元
2002—2003年	央视放弃2002年前六轮转播，最后以700万元成交最后一届甲A，折中价每场16万元（央视坚持14万元，足协开价18万元）
2004—2006年	上海文广1.5亿元买断三年；2004年央视直播全部取消，2006年转播12场，均价16万元
2007—2011年	上海文广7000万元买断五年；2007年央视投入600万元转播费；2008年第27轮比赛之后央视停播中超比赛
2012年	央视以730万元价格买断全年
2013年	中超公司获3600万元版权收入
2014年	中超公司获3866万元转播版权收入，其中央视以1000万元买入电视转播权
2015年	中超公司获7000万元电视转播权收入
2016—2020年	体奥动力80亿元买断中超联赛5年媒体版权，前两年每年支付10亿元，2018年支付15亿元，2019年、2020年分别支付20亿元和25亿元，其中2016—2017年独家转播权以27亿元的价格卖给乐视体育

中超联赛的转播版权交易经历了从低谷到兴盛的阶段，从表7-2中可以看出，1994年至2003年期间，中超联赛的转播权都是与央视直接交易的，其年均成交价格在十年间不过增长了5倍，并且中超转播版权价格长期维持在低位，一方面是由于央视在信号制作和转播方面所独有的全国范围

最大覆盖率优势，另一方面是因为在2000年以前，招投标法还没有正式颁布实施，体育赛事转播权没有招投标一说，更不必提对应的版权拍卖，央视长期垄断的行业龙头地位无法撼动，这也使得其谈判地位和要价能力过于强大，因而在这段时间甲A联赛转播版权的成交价格几乎只能任由央视独断。

在2002—2003年里，央视与足协之间的价格谈判僵持了半年，最终以足协妥协的结果结束。2004年开始，上海文广集团介入，首次以市场化的价格1.5亿元买下中超联赛三年的赛事版权，年均5000万元的版权收入相比之前增长达13倍，中超作为盛大赛事的市场价值首次展现。在国内体育事业发展的初期，作为转播权卖方的中国足协自然希望能够在较长的时间里获得相对稳定且高额的收益，因此，在此背景下较长的期限是非常合理的选择。上海文广集团也非常看好联赛成立所带来的商业价值，因此在三年期限合约到期后又续约了五年，但在随后的五年中，由于中超赛事存在赌球、假球和黑哨等恶劣现象，使得中超联赛的品牌形象大打折扣，因此，央视在此阶段对中超联赛进行了全方位封杀。而这时此前与文广集团签订的五年期限就起到了决定性的作用，由于寒冬时期的中超公司迫切需要一个相对稳定的长期收入以保证俱乐部的正常运作，所以在该阶段上海文广能够以7000万元的价格买断五年的版权。然而对于上海文广来说，五年的合同期限却并没有等到中超品牌完全走出阴影，集团也为此承担了很大的风险和损失，图7-6展示了1994年到2020年间中超联赛转播版权年均收入的价格变化。

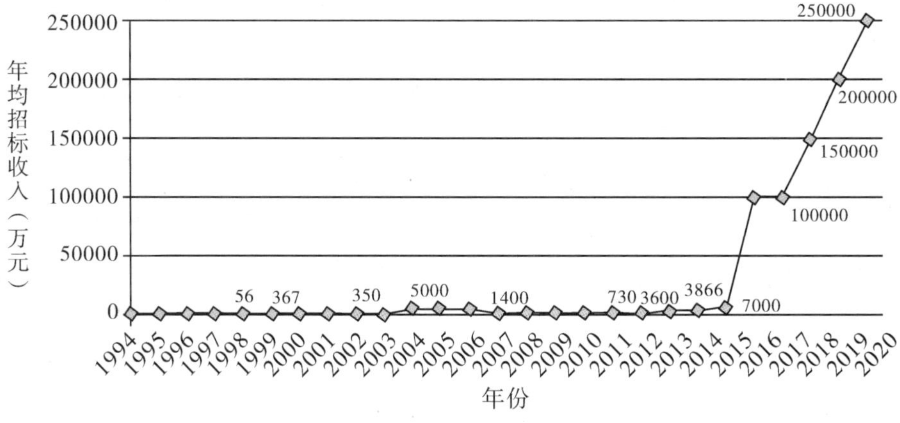

图7-6 1994—2020年中超联赛转播版权年均招标转让价格

这一情况一直持续到2014年，由于人均收入水平的提高，大众对体育相关的消费意愿和能力也在不断增加，再加上2014年国务院发布《关于加快发展体育产业促进体育消费的若干意见》（以下简称《意见》），《意见》提出研究建立体育产业资源交易平台，创新市场运行机制，推进赛事举办权、赛事转播权、运动员转会权、无形资产开发等具备交易条件的资源公平、公正、公开流转①，同时，放宽赛事转播权限制，除奥运会、亚运会、世界杯足球赛外的其他国内外各类体育赛事，各电视台可直接购买或转让②。这一规定颁布后，首次打破了央视作为全国范围电视媒体的行政垄断地位，我国体育赛事版权交易市场也迸发出极大活力，极大地推动了体育赛事经济价值的增长。中超联赛的商业价值在2014年以后彻底提升，版权收入迅速增长，从表7-2的数据可以看出，2015年中超公司的版权收入达到7000万元，在2015年9月开展的招标项目中，中超公司趁热打铁，将未来五年内的联赛版权进行打包销售，以每年起点3亿元的价格公开进行招标，而体奥动力最终在八家竞标公司的角逐中通过资质审核，并以高出第二名标价约一倍的价格——80亿元中标，获得了中超联赛在未来2016—2020年内的全部版权。

对比中央视广告位的招标和中超联赛版权招标案例，央视品牌家喻户晓，因而央视广告招标期限以一年为限，自首届招标已经经过21年，然而招标数据显示近年的中标金额增长率不断下降；相比之下，中超联赛代表的赛事规模虽然盛大，但中超公司及其所代表的足协经历过很长一段时期的低谷，品牌价值并不能与央视相媲美，但是2015年中超联赛的版权之战却表现出了资本对稀缺版权资源的渴望，并且打破了长期以来央视在全国体育赛事电视转播权市场的垄断地位，在国内体育产业大力改革的背景下，中超联赛的版权价值被演绎到历史极致：5年80亿元的成交价格，即年均价16亿元，相比2014年溢价达40倍。中超公司的版权招标选择了五年的合约期限作为条件约束，作为这场高价竞标项目中的拍卖者，中超公司正是由于选择了一个相对较长的版权转让期限来试探市场对此的反应，才会在市场化的竞标下产生如此高额的五年版权价格。

从以上两个案例中我们可以看出，拍卖者设置的转让期限长短对于招标拍卖的结果十分重要，期限长短的设置通常与拍卖者的谈判地位密切相

---

① 国务院．国务院关于加快发展体育产业促进体育消费的若干意见［J］．辽宁省人民政府公报，2014（30）：5-10.

② 国务院．国务院关于加快发展体育产业促进体育消费的若干意见［J］．辽宁省人民政府公报，2014（30）：5-10.

关，谈判地位越高，则期限约束越短；而竞标者的风险承担则与期限约束成正比，转让期限约束越长，竞标者承担的风险就越大。中超公司选择的五年期限约束，对自身来说恰好是规避风险的选择，但市场化的招标拍卖使得中超版权价值没有重蹈低价历史，反而出现了惊人高价。在市场纷纷对体奥动力在如此高额价格成交下如何收回成本时，体奥动力公司却转手将2016—2017年的独家转播版权以27亿元的价格转让给了乐视体育，溢价达到7亿元，即体奥动力公司不仅将两年的风险进行了转移，还获得了不菲的收益。综上所述，附加转让期限约束的拍卖机制在实际中的应用已比较广泛，对谈判地位处于相对弱势的版权拍卖者来说，这种交易机制既能够实现市场化的版权价值发现功能，同时对转让期限的合理设置和约束又能够帮助自身降低潜在风险，相比单一价格目标的版权拍卖机制来说，附加转让期限约束的版权拍卖机制增加了帕累托改进。

7.4 附加转让期限约束的版权拍卖机制评价与优化："四位一体化"定价机制的融合应用

7.4.1 附加转让期限约束的版权拍卖机制优势

7.4.1.1 充分的竞争机制和高溢价率

在拍卖机制中，实际参与的竞标者是一定大于一个参与者的，每个竞标者不仅要参与和拍卖者的博弈，还要面临其他投资者的竞争，因此拍卖机制的竞争强度要大大高于协议转让，而充分竞争所表现出的优势可以在一定程度上揭露出竞标者的私人信息进而提高拍卖方在交易中的谈判地位，使拍卖者可以获得更多的消费者剩余。在产权交易的实践中，假如拍卖者选择拍卖机制，那么最终的成交价必然会大于协议转让方式所得到的价格，拍卖者可以收获更大的溢价率，也就是说相对于协议转让方式而言，拍卖机制可以更加合理地保障拍卖者的利益。此外，拍卖机制可以吸引到数量更多的投资者来加入版权拍卖的竞争，能加大版权竞标者间的异质性。版权作为一种高度非标准化的文化产权，不同投资者之间对同一版权的评估会存在很大的差异，而拍卖机制能有效促进交易双方间的信息交换，经过合理的资源配置来选择最佳战略投资者，能真正凸显出版权的价值。因此，版权交易应大力建设竞争机制，让越来越多的投资者来参与拍卖。

7.4.1.2　合理的交易价格和强外部效率

对某一版权交易来说，交易各方所能获取的信息是非对称的，而这种信息不对称会直接妨碍交易的顺利进行。想要深入分析版权的定价问题，就必须要有一种双向的定价机制来避免因信息不对称而出现的市场失灵现象以促进交易顺利进行。所以双向版权拍卖定价机制的设计基础就是不仅要让潜在受让人表达出对版权价值的真实评价以保障出让者的利益，还要通过合约与制度安排减少价格震荡以及投机与价格操纵等行为以保护投资者的权益。由于版权的特殊性使得其价值很容易被低估，因此一个有效的定价机制需要具备价格发现功能。

除此之外，一个合理的均衡价格机制也十分重要，定价机制除了需要充分反映各信息外，还应该伴随信息的不断变化而迅速进行调整以减少价格的剧烈波动，在该机制下，哪怕是出现投机、合谋等特殊行为也能自行回归均衡。从这点来看，拍卖机制能够保证交易信息的真实性、充分性和时效性，可以促进交易的有效进行，提高交易市场的外部效率。

上文针对版权设计的附加期限约束的拍卖定价机制充分引入了市场竞争机制，通过交易合约的创新安排和交易方式的改进，以较低成本向交易各方提供选择权和决策权，并得出一个让各方都接受的价格，表现出各方对版权的真实评价。在减少交易成本的同时又能加强交易市场的强外部效率，对于发现合理的交易价格也有着重要意义。

7.4.1.3　附加转让期限约束的二维目标实现

在交易方式明确后，应如何结合实际设计出合理的拍卖定价机制？版权交易是文化产权交易的一种，由于版权交易内容和客体的特殊性，因此在设计版权交易的拍卖机制时不能单纯参考普通产权交易的定价方式。最优机制的设计目的往往是让拍卖者的期望效用最大化，因期望效用通常会与交易过程有关，因此，机制设计者在设计拍卖机制的时候需要特别关注现实中的交易环境，根据交易环境的变化设置出相应的交易规则，进而实现最优拍卖的资源配置功能。

由此可知，针对版权交易的定价机制设计要因地制宜，因人制宜，因时制宜。例如，在实际版权交易中，创作者在拍卖作品附属的权利时，通常会有非价格属性的考量，而其中转让期限即是版权交易过程中最为典型、也是版权创作者最为关注的非价格因素之一。拍卖者应该与投资者协商多长时间的版权转让期限？版权在回收后还能创造多少衍生价值？这些问题均与创作者的切身利益有关。而在版权转让实践中，因为事先机制设计的不足，这些问题很难被解决。因此，机制设计如何才能反映出拍卖者效用的真实诉求，保障各方主体的合法权益，具有很强的现实意义 。

综合以上分析，本节提出附加合同期限约束这一非价格属性，将多维目标属性投标加入第一价格密封模型中来，使得拍卖者能够在版权转让带来的现时收益和长期价值的双重目标之间进行权衡，使版权拍卖在多维属性的竞标上展开，对保护创作者的作品权益，实现期望收益有着重要意义。

7.4.1.4 反映风险规避特征的道格拉斯效用函数

版权交易过程十分复杂，机制设计需要充分考虑各影响因素以及衡量各方利益相关者之间的不同目标。本节首先选择了科布—道格拉斯效用函数作为拍卖者的最大化目标，除了需要考虑一般衡量效益的价格属性之外，还考虑了其他影响效用的重要因素。除了将单因素拍卖模型扩展为多属性拍卖模型，还考虑了投资者的风险规避型特征，使模型更贴合实际。其次，投资者在竞标过程中除了要考虑利润最大化目标外，还应该考虑获得更大的获胜概率，以便在后续交易中确立优势。

实践中，竞标者通常会选择多因素决策方法来权衡利润和获胜概率之间的关系，因此本节引入科布—道格拉斯效用函数，将竞标者的期望收益替换为期望效用函数，用参数因子确定利润和获胜概率两者的重要程度，帮助竞标者确定均衡投标策略。不仅如此，由于影响拍卖者效用的因素有很多，在竞标者确定均衡投标策略后，拍卖者的属性偏好程度也会由效用函数间接地反映出来，由此，拍卖者和竞标者的最大化目标都围绕着多维属性之间的权衡展开，能够进一步体现出拍卖机制中的真实效用最大化。

7.4.2 附加转让期限约束的版权拍卖机制局限性

虽然相比于协议转让等其他方式而言，拍卖定价机制有着更强的理论优势，但是应用拍卖理论为不同产权，尤其是版权所设计出的交易定价机制在实际应用中也有着一定的局限性，主要表现在以下三个方面：

①版权转让过程中含有除转让期限约束外的其他非价格因素，而这些非价格因素都可能影响版权的转让结果，实践中拍卖机制设计如何兼顾其他非价格因素成为难点。版权交易的供给方是各大版权公司，版权的特殊性和在不同地区的法律保护程度直接决定了它的供给方式。不管是限制性权利版权授予还是全部版权授予，按照一般的经济学理论，版权所有者在售卖版权时的动机只是利润的最大化，但其实版权售价的价格因素只是整

个版权交易中的一部分。例如，在 2018 年 5 月 9 日，UFC（终极冠军格斗赛）与 Disney（迪士尼）、ESPN（娱乐与体育节目电视网）签订版权协议，Disney 与 ESPN 将以 7.5 亿美金的价格买下从 2019 年 1 月至 2024 年 12 月的 UFC 电视版权，即每年的版权价格约 1.5 亿美元。但 UFC 的老合作伙伴 Fox（福克斯）在这一轮的合作报价是每年 4.2 亿~4.5 亿美元。通过对比 Fox 的报价与 Disney 的最终成交价格，可以发现价格明显偏低。由此看来，在这一典型的版权转让中，交易价格不是决定版权交易的唯一因素，非价格因素在这场版权交易中发挥着十分重要的因素。UFC 在版权方面主要的收入来自 PPV（付费电视）和电视直播版权。PPV 采取的是单场收费的方式，焦点赛事的购买量表现不错，但那些普通赛事的购买量则十分惨淡，因此 PPV 的收入对于 UFC 极不稳定。相对 PPV，版权给 UFC 带来的收益则比较稳定，但 UFC 在经历过爆发期后，电视收视率从趋势上来看也并不乐观，2017 年福克斯体育一台直播 UFC 格斗之夜赛事的观众平均人数为 79.5 万人，比 2016 年下降了 17%，衍生节目收视平均人数为 208 万人，下降达 31%。面对这一境况，UFC 不得已放弃了更高的电视版权出价而选择出价低的 Disney 签约。这主要是基于 Disney 极强的内容变现能力和极宽的推广渠道，也就是非价格因素中的买家因素。而对于 Disney 公司，其购买 UFC 的媒体版权主要与该公司目前的运营状况密切相关，当前各种数字媒体开始涉足体育赛事，作为 Disney 子公司的 ESPN 的传统电视直播业务受到了不小的冲击，Disney 因此战略性创立网络直播平台 ESPN+，而签订 UFC 版权合同就是 ESPN+成立以来的第一项签约版权。也就是说，拿下 UFC 版权是 Disney 公司战略选择的结果。从这个案例我们可以看出，版权转让过程中遵循的不仅仅是简单的价高者得原则，诸如买方综合实力、对版权未来的规划、转让期限等非价格因素也是一个重要因素。

②如同前面章节分析，产权交易市场的不完全性以及交易实践存在的种种问题（如合谋、投机、价格操纵、歧视等），会对交易结果产生重要影响。显然，这与附加转让期限约束的版权拍卖机制要求的运行环境存在明显差距，导致理论结果与实际情况未能充分吻合，甚至还存在着较大差异，极大地影响了该拍卖机制的有效性与推广性。拍卖模型是在博弈论和机制设计理论的基础建立的，对现实中的交易特点进行了抽象和简化。本节中的理论假设投资者是理性的经济人，市场没有不完全性，且竞标者的私人信息服从相同的分布，其偏好和效用也能通过不同的参数来表达等。

机制设计者首先需确定机制所能实现的目标，即版权拍卖者的期望效用最大化，或实现版权交易资源的最优配置，然后分析假设条件下买卖双方在交易过程中的最大化行为，通过特定的均衡策略或者规则算法计算出模型最终的均衡结果，观察结果与最初设定目标是否达到一致并进行评价。然而，模型建立中对实际交易行为的参数描述是有缺陷的（Milgrom，2004），机制设计的理论是在对微观个体行为分析的基础上，版权交易中的拍卖者和竞标者都属于微观个体，他们的行为可以用完全理性的假设条件加以分析和描述，但并不能以此为依据来进行预判，因为微观个体的行为会受各种因素的影响，因此以博弈论和拍卖理论展开的机制设计结果会与实际情况有所不同，这种偏离也是机制设计在实际应用过程中的局限性所在。

③现阶段各地的版权文化产权交易场所较为分散，彼此独立经营和运作，在交易的信息共享以及潜在投资者的充分发现存在明显不足，也不利于对文化产权交易所进行规范的监管。由于我国目前并未成立全国统一性的文化产权交易市场，平台提供的文化产权资源和交易通常是在所处省份的管理范围内，有着一定的地域限制。不仅如此，分散在各地的产权交易平台不利于文化产权供求双方资源的整合，版权供给者与投资者之间获取到的信息十分有限，这种信息不对称难以最大可能的发现潜在投资者，资源无法得到最佳配置。与此同时，地域限制使得各大文化产权交易无法在短时间内就某一问题达成一致，最新的定价交易机制也很难快速推广，无形中增加了管理难度。

7.4.3 附加转让期限约束的版权拍卖机制优化："四位一体化"定价机制的融合

合理的定价机制既要充分发挥市场竞争机制的基础性作用，同时还要借助"看得见的手"规范市场，治理市场失灵问题。因此，根据前文分析，附加转让期现约束的版权拍卖机制的优化可以从两个方面展开：一是优化版权转让的交易平台及组织制度，按照前面章节提出的思路健全版权（知识产权）文化产权交易市场，并为其交易定价机制运行提供充分的组织保障，执行严密的文化产权交易制度，实施全进程、动态监管模式。二是多重定价方式的创新组合，将协议转让、招投标、拍卖与竞价融合在一起形成具有前后继起性的"四位一体化"定价机制，实现版权交易过程中的多重目标，完成版权文化产权交易的定价机制设计。从这点来看，本章提出的附加转让期限约束的版权拍卖机制充分融合了"四位一体化"定价机制的内涵与思想，是"四位一体化"定价机制在版权转让中的一种实现形式，具体来说：

在版权交易开始前的第一阶段，将拟转让的版权项目在文化产权交易所挂牌，公开披露版权的相关信息，以吸引到足够多的投资者。第一阶段完成后，假如仅有一个投资者，则交易可以采取协议转让的方式，即交易双方在资产评估价格的基础上就版权转让价格和转让期限、买方的综合实力及对版权未来的规划等其他非价格属性进行协商；假如有意向的投资者数量较多，则版权交易就进入第二阶段的招投标定价方式，版权转让者将提前依据自身对版权的估计和评判来确定具体的投标项目，并对每个项目赋予一定的权重值以及设立一个及格线，投资者对这些项目进行投标，版权拍卖方继而对投资者的投标进行打分，并得到达到及格线的投资者名单，进入下一个环节；如果经过第二阶段环节，仍然获得两个或以上的投资者达到了及格线，那么版权交易进入第三阶段，采用拍卖方式，出价最高者便赢得版权，且该竞标成功者也需参与第二阶段。这一定价机制的优势主要体现在：

第一，信息沟通更加充分，意向买方对待交易的版权了解更加充分，同样版权的出让方也更加了解买方的情况。该机制在进入正式的拍卖阶段之前，通过首先进场公示，征集尽可能多的意向买方。需要强调的是，协商谈判必须是交易的第一步，因为通过该阶段多方、双向的沟通可以降低交易双方的信息不对称，这样可以提升后期进入拍卖阶段的意向买方的质量，吸引更多有实力的异质战略投资者参与版权拍卖，也可以减少由于前期信息沟通导致的不必要的交易纠纷。

第二，竞争程度更为充分，该交易机制既包括价格竞争，又包括非价格属性的竞争，保护了版权转让者的合法权益。该机制以信息披露为基础吸引到更多的投资者参与，显然，所有投资者在决策投标值的时候，既考虑了价格因素，又考虑转让期限约束等非价格因素，在第二阶段的投标过程中，以权重和投标进行的得分拍卖机制对不同的属性进行量化，充分考量各投资者，可以防止版权价值被低估。

第三，在一体化的交易机制中，对产权代理人的监管行为也比较明确。产权交易的核心环节在于交易前的评估环节和评分环节，产权的评估价格是版权转让的底价，也是后续竞价过程的起点价格，若评估价格不合理就会导致相应的成交价格与实际价值出现较大偏差，特别是当投资者数量较少或选择协议转让方式时。同样地，评分环节中也可能出现买卖任意一方与专家合谋的行为，使评审专家有意抬高或降低某一项的分值权重，导致不公平的评标结果。因此，在“四位一体化”定价机制中，只有通过引入足够的投资者充分竞争，才可能淡化交易环节中可能出现的非市场化行为。

值得注意的是，现实中还有不少的版权转让并未采用附加约束的拍卖机制或者与之具有一定等价性的得分拍卖机制，而是要么采用单一价格的版权拍卖，要么采用协议转让的方式。导致这一结果的主要原因是版权创作者在版权转让过程中的谈判地位不利，或创作者自身对转让期限问题的重视程度不够，致使版权创造者没能兼顾转让的现时收益和版权回收产生的未来收益；或者由于交易市场的不完全性、交易组织制度不健全，未充分引入市场竞争机制吸引足够多的潜在投资者（尤其是对版权感兴趣的战略投资者），以及交易过程可能无意或有意地设定了一个过高的门槛（如附加的非价格因素过于苛刻、不合理），甚至可能的合谋、投机与价格操纵等违规操作，最终导致在交易所公开征集阶段只产生一个投资者，于是可选择交易的方式只有协议转让。因此，在版权转让的过程中，相关部门或交易主体必须加强监管，加大对交易标的宣传的力度，排除那些人为设定的不合理限制，充分利用交易所平台公开征集尽可能多的潜在受让方，尤其是吸引对版权感兴趣的有实力的战略投资者参与版权拍卖。

7.5 本章小结

本章基于“四位一体化”定价机制的思路，分析了作为文化知识产权最重要的部分——版权的交易定价问题。当版权拍卖者与竞拍获胜者在签订版权的转让合同时，势必会涉及合同期限的决定问题。因此，版权交易定价设计不能只简单的关注成交价格，还必须要考虑转让期限等其他非价格因素对交易结果的影响，需要形成一个多维度目标，以便兼顾买卖双方主体的利益。进一步，基于竞标者的风险规避特征及版权出让者的弱势地位，建立了一个附加合同转让期限约束的版权拍卖定价机制模型，分析了该定价机制模型下博弈双方均衡策略的形成过程以及版权拍卖者的附加期限约束如何影响竞价策略。模型放松了对竞标者风险中性的假设，竞标者的均衡策略显示成本参数对竞标者和拍卖者的期望收益都存在着抑制作用，而竞标者的风险规避程度则对买卖双方有相反方向的影响，对拍卖者来说，如果能采取措施扩大该版权的宣传效应和影响范围，引导竞标单位把风险偏好转移到赢得拍卖上来，可以提高其投标的均衡价格。特别地，当投标者参与人数趋近于无穷大，投标价格策略趋近于其真实估价，意味着引导更多竞标者参与到拍卖中来就显得十分必要。拍卖者要获得最大化效用，尽可能地引入投标者之间的相互竞争，从买卖双方各自对信息掌握的力量博弈中取得尽可能多的剩余，是版权拍卖者获得更大效用的一个思路。

理想的版权创作者应该对自身的作品十分了解，由此确定自身作品预期发展的空间，更好地权衡能够获得的现时收益和未来的期望附加价值。本章随后在分析拍卖者的期望效用时发现，增加版权转让期限的要价会在一定程度上对拍卖收益产生抑制作用，但是通过在价格投标中引入版权转让期限的约束条件，使拍卖者能够很好地兼顾版权拍卖的现时收益和版权回收产生的未来收益的双重目标，并权衡自己对版权价值的不同维度上的属性偏好，最终选择最优期限标准。事实上，投标者在满足拍卖者的转让期限约束前提下对版权进行价格投标，表明其全面衡量收益和风险后的投资意愿，对期限约束的强偏好为拍卖者带来的效用增加值弥补了拍卖收益减少带来的效用减少值，这是版权创作者使用其他交易定价机制无法实现的。从这个意义上来说，附加转让期限约束的版权拍卖定价机制是一种帕累托改进，该机制充分融合了“四位一体化”定价机制的内涵与思想，是“四位一体化”定价机制在版权转让中的一种应用实现形式，案例分析证实了该机制的有效性。

参考文献

[1] A. 阿尔钦．产权：一个经典注释［A］. H. 科斯等著. 财产权利与制度变迁——产权学派与新制度学派译文集［C］. 上海三联书店、上海人民出版社，1994.

[2] 白洁．对艺术品份额化交易的思考［J］. 合作经济与科技，2011（14）：54-56.

[3] 毕志伟，王彦. 考虑佣金的关联价值拍卖模型［J］. 管理科学学报，2005（3）：24-27.

[4] 曹钢. 产权理论的历史发展与西方产权经济学在中国改革中的价值［J］. 陕西师范大学学报（哲学社会科学版），2002（2）：5-17.

[5] 曹和平. 中国产权市场发展报告（2014）［M］. 社会科学文献出版社，2015.

[6] 曾冠. 交易所改制对自律监管的挑战与新思考［J］. 证券市场导报，2008（1）：29-36.

[7] 曾志兰，卢庆垣. 上海自贸区文化开放经验在福建的复制与创新［J］. 福建论坛（人文社会科学版），2017（4）：185-189.

[8] 陈嘉莉，伍硕. 文化产权价值规律初步研究［J］. 山西财经大学学报，2011（33）：105-107.

[9] 陈奇佳. 艺术品价格构成因素探究［J］. 江苏行政学院学报，2016（3）：41-47.

[10] 陈少峰，欧阳天. 文化产权交易所在艺术品份额化交易中的转变、症结和改进方案——以天津文化艺术品交易所为例［J］. 福建论坛（人文社会科学版），2013（10）：64-70.

[11] 陈顺满，吴爱祥，王贻明. 基于贡献率和未确知测度理论的矿柱稳定性预测［J］. 武汉大学学报（工学版），2017（5）：697-703.

[12] 陈彦均. 文化产权下民族民间传统文化保护问题初探——从"花木兰"的尴尬说起［J］. 黑龙江史志，2009（20）.

[13] 代桂娥. 论期刊文章版权交易中作者经济权益的保护 [D]. 中国政法大学，2014.

[14] 邓学衷，范小勇. 国有股转让定价的谈判与拍卖模型 [J]. 数量经济技术经济研究，2004 (4)：121-125.

[15] 丁敩，盛昭瀚，刘慧敏. 基于模糊综合分析和 Gale-Shaplev 理论的重大工程二阶段招投标机制研究 [J]. 中国管理科学，2017 (2).

[16] 董迎轩，田艳. 少数民族传统文化产权纠纷解决机制研究 [J]. 贵州民族研究，2013，34 (1)：8-12.

[17] 段毅才. 西方产权理论结构分析 [M]. 现代制度经济学 (下卷，第 2 版)，北京：中国发展出版社，2009.

[18] 高波. 文化产权交易所的交易模式创新分析——以泰山文化艺术品交易所为例 [J]. 山东财政学院学报，2012 (6)：98-104.

[19] 高宏存. 经济全球化中的文化产权问题研究 [J]. 福建论坛 (人文社会科学版)，2010 (6)：62-66.

[20] 高慧芬. 不同版权交易模式对我国版权交易平台建设的启示 [J]. 中国报业，2013 (16)：53.

[21] 高汝熹，周波. 知识交易的经济特征 [J]. 研究与发展管理，2007 (3)：69-77.

[22] 郭奇. 未确知测度模型在企业经济效益评价中的应用 [J]. 统计与决策，2010 (5)：76-77.

[23] 哈罗德·德姆塞茨. 所有权、控制与企业 [M]. 经济科学出版社，1999.

[24] 韩顺法. 文化产权市场的形成动因与发展趋势 [J]. 文化产业研究，2017 (1)：76-86.

[25] 何琦，高长春. 我国文化产权交易市场的形成与功能研究 [J]. 兰州学刊，2011 (8)：57-60.

[26] 胡惠林. 论文化产业的属性与运动规律 [J]. 上海交通大学学报 (哲学社会科学版)，2007 (4)：5-13.

[27] 胡惟璇，凌丹，杜妍. 基于组合评价的 VTS 综合评估应用研究 [J]. 科研管理，2016 (37)：533-546.

[28] 皇甫晓涛，赖章德. 关于文化产权交易的理论思考 [J]. 中国美术，2011 (6)：6-8.

[29] 黄河，陈剑，徐鸿雁. 多因素采购组合拍卖动态机制设计研究 [J]. 中国管理科学，2008 (1)：104-110.

[30] 黄少安. 中国经济体制改革的核心是产权制度改革［J］. 中国经济问题，2004（1）：46-52.
[31] 江平. 正确认识并充分发挥资产评估在市场经济中的作用［J］. 中国资产评估，2004（3）：13-14.
[32] 江哲丰. 文化产权交易体系建设研究［J］. 湖南社会科学，2014（3）：191-194.
[33] 姜汉忠. 版权交易中的好价格是怎么谈出来的?［J］. 出版广角，2012（2）：32.
[34] 金碚，蓝定香. 西部地区国有企业产权多元化问题研究［J］. 中国工业经济，2004（12）：5-11.
[35] 康晓熙. 附加转让期限约束的版权拍卖机制研究［D］. 中南财经政法大学，2016.
[36] 孔泾渊. 进一步发挥产权交易市场在资源配置中的重要作用［M］. 中国产权市场发展报告（2014）. 社会科学文献出版社，2015（5）.
[37] 雷原，马玉娟. 艺术品份额价格波动的市场因素分析——基于天津市文化艺术品交易所案例［J］. 经济问题探索，2011（10）：128-133.
[38] 黎友焕，陈飞延，江则昊. 南方文化产权交易所钱币邮票交易中心的发展模式研究［J］. 现代经济信息，2016（4）：303-305、307.
[39] 李彬，潘爱玲. 文化产权交易中心：中国情境下的定位、异象与创新［J］.贵州社会科学，2015（7）：115-121.
[40] 李金显. 以文交所为例谈文化产权交易及投融资途径［J］. 人文天下，2017（3）：21-25.
[41] 李军、刘树林. 基于 Cobb-Douglas 效用函数的多属性采购拍卖［J］. 管理科学学报，2012（3）：54-60.
[42] 李玲. 艺术产品的产权交易研究［J］. 法制与社会，2017（17）：297-298.
[43] 李全宏. 论我国产权交易市场的定价效率［J］. 经济师，2010（7）：71-72.
[44] 李善民，张媛春. 制度环境、交易规则与控制权协议转让的效率［J］. 经济研究，2009（5）：92-105.
[45] 李帅来，周思达，杨胜刚. 未确知测度模型在艺术品定价中的应用［J］. 系统工程理论与实践，2014（7）：1671-1677.
[46] 李志云. 对艺术品份额交易的法律探讨［J］. 前沿，2012（19）：97-99.

[47] 廖继胜，刘志虹. 关于我国文化产权交易市场制度的探讨 [J]. 理论探索，2016（6）：83-90.
[48] 廖继胜. 文化产权交易市场监管的博弈分析 [J]. 统计与决策，2013（8）：57-59.
[49] 廖继胜. 文化产权交易市场相关研究综述 [J]. 经济纵横，2014（5）：129-133.
[50] 廖继胜. 文化产权交易市场效率：天津文交所样本 [J]. 改革，2015（2）：69-80.
[51] 廖继胜. 文化产权交易市场发展研究 [D]. 江西财经大学，2015.
[52] 刘开第，李万庆，庞彦军. 未确知集 [J]. 数学的实践与认识，2006（10）：197-204.
[53] 刘树林，杨卫星. 第一价格密封拍卖中的最优保留价和最优佣金率研究 [J]. 经济研究，2011（11）：145-156.
[54] 刘卫国，李乾文. 企业知识产权交易定价的博弈分析 [J]. 统计与决策，2010（22）：60-62.
[55] 刘小玄，李利英. 企业产权变革的效率分析 [J]. 中国社会科学，2005（2）：4-16.
[56] 刘有贵，蒋年云. 委托代理理论述评 [J]. 学术界，2006，24（1）：69-78.
[57] 卢文莹. 外资并购策略 [M]. 上海财经大学出版社，2004.
[58] 罗方珍，熊广勤，周文峰. 我国产权市场创新及风险管理研究 [J]. 当代经济，2016（25）：94-96.
[59] 诺思. 制度、制度变迁与经济绩效 [M]. 杭行译. 格致出版社，2008：3.
[60] 潘成龙，孙国峰. 福建省文化产权交易发展情况分析 [J]. 福建农林大学学报（哲学社会科学版），2016（2）：55-59.
[61] 任胜利. 信息撮合是创新产权交易方式的基础 [J]. 上海国资，2006（6）：79.
[62] 申晓光. 积极探索产权市场一体化发展之路 [J]. 产权导刊，2012（2）：24-26.
[63] 泰勒尔. 产业组织理论 [M]. 中国人民大学出版社，2003.
[64] 田国强，刘春晖. 密封价格拍卖或招标中的有限腐败 [J]. 经济研究，2008（5）：116-127.
[65] 田银华，陈建伟. 我国国有资产协议转让与拍卖模式的比较分析[J].

当代经济研究，2012（3）：49–53.
[66] 田增瑞. 产权交易品种和交易方式的创新研究［J］. 西安交通大学学报（社会科学版），2011（3）：32–37.
[67] 万小燕. 新疆文化产权交易规则设计与法律风险防范［J］. 新疆社会科学，2016（6）：99–103.
[68] 万玉成，盛昭瀚. 基于未确知测度的风险投资非系统风险的评价与控制研究［J］. 系统工程理论与实践，2004（11）：22–27.
[69] 汪海，张卫东. 附加职工安置约束的国企产权拍卖机制研究［J］. 经济研究，2007（10）：115–125.
[70] 汪海，张卫东，王晶晶. 最优拍卖理论及其实践述评［J］. 经济问题探索，2007（10）：172–176.
[71] 汪海. 拍卖理论在国企产权交易中的应用研究［D］. 华中科技大学，2008.
[72] 王广谦. 金融市场效率的衡量及中国金融市场发展的重点选择［J］. 金融研究，1996（2）：42–45.
[73] 王金娟，王震. 农村产权交易市场体系研究综述［J］. 经济视角，2007（2）：26–31.
[74] 王俊. 浅谈文化产权交易所市场的监管［J］. 市场研究，2016（8）：18–19.
[75] 王开科. 我国战略性新兴产业“阶梯式”发展路径选择——基于马克思资源配置理论视角的分析［J］. 经济学家，2013（6）：21–29.
[76] 王克强，吕琳，刘红梅，李红卫. 给予实物期权的旅游企业并购固执研究［J］. 中国资产评估，2013（10）：9–14.
[77] 王群勇，柯岩. 我国政府采购拍卖的定价机制研究［J］. 经济评论，2013（6）：52–58.
[78] 王顺育，韩冰，王旭超. 文化产权市场发展问题研究［J］. 产权导刊，2012（11）：30–33.
[79] 王永恒. 基于协议转让和竞价转让的国有企业产权交易方式研究［D］. 北京化工大学，2011.
[80] 王昭言. 基于灰色系统理论的中国艺术品定价［J］. 系统工程，2014（12）：145–149.
[81] 威廉姆森. 治理机制［M］. 王健等译. 中国社会科学出版社，2001.
[82] 魏鹏举，曹翼飞. 后艺术品份额化的中国文化产权交易发展研究［J］. 北京联合大学学报（人文社会科学版），2012（3）：93–98.

[83] 魏鹏举. 我国文化产业的融资环境与模式分析 [J]. 同济大学学报(社会科学版)，2010 (5)：45-51.
[84] 吴汉顶. 浅议产权交易竞价方式的选择 [J]. 产权导刊，2012 (9)：32-32.
[85] 伍世安. 矿产的新资源观：从资源、资产到资本 [J]. 企业经济，2016 (1)：5-15.
[86] 巫景飞，芮明杰. 版权集体管理组织：美国音乐产业的考察 [J]. 中国工业经济，2007 (2)：119-126.
[87] 肖钢. 产权交易过程中的定价与博弈分析 [D]. 天津大学，2008.
[88] 谢安石，李一军，尚维，等. 拍卖理论的最新进展——多属性网上拍卖研究 [J]. 管理工程学报，2006 (3)：17-22.
[89] 谢志平，宁继鸣. 国有资产产权转让定价的拍卖模式分析 [J]. 山东社会科学，2009 (5)：94-97.
[90] 熊澄宇，傅琰. 关于当前我国文化产业分类标准的研究 [J]. 社会科学战线，2012 (1)：149.
[91] 熊焰. 产权市场：中国版式的制度创新 [A]. 曹和平. 中国产权市场发展报告 (2008—2009) [C]. 社会科学文献出版社，2009.
[92] 熊广勤，刘庆玉. 国企产权交易中的资产评估、转让价格与资产流失 [J]. 经济问题探索，2008 (3)：87-90.
[93] 熊广勤，张卫东. 国有产权交易模式下的资产流失及其对策 [J]. 经济体制改革，2008 (1)：23-29.
[94] 熊广勤，刘庆玉. 多目标条件下国有企业产权转让的机制设计：基于我国东、中、西部三地区不同行业典型案例的实证分析 [J]. 经济管理，2010 (7).
[95] 熊广勤. 多目标条件下企业产（股）权转让的定价机制研究 [M]. 湖北科学技术出版社，2010.
[96] 熊广勤. 我国文化产业产权交易定价难点及解决途径研究 [J]. 价格理论与实践，2012 (1)：86-87.
[97] 熊广勤，罗方珍. 我国文化产权交易的定价研究现状、问题及出路 [J]. 武汉冶金管理干部学院学报，2016，26 (1)：3-6.
[98] 熊琦. 美国音乐版权制度转型经验的梳解与借鉴 [J]. 环球法律评论，2014 (3)：142-160.
[99] 许永国. 拍卖经济理论综述 [J]. 经济研究，2002 (9)：84-91.
[100] 亚当·斯密. 国民财富的性质和原因研究 [M]. 郭大力、王亚南译.

商务印书馆出版社，1972.

[101] 杨莉. 拍卖和招标投标的研究进展 [A]. 2009年度中国法经济学论坛论文集 [C]. 2009.

[102] 杨忠直，孙皓辰，彭俊伟. 基于财富效用的产权协商交易定价的计算求解和参数分析 [J]. 中国管理科学，2014 (2)：129-134.

[103] 姚升保. 卖方边际成本可变的多物品多属性逆向拍卖研究 [J]. 中国管理科学，2010 (1)：113-119.

[104] 姚升保. 基于偏好次序信息的多属性采购拍卖研究 [A]. 第十四届中国管理科学学术年会论文集（上册）[C]. 2012.

[105] 姚升保. 基于幂效用函数的多属性英式拍卖研究 [J]. 中国管理科学，2013 (6)：132-138.

[106] 叶强. 中国艺术品市场金融化探索——"权益拆分"模式为艺术品市场带来的新选择 [J]. 荣宝斋，2010 (8)：244-249.

[107] 于光远. "产权交易"中的经济学问题 [J]. 南方经济，1994 (8)：14-17.

[108] 于亚丽. 我国文化产权交易市场运行机制评价研究 [D]. 哈尔滨理工大学，2015.

[109] 岳世忠，贾志城，赵蓉. 文化产权交易理论分析 [J]. 中国包装，2016 (3)：60-62.

[110] 詹启智. 版权转让是否可以附期限 [J]. 科技与出版，2010 (9)：10-12.

[111] 张炳辉，田艳芬. 关于文化产权交易若干问题的探讨 [J]. 经济纵横，2013 (1)：79-81.

[112] 张天. 文化产权交易市场是破解文化与资本对接瓶颈问题的有效通道 [J]. 中国资产评估，2014 (1)：7-11.

[113] 张曾芳，张龙平. 论文化产业及其运作规律 [J]. 中国社会科学，2002 (2)：98-106.

[114] 张卫东. 产权交易定价难在何处 [J]. 上海国资，2004 (7)：24-24.

[115] 张卫东. 基于特殊供给和需求的产权交易模式研究 [J]. 河南社会科学，2007，5 (2)：22-27.

[116] 张新建. 公平社会 诚信交易——关于文化艺术品拍卖行业诚信经营之浅论 [J]. 中外文化交流，2010 (6)：24-29.

[117] 张醒洲，张学娟. 多属性采购拍卖的价值函数与打分规则 [J]. 中国管理科学，2008 (1)：137-141.

[118] 赵亮，程静薇. 基于双边市场理论的广播影视版权交易平台市场策略研究［J］. 新闻界，2011（5）：118-122.
[119] 赵蓉，岳世忠，贾志城. 文化产权交易市场问题研究［J］. 中国包装，2016（2）：76-78.
[120] 赵书波. 文化产业的发展方向——产权交易［J］. 产权导刊，2010（12）：44-46.
[121] 周波. 知识交易的定价［J］. 经济研究，2007（4）：79-89.
[122] 周茂清. 关于产权交易几个理论问题的看法［J］. 产权导刊，2004（8）：13-15.
[123] 周茂清. 产权市场创新研究［M］. 中国金融出版社，2009.
[124] 周思达，杨胜刚. 基于未确知测度模型的艺术品定价问题研究［J］. 东南学术，2014（2）：105-110.
[125] 周思达，杨胜刚. 基于 Hedonic 定价模型的中国画拍卖价格与尺寸的关系［J］. 系统工程，2014（2）：154-158.
[126] 周晓凤. 文化产权交易及其定价研究［D］. 中南民族大学，2013.
[127] 周正兵. 我国文化产权交易市场发展问题研究［J］. 中国出版，2011（17）：25-28.
[128] 周正兵. 我国文化产权交易所发展状况、问题与趋势［J］. 深圳大学学报（人文社会科学版），2017（1）：75-80.
[129] 朱李鸣，西沐. 从战略高度重视文化产权交易市场建设［J］. 浙江经济，2011（24）：16-17.
[130] 邹小山. 中国股票市场价格操纵研究［D］. 暨南大学，2005.
[131] Alan Collins，Economics Scorcu，Roberto zanola. Reconsidering hedonic art priceLetters［M］. Antonello indexes，2009.
[132] Andrew Pratt，Paul Jeffcutt. Creativity and Innovation in the Cultural E-conomy［M］. Routledge Publisher，New York，2009.
[133] Beil D R，Wein L M. An inverse-optimization-based auction mechanism to support a multiattribute RFQ process［J］. Management Science，2003，49（11）：1529-1545.
[134] Berkovitch，E.，N. Khanna. How Target Shareholders Benefit from Value-Reducing Defensive Strategies［J］. Journal of Finance，1990，45（1）：137-156.
[135] Blair M. M. For whom should corporations is run：an economic rationale for stakeholder management［J］. Long Range planning. 1998，31（2）：

195-200.

[136] Campo S, Guerre E, Perrigne I, et al. Semiparametric estimation of first-price auctions with risk-averse bidders [J]. The Review of Economic Studies, 2011, 78 (1): 112-147.

[137] Candela. G and Scorcu, E. A Price Index for Art Market Auctions. An Application to the Italian Market of Modern and Contem Porary Oil Paintings [J]. Journal of Cultural Economics, 1997.

[138] Cecile W. Garmon. Intellectual Property Rights: Protecting the Creation of New Knowledgeacross Cultural Boundaries [J]. American Behavioral Scientist, 2002, 45 (7): 1145-1158.

[139] Che Y-K. Design competition through multidimensional auctions [J]. The RAND Journal of Economics, 1993: 668-680.

[140] Chih-Hung Hsieh. Patent value assessment and commercialization strategy [J]. Technological Forecasting & Social Change, 2013 (80): 307-319.

[141] Chiu Y-J, Chen Y-W. Using AHP in patentvaluation [J]. Mathematical and Computer Modelling, 2007, 46 (7): 1054-1062.

[142] Clare McAndrew, Rex Thompson. The collateral value of fineart [J]. Journal of Banking & Finance, 2007.

[143] Clarkson, M. A risk-based model of stakeholder theory [A]. Proceedings of the Toronto Conference on Stakeholder Theory [C]. Center for Corporate Social Performance and Ethics. University of Toronto, Canada, 1994.

[144] Coase, Ronald. The Nature of the Firm [J]. Economica, Blackwell Publishing, 1937, 4 (16): 386-405.

[145] Cox J C, Smith V L, Walker J M. Theory and misbehavior of first-price auctions: Comment [J]. The American Economic Review, 1992: 1392-1412.

[146] Cox J C, Smith V L, Walker J M. Theory and individual behavior of first-price auctions [J]. Journal of Risk and uncertainty, 1988, 1 (1): 61-99.

[147] Crawford Spence, Chris Carter and Javier Husillos. Taste matters: Cultural capital and elites in proximate Strategic ActionFields [J]. Human Relations, 2017 (70): 211-236.

[148] Dakshina G. De Silva, Rachel A. J. Pownall, Leonard Wolk. Does the sun 'shine' on art prices? [J]. Journal of Economic Behavior & Organi-

zation, 2012 (82): 167-178.

[149] Danaher, B., Smith, M. D., Telang, R. Piracy and Copyright Enforcement Mechanisms [J]. Innovation Policy and the Economy, 2014 (14): 25-61.

[150] David E, Azoulay-Schwartz R, Kraus S. Bidding in sealed-bid and English multi-attribute auctions [J]. Decision Support Systems, 2006, 42 (2): 527-556.

[151] Eugene F. Fama. Efficient Capital Markets : A Review of Theory and Empirical Work [J]. The Journal of Finance, 1970, 25 (2): 383-417.

[152] Faure-Grimaud, Laffont, Matimort, Collusion, delegation and supervision with softinformation [J]. Review of Economic Studies, 2003 (70): 235-279.

[153] Fibich G, Gavious A, Sela A. All-pay auctions with risk-averse players [J]. International Journal of Game Theory, 2006, 34 (4): 583-599.

[154] Frutos M, Phchlivanos L. Auction off with a split mind: privatization under politicalconstraints [J]. Universidad Carlos III de Madrid Spain Athens University of Economics & Business DIEES Greece, 2005: 1-19.

[155] Gregor A., Mark M., and Erik S. New Evidence and Perspectives on Mergers [J]. Journal of Economic Perspective, 2001, 15 (2).

[156] Harhoff D, Scherer F M, Vopel K. Citations, family size, opposition and the value of patentrights [J]. Research Policy, 2003, 32 (8): 1343-1363.

[157] Herath, H. and Jahera, J. Real options: valuing flexibility in strategic mergers and acquisitions as an exchange ratio1 swap [J]. Managerial finance, 2002, 28 (12): 44-62.

[158] Hsieh C-H. Patent value assessment and commercialization strategy [J]. Technological Forecasting and Social Change, 2013, 80 (2): 307-319.

[159] John Wyburn, Paul Alun Roach. A hedonic analysis of American collectable comic-book prices [J]. Journal of Cultural Economics, 2012.

[160] Karolina Kuprecht. The Concept of "Cultural Affiliation" in NAGPRA: Its Potential and Limits in the Global Protection of Indigenous Cultural PropertyRights [J]. International Journal of Cultural Property, 2012, 19 (1).

[161] Levin D, Smith J L. Optimal reservation prices in auctions [J]. The Economic Journal, 1996: 1271-1283.

[162] Mcafee R P, Mcmillan J. Multidimensional incentive compatibility and mechanism design [J]. Journal of Economic Theory, 1988, 46 (2): 335-354.

[163] Michael A. Bengwayan. Intellectual and Cultural Property Rights of Indigenous and Tribal Peoples in Asia [M]. Minority Rights Group International, 2003.

[164] Mitchell, Mark L., and J. Harold Mulherin. The impact of Industry Shocks on Takeover and Restructuring Activity [J]. Journal of Financial Economics, 1996, 41 (2).

[165] Mortimer, J. H. Price Discrimination, Copyright Law, and Technological Innovation: Evidence from the Introduction of DVDs [J]. The Quarterly Journal of Economics, 2007, 3 (8): 1307-1350.

[166] Murphy Halliburton. Cultural Heritage on the Web: Applied Digital Visual Anthropology and Local Cultural Property RightsDiscourse [J]. International Journal of Cultural Property, 2012, 19 (3).

[167] Myerson R B. Optimal auctiondesign [J]. Mathematics of operations research, 1981, 6 (1): 58-73.

[168] Naazima Kamardeen. The Protection of Cultural Property: Post-Colonial and Post-Conflict Perspectives from SriLanka [J]. International Journal of Cultural Property, 2017, 24 (4).

[169] Nir Kossovsky. Fair value of intellectual property, An option—based Valuation of nearly 8000 intellectual property assets [J]. Journal of Intellectual Capital, 2004 (3): 1.

[170] Orley Ashenfelter, Kathryn Graddy. Sale Rates and Price Movements in ArtAuctions [J]. National Bureau of Economic Research, 2011 (1).

[171] Reiko Aoki, Aaron Schiff. Intellectual property clearinghouses: The effects of reduced transaction costs in licensing [J]. Information Economics and Policy, 2010 (22): 218-227.

[172] Sapsalis E, Ran Navon. Academic versus industry patenting: An in-depth of what determines patent value [J]. Research Policy, 2006, 35 (10): 1631-1645.

[173] Sara Morris. Stakeholder salience and corporate philanthropy: three strikes and you're funded [C]. Academy of Management Proceedings, 2017 (12): Cl.

[174] Schwartz, E. and Moon, M. Rational Pricing of Interact Companies [J]. Financial Analysis Journal, 2000: 62-75.

[175] Sebastian Lechner, Zulia Gubaydullina, Kilian Bizer. The Allocation of Property Rights to Intangible Cultural Assets [C]. University of Goettingen Discussion Paper Series 136, 2008.

[176] Talia, Cultural Property and Innovation in Developing Countries [J]. Journal of Development Economics, 2011 (78): 474-493.

[177] Taylor. Quantifying the Evolution of Copyright and TrademarkLaw [D]. American University, Doctoral Dissertation, 2010.

[178] Vickrey W. Counterspeculation, auctions, and competitive sealedtenders [J]. The Journal of finance, 1961, 16 (1): 8-37.

[179] Wang M, Liu S, Wang S, et al. A weighted product method for bidding strategiesin multi-attribute auctions [J]. Journal of Systems Science and Complexity, 2010, 23 (1): 194-208.

[180] Wang Mingxi, Liu Shulin, Wang Shouyang, et al. A weighted product method for bidding strategies in multi-attribute auctions [J]. Journal of Systems Science and Complexity, 2010, 23 (1): 194-208.

[181] West RR. On the Difference between Internal and External Market Efficiency [J]. Financial Analysts Journal, 1975, 31 (6): 30-34.

[182] Yair Tauman, Ming-Hung Weng. Selling patent rights and the incentive to innovate [J]. Economics Letters, 2012, 114 (3): 241-244.

[183] Yu-Jing Chiu, Yuh-Wen Chen. Using AHP on Patent Valuation [J]. Mathematical &Computer Modelling, 2007, 46 (7): 1054-1062.

[184] Yun Shing Chen, Da Wei Lin, Yu Lin Hsu, Pai Ling Chang. Legal Safeguard from Intellectual Property Rights of Cultural Creative Industry [J]. Applied Mechanics and Materials, 2013, 311 (2): 305-309.